Wladimir Korolenko

Die Geschichte meines Zeitgenossen

Band 2

www.elv-verlag.de

Korolenko, Wladimir Galaktionovich

Die Geschichte meines Zeitgenossen

Band 2

ISBN: 978-3-86267-454-1

Auflage: 1
Erscheinungsjahr: 2011
Erscheinungsort: Bremen, Deutschland
Cover: Ausschnitt aus dem Gemälde von Ilja Repin.

Europäischer Literaturverlag GmbH, Fahrenheitstr. 1, 28359 Bremen (www.elv-verlag.de).

Bei diesem Titel handelt es sich um den Nachdruck eines historischen, lange vergriffenen Buches aus dem Paul Cassirer Verlag, Berlin 1919. Da elektronische Druckvorlagen für diesen Titel nicht existieren, musste auf alte Vorlagen zurückgegriffen werden. Hieraus zwangsläufig resultierende Qualitätsverluste bitten wir zu entschuldigen.

Die Geschichte meines Zeitgenossen

Band 2

www.elv-verlag.de

Wladimir Korolenko

Die Geschichte meines Zeitgenossen

* VERLEGT BEI PAUL CASSIRER BERLIN *

Aus dem Russischen übersetzt und
mit einer Einleitung versehen von
Rosa Luxemburg

Zweiter Band

Es war noch in Schitomir. Ich war noch nicht aufs Gymnasium gekommen, als zu uns einmal ein älterer Herr im grauen Militärmantel, mit dickem schneeweißem Schnurrbart und glattrasiertem Kinn zu Besuch kam. Das war der Gatte meiner ältesten Tante von mütterlicher Seite, Kasimir Kurzewitsch, der gewöhnlich nur kurz „der Hauptmann" genannt wurde. Er war Pole und Katholik, hatte aber im russischen Heere gedient, sodann im Forstdepartement, wo er als „Hauptmann des Stabes bei der Forstabteilung mit Uniform und Pension" den Abschied nahm. Sein Rock war nach militärischem Schnitt gemacht, mit weißen Epauletten, kurzer Taille und kurzen Schößen, so daß Onkel Hauptmann darin wie ein hochaufgeschossener Gymnasialschüler in vorjähriger Uniform aussah. In dem steifen Kragen mit Posamenten saß wie erstickend sein hektisch roter Greisenkopf mit dem langen weißen Schnurrbart.

Am Tage seiner Ankunft, nach dem Mittagessen, als der Vater sich wie gewöhnlich mit seiner Pfeife im Munde hingelegt hatte, trat der Hauptmann in kurzem Zivilrock zu ihm ins Zimmer und begann von seiner Reise nach Petersburg zu erzählen. Dazumal war eine Reise aus der entlegenen Provinz nach der Residenz keine Kleinigkeit, und der Hauptmann war ein vorzüglicher Erzähler. Bekanntlich ist das eigene Interesse des Erzählers für seinen Gegenstand die Hauptbedingung der Wirkung, die er auf die Zuhörer ausübt. Onkel Hauptmann war nun stets voller Begeisterung. Er wandelte, während mein Vater lag und sein Pfeifchen von Zeit zu Zeit paffte, im Zimmer auf und ab, blieb zuweilen stehen, gestikulierte, war hingerissen und hinreißend. Er war über Wilno gefahren. Dort hängt noch über dem Stadttor das alte nationale Wappen von Litauen: der sausende Reiter. Darob verwunderten wir uns alle baß, denn bei uns in Wolhynien wurde man für dieses selbe verpönte „Emblem" ins Loch gesteckt. Dann schilderte er seine Fahrt auf der Eisenbahn, die mein Vater, wohlgemerkt, Zeit seines Lebens nicht ein einziges Mal kennen zu lernen Gelegenheit hatte. In der Residenz hatte Onkel Hauptmann alles besichtigt, was des Sehens wert war. Er hatte auch der berühmten Eremitage*) einen Besuch abgestattet und hatte dort die Figur der Mutter Gottes gesehen.

„Verstehst du," erzählte er, „sie hat eine Träne auf der Wange! Eine wirkliche Träne! ..."

Den tiefsten Eindruck jedoch hatte ihm das astronomische Observatorium in Pulkowa gemacht. Er hatte sich auch ein kleines Fernrohr angeschafft, aber was war das gegen das große Teleskop von Pulkowa!

„Da siehst du auf dem Monde wie auf flacher Hand Berge, Täler, Schluchten ... Mit einem Wort, eine ganze Welt, genau wie unsere Erde ... Es ist einem, als müßte im nächsten Augenblick ein Bauer mit Wagen über den Acker fahren ... Und mit bloßem Auge gesehen erscheint uns der Mond nur deshalb so klein, weil ihn — verstehst du — Tausende, Zehntausende, ach, was sage ich: Millionen, Billionen Meilen von unserer Erde trennen ..."

Er blieb in der Mitte des Zimmers stehen, warf seine Arme in die Höhe und umschrieb mit ihnen große Kreise, um die Un-

*) Die mit großer Pracht ausgestattete Kunstsammlung.

endlichkeit der Welträume anzudeuten. In der Tür des Zimmers standen, durch das laute Pathos des Erzählers herangelockt, Mutter und die Tanten, während wir Buben im Winkel hockten und mit angehaltenem Atem lauschten. Wenn der Redner seine Arme zur Decke emporwarf, so war es uns, als träte die Zimmerdecke selbst zurück, und als tauchten die Arme des Onkels in den unendlichen Weltraum.

Dann unterbrach er schroff seine Gestikulation:

„Weißt du," sagte er, „was ich dir sage: wenn einer all das gesehen hat, was ich sah und mit gescheiten Leuten gesprochen hat, dann ... dann ... nun, mit einem Wort, dann hört er auf, an manches zu glauben, was er ehedem blindlings für wahr gehalten."

„Zum Beispiel?" fragte der Vater.

„Zum Beispiel ... nun wohl: zum Beispiel soll Josua gesagt haben: Sonne, stehe still zu Gibeon und Mond im Tal Ajalon! Wir wissen aber doch jetzt, dank all dieser Fernrohre, verstehst du, und dank der ganzen sonstigen Wissenschaft, sehr wohl, daß nicht die Sonne um die Erde kreist, sondern umgekehrt die Erde um die Sonne!"

„Nun, und was folgt daraus?"

„Wieso: was folgt daraus? Es folgt eben, daß die Sonne auf das Gebot Josuas nicht hat stillstehen können, stand sie doch schon früher still! Und wenn die Erde doch fortfuhr sich zu bewegen, dann konnte, verstehst du, gar kein Wunder geschehen ..."

Mein Vater lachte.

„Belehre Kranker den Medikus! Josua verstand nichts von Astronomie, das ist alles."

„Na, das ist es ja eben! Was sage ich denn anderes? Verstand nichts von Astronomie, wollte aber die Welten regieren!"

„Nicht er regierte sie, sondern der Herrgott. Dieser wußte aber schon, was und wie zum Stillstehen zu bringen war."

Der Hauptmann schüttelte ungläubig den Kopf.

„Zum Stillstehen bringen ... eine solche Maschinerie! Niemals werde ich das glauben!"

Und wieder fing der weißhaarige gebieterische Greis, zu seiner ganzen Höhe aufgerichtet, an, mit Ton und Gebärde die Unendlichkeit des Weltalls zu schildern.

In seiner Begeisterung ging er in dem Skeptizismus über Josua und dessen Plänkeleien mit den Amalekitern Schritt für Schritt immer weiter.

„Da steht in der heiligen Schrift: Das Himmelsgewölbe ist sein Fußschemel. Nun blick einmal durch jene Fernrohre auf den Himmel ... Da ist der Mond mit Bergen, Vulkanen und Schluchten ... Da ist der Saturn mit seinen feurigen Ringen als Gürtel, dann alle diese Venusse, Marse, Jupiters, alles, verstehst du, Sterne, Planeten, alles Welten, die größer sind als unsere Erde ... ohne Ende, ohne Zahl ... Und alles in ewigem Kreisen begriffen. Erzähle du mir da von ‚Fußschemeln'! Wo ist denn da überhaupt ‚oben' und wo ‚unten'? Ich stehe zum Beispiel jetzt hier und halte meinen Kopf nach oben. Unter mir aber, in irgendeinem Amerika vielleicht, steht ein Gegenfüßler mit den Fersen gegen mich gerichtet und mit dem Kopf also nach unten, nicht wahr? Und er glaubt doch auch, daß er ‚nach oben' schaut ... Mit einem Wort, wenn man das alles erfährt und sich deutlich vorstellt, dann fühlt man direkt, sage ich dir, wie sich das alles um dich dreht ..."

Und wieder schien der Hauptmann mit seinen fuchtelnden langen Armen das Weltall um eine unsichtbare Achse zu drehen, und wir

Buben blickten mit einiger Angst von unten auf dieses gefährliche Experiment ...

„Ach, Kasimir, Kasimir!" ließ sich plötzlich vorwurfsvoll meine Mutter vernehmen. „So viele Menschen fahren nach der Residenz und wohnen sogar dort, glauben aber trotzdem an Gott. Du aber bist kaum einmal hingefahren und redest schon solchen Unsinn."

„Und ist doch schon ein alter Mann!" fügte die Tante empört hinzu.

„Nun, an Gott ..." — verteidigte sich der Hauptmann — „vom Herrgott spreche ich ja noch nicht. Ich sage nur, daß in der Schrift so manches steht ... Ihr glaubt mir ja nicht, — nun fragt doch bei ihm (er wies auf den Vater, der mit leisem Lächeln dem Streit zuhörte): spreche ich von den Gegenfüßlern wahr?"

Ich blickte zum Vater hin in der Erwartung, daß er die stürzende Welt wieder auf ihre Füße stellen werde, er aber nickte mit dem Kopf:

„Ja, es stimmt," sagte er. Und fügte dann, nachdem er zwei Züge aus seinem Pfeifchen getan hatte, hinzu:

„Und doch hat das alles gar nichts zu sagen. Für jeden Menschen ist ‚oben', was sich über seinem Kopf befindet, und ‚unten' heißt im Zentrum der Erde. Gott aber ist überall: oben und unten und nach allen Seiten. Also kann man sich überall an ihn wenden. Übrigens hör mal, Kasimir, bist du diesmal bei Jan gewesen?"

„Ja, ich habe ihn besucht," antwortete der Kapitän.

„Nun, wie geht es ihm denn?"

„Soso, es geht halbwegs ... er bewirbt sich um die Stellung eines Gefängnisaufsehers."

„Und?“

„Der Gouverneur schaute ihn an und sagte: ‚Ja, ein Gefängnisaufseher wie er im Buche steht.‘ Ob aber daraus was wird, muß man abwarten.“

„Nun, und haben ihn seine Toten endlich in Ruhe gelassen?“

„Ach, wo denkst du hin? Noch viel ärger setzen sie ihm zu als früher.“

Und der Kapitän leitete seine Begeisterung auf ein neues Geleise über. Jan Kurzewitsch war sein Vetter, ein Militär, der im Kaukasus gedient hatte. Dort war er an zahlreichen Expeditionen und Treibjagden gegen die Eingeborenen beteiligt, war einmal bei ihnen in Gefangenschaft geraten, wenn ich nicht irre, verwundet, nahm endlich seinen Abschied und kehrte nach der Heimat zurück. Hier gab er nun eine Menge merkwürdigster Geschichten aus seiner Kaukasuszeit zum Besten. So erzählte er, einer seiner Kameraden sei von den Tscherkessen angeblich an der Tür einer Hütte gekreuzigt worden, und die Dorfjugend habe sich lange im Schießen mit Pistolen und Pfeilen auf diese lebendige Zielscheibe geübt. Von sich selbst berichtete er, er habe gar oft nur mit knapper Not seine Haut retten können, mitunter nur dank dem Beistand geheimnisvoller Mächte. Diese mystischen Bundesgenossen waren ihm nun bei seiner Rückkehr nach der Heimat auch hierher gefolgt und hatten in seiner Wohnung offenbar dauerndes Quartier aufgeschlagen. Hier lebten nach der festen Überzeugung des Hausherrn alle Gegenstände — Tische, Stühle, Leuchter, Töpfe, Flaschen — ihr eigenes Leben. Bald rutschten sie hin und her, bald klopften sie, bald flogen sie mutwillig aus einer Zimmerecke in die andere. Des Nachts ließen sich in den dunklen Zimmern Schläge, Geflüster, Seufzer, Ächzen und dergleichen Geräusche hören. Unsichtbare Arme streckten sich aus der Dunkelheit und streiften dem unseligen Jan über das Gesicht, wie mit Sammethandschuhen hin. Einmal hatte ihn sogar im Korridor jemand schwarzer, zottiger und weicher um die Taille gefaßt ...

„Und wie konnte er in der Dunkelheit erkennen, daß es jemand schwarzer sei?" fragte mein Vater lächelnd.

„Das ist es ja eben," erwiderte der Hauptmann unbeirrt, „es ist pechschwarze Dunkelheit, daß man die Hand vor dem Gesicht nicht sieht, er aber sieht, daß es jemand schwarzer und zottiger ist! Kaum hat er aber ein Zündholz angezündet, ist keine Spur mehr zu sehen, — alles ruhig. Einmal hat er auf der Diele Asche gestreut. Am anderen Morgen waren Spuren wie von Vogelfüßen zu sehen. Neulich wieder ..."

Es folgte eine Geschichte von einer „weißen Seele", die vom nahen Friedhof in die neue Wohnung Jans zu Besuch zu kommen pflegte. „Was willst du von mir, unglückliche irrende Seele?" fragte Jan. Darauf stöhnte sie und verließ leise das Zimmer. Jan zog schnell Stiefel und seine Tscherkessenjacke an, nahm seine Pistolen, hieß den Diener, gleichfalls einen Soldaten aus dem Kaukasus, ihn begleiten, und folgte der Erscheinung. Sie gingen über den öden Platz zum Friedhof hin. Hier bekam es der Diener mit der Angst und blieb an der Umzäunung stehen, Jan hingegen ging weiter. Die „Seele" näherte sich ihrem Grabe, stand dort eine Weile still wie ein schwanker Nebelstreif, dann ringelte sie sich wie eine Schlange zu einer Spirale und sank schließlich mit dumpfem Ächzen ins Grab. Dem Jan wankte die Erde unter den Füßen, ein Wirbelwind erfaßte ihn, und er kam plötzlich in seinem Bette und sogar schon entkleidet zu sich ...

„Und der Diener?" fragte mein Vater.

„Der schlief, verstehst du, wie ein Toter. Kaum vermochte Jan ihn aufzuwecken. Und dann konnte sich der Kerl auf gar nichts mehr besinnen."

„Warum glaubst du denn nicht, daß dein Jan die ganze Geschichte einfach geträumt hat?"

„Ach was, geträumt! Die Stiefel waren doch naß vom Tau!"

Mein Vater lachte.

„Bist du aber ein komischer Kauz, Kasimir!" sagte er. „Ich habe dich absichtlich über Jan befragt. Du zweifelst also an Gott, aber an Ammenmärchen glaubst du."

„Nein, sage das nicht! Es gibt etwas, verstehst du, in der Natur . . . Ich will nicht behaupten, daß es unbedingt böse Geister seien oder so etwas Übersinnliches . . . Vielleicht ist es Magnetismus . . . Die Wissenschaft wird es schon mit der Zeit herauskriegen."

„Der Magnetismus wird dir was vorstöhnen! . . ." bemerkte ironisch mein Vater.

Die Nacht, die auf diesen Nachmittag folgte, war für uns Buben wieder voller Aufregung. Mein älterer Bruder sah beim Erwachen, wie sich schwarze Sammetarme nach ihm ausstreckten und schrie laut. Auch ich schlief schlecht und erwachte aus wirren Träumen in Schweiß gebadet.

Am nächsten Abend stieß der ältere Bruder, als er durch den dunklen Flur ging, plötzlich einen Schrei aus und stürzte atemlos in Vaters Zimmer. Er wollte im Flur eine große weiße Gestalt, genau wie „die Seele", von der der Hauptmann erzählt hatte, im Winkel gesehen haben. Der Vater hieß uns alle drei Buben ihm folgen. Wir gingen bis an die Schwelle und blickten in den Flur hinein. Ein schwacher Lichtschimmer fiel von der offenen Tür auf den Boden und zerrann im Dunkel. An der linken Wand stand tatsächlich ein Etwas, das groß und weiß, einer menschlichen Gestalt ähnlich sah.

„Geh hin und sieh nach, was es ist," befahl der Vater meinem älteren Bruder. Dieser tat einen Schritt vorwärts, stürzte dann aber plötzlich zurück, zwischen uns durch, und verschwand durch die Tür.

„Dieser Schafskopf!" sagte der Vater ärgerlich. „Nun, so geht ihr beiden miteinander. Marsch, vorwärts!"

Mit klopfenden Herzen schoben wir, mein jüngerer Bruder und ich, dem väterlichen Befehl gehorchend, zur weißen Figur hin. Mit Schaudern streckten wir beide gleichzeitig eine Hand aus, um die rätselhafte Erscheinung zu prüfen: es war ein Plättbrett, das von den Dienstboten an ungewohntem Platz vergessen worden war.

„Da seht ihr," sagte der Vater, „so enden Spukgeschichten immer, wenn man sich nicht vor ihnen fürchtet."

Überhaupt war mein Vater, so sehr er innig religiös war, nicht im geringsten abergläubisch, und er bemühte sich, auch unsere Gemüter von Aberglauben frei zu halten. Gott, der Herr, sieht alles, weiß alles, waltet über allem. Auf Erden wirken seine klaren und festen Satzungen. An Gott nicht zu glauben, ist dumm, wie es dumm ist, an Träume, böse Geister und allerlei Spuk zu glauben. Derart war sein Bekenntnis, das er auch uns lehrte.

So war uns vom Hauptmann und seinen Erzählungen, alles in allem, ein zwiespältiger Eindruck zurückgeblieben. Seine Geschichten waren zweifellos spannend und machten auf uns tiefen Eindruck. Zugleich jedoch blieb es Tatsache, daß Onkel Hauptmann an Gott nicht glaubte, wohl aber an den Bösen, der sich

„Magnetismus" nennt und auf Vogelfüßen spaziert. Das schien nun auch uns Buben lächerlich.

Um jene Zeit lernte ich noch einen Menschen kennen, der nicht an Gott glaubte. Der Bruder meiner Mutter hatte sich verheiratet, war in seine junge Gattin maßlos verliebt und grenzenlos glücklich. Da ich der ausgesprochene Liebling dieses Onkels war, so nahm er mich, als er geheiratet hatte, gleich in seinem Honigmond zu sich ins neue Heim. Ich lebte bei dem jungen Paar, ohne das Bedeutsame, das im Leben meines Onkels vorging, auch nur entfernt zu ahnen, doch auch ich kleiner Knirps sog unbewußt in vollen Zügen die Atmosphäre des strahlenden Glücks und der Zärtlichkeit ein, die in dem kleinen Häuschen herrschte, das wie von goldenem Nebel eingehüllt war.

So war es wenigstens, bis am Horizont eine neue Gestalt auftauchte: der Bruder meiner neuen Tante, ein Student der Kijewer Universität. Er hatte eine sehr weiße Gesichtsfarbe, schwarzes Haar und einen kleinen, sorgsam gepflegten Backenbart. Kinder konnte er durchaus nicht leiden und sagte einmal zu seiner Schwester, ohne sich durch meine Anwesenheit im mindesten zu genieren, sie hätte sich doch lieber ein Hündchen anstatt meiner anschaffen sollen.

Die Tante wies ihn vorwurfsvoll mit den Augen auf mich.

„Was versteht er, dieser Knirps!" sagte der Student darauf geringschätzig.

Ich saß unterdessen neben der Tante, schlürfte angelegentlich aus der Untertasse meinen Tee und dachte bei mir, daß ich alles genau so gut verstände wie er, daß er ein abscheulicher Mensch sei, und daß sein Backenbart aussähe, wie wenn er angeklebt wäre. Später erfuhr ich, daß dieser unangenehme „Onkel" in Kijew Frösche und Leichen aufschlitzte, und daß er, da er in diesen keine Seele gefunden hätte, weder an Gott, noch an Teufel glaubte.

Wie dem sei, die beiden ersten „Ungläubigen", denen ich in meinem Leben begegnet bin, hatten mir jedenfalls Eindruck gemacht. Die Erscheinung des Hauptmanns war interessant und farbenreich, diejenige des angehenden Medikus trocken und abstoßend. Beide waren religionslos: der eine, weil er in ein Fernrohr geguckt hatte, der andere, weil er Frösche und Leichen sezierte. Mir Buben schienen beide Gründe befremdend und unzureichend zu sein.

Im Zusammenhang mit diesen Bildern erinnere ich mich an eine sehr fest umrissene und starke Stimmung, die ich ungefähr um jene Zeit erlebt habe. Ich stand einmal im Hofe — ich weiß noch ganz deutlich — ohne bestimmten Zweck, hielt nichts in den Händen, mein Kopf war unbedeckt, und die Sonne brannte darauf gelinde. Ich stand da, ganz in meine Gedanken vertieft. Ich dachte bei mir, daß, wenn ich groß sein würde, etwa ein Gelehrter oder ein Arzt, wenn ich die Residenzen besucht haben würde, ich dennoch nie, nie den kostbaren Glauben aufgeben wolle, den mein Vater, meine Mutter und ich selbst bislang so treu in der Brust hegten.

Das war eine Art Gelübde. Ich überschaute die ganze mir bekannte kleine Welt. In dieser winzigen Welt fiel es mir nicht schwer, die Wahrheit vom Irrtum zu sondern: Der Glaube — das ist die überlegene, harmonische Seelenstimmuug meines Vaters. Der Unglaube, das ist entweder etwas Lächerliches, wie bei dem Onkel Hauptmann, oder etwas Abstoßendes, wie bei dem jungen Mediziner. Ich hatte dazumal noch keine Ahnung, daß es einen menschlichen Zweifel gibt, dem Halt zu gebieten viel schwieriger ist, als es Josua fallen mochte, die Bewegung der Himmelskörper zum Stehen zu bringen. In meine kleine Welt hatte jener Zweifel damals noch keinen Einlaß gefunden.

Jener Augenblick des vollkommenen inneren Gleichgewichts, der festen religiösen Überzeugung, ist für immer wie ein sonnenbeschienener Fleck in meiner rückschauenden Lebenserinnerung haften geblieben. So manches von dem, was ich vorher, was ich nachher erlebt, ist nach und nach von dichten Nebelschwaden verhüllt und meiner Erinnerung entrückt worden, jener kurze Augenblick hingegen leuchtet in meinem Gedächtnis immer noch, wiewohl schon aus großer Ferne ...

Die geschilderte Seelenstimmung blieb bei mir lange intakt, länger, als bei der Mehrzahl meiner gleichaltrigen Kameraden. Ich pflegte gerne zur Kirche zu gehen, nur hatte ich mir die Erlaubnis erwirkt, nicht den Dom zu besuchen, wo die Schüler in Reih' und Glied unter der Aufsicht der Obrigkeit stehen mußten, sondern die in unserer Nähe gelegene Kirche des hl. Pantaleon. Hier pflegte ich, dicht neben meinem Vater stehend, in die rechte Gebetstimmung zu kommen. Es gelang mir dies hier häufiger als jemals später in einem Gotteshaus.

Ich folgte gewöhnlich der Liturgie nach meinem eigenen kleinen Gebetbuch. Das fromme Geflüster der Menge ergriff mich jedesmal unwillkürlich, die andächtige Stimmung der Gemeinde hüllte mich leise ein und trug mich wie ein ruhiger Strom mit fort. Ich merkte kaum, wie die Zeit verstrich.

In dieser Stimmung des festen religiösen Glaubens war ich auch auf das Gymnasium von Rowno gekommen. Hier rief mich gleich in der ersten Religionsstunde der Geistliche, Krjukowskoj, zum Katheder vor und hieß mich Gebete aufsagen. Beim Vaterunser unterlief mir eine falsche Betonung.

Das Gesicht des Popen nahm sogleich einen schadenfrohen und bösartigen Ausdruck an, er äffte ein paarmal mit seiner unangenehmen, klirrenden Stimme meine falsche Betonung nach und fragte dann:

„So hat man dich also gelehrt, auszusprechen? Mamachen ist wohl eine Polakin, was?"

Mir schoß das Blut zu Kopfe. Ich schlug die Augen nieder und verharrte im Schweigen. In meiner Brust wogten und stürmten ungeformte Empfindungen, ich wußte ihnen jedoch keinen Ausdruck zu geben. Ich wäre wohl in Tränen ausgebrochen, aus dem Schulzimmer gelaufen, wenn mich nicht das Bewußtsein gestärkt hätte, daß hinter mir das Mitgefühl meiner Kameraden wie eine Mauer stand. Der Geistliche hieß mich, da er mich zur Fortsetzung des Gebets nicht bestimmen konnte, schließlich wieder auf meinen Platz zurückkehren. Als ich mich hinsetzte, sagte mein Nachbar, Kroll, leise zu mir:

„So tut er's immer, der verfluchte Pfaffe. Mein Vater ist ja auch evangelisch."

Beim Nachhauseweg murmelte ich die ganze Zeit allerhand zornige Worte vor mich hin, die ich dem Lehrer hätte antworten sollen, und konnte mir nicht verzeihen, daß ich sie nicht im richtigen Moment gefunden hatte.

Der Pope war übrigens eine in ihrer Art charakteristische, nicht uninteressante Persönlichkeit. Einmal — das war freilich schon in höheren Klassen — sagte mir der Kollege Wolodkiewitsch, ein netter Bursche, der sich gern mal über „höhere Materien" unterhielt, mit tiefsinniger Miene:

„Weißt du, was ich mir über Krjukowskoj hab' erzählen lassen? Er war auf der Akademie, hat sie aber nicht absolviert. Er wurde als ein „Voltairianer" relegiert ..."

„Ach, sicher ein Geschwätz," bezweifelte ich.

„Nein, durchaus kein Geschwätz. Er hat eine Dissertation geschrieben: Ob Gott denken könne?"

„Nun, was ist denn dabei?" fragte ich.

„Du verstehst nicht! Das ist eben sehr, sehr ..."

Was „sehr" — wußte er selbst nicht zu sagen, aber diese unbestimmte Erzählung fügte sich doch, ich weiß nicht, warum, sogleich in mein sonstiges Bild von der Persönlichkeit des Geistlichen. Er war ein ziemlich häßlicher Mann, mit einem hageren, ungesund aussehenden Gesicht, dünnem, schlichtem Kopfhaar, einem dünnen Bartwuchs und kleinen klugen Augen. Setzte man ihm etwa, wie die Schüler dies manchmal absichtlich taten, ein Tintenfaß in Gestalt eines Frauenschuhs aufs Katheder, dann trat in sein Gesicht der Ausdruck grenzenlosen Abscheus, und er wehrte gleichsam mit beiden Händen die Versuchung ab. Im Grunde genommen war er weder bösartig, noch kleinlich, und ich hatte nach jenem ersten Zusammenstoß keine Konflikte mehr mit ihm auszufechten. Andererseits erklang in seiner Stimme nicht ein einziges Mal jene echte, warme Note, aus der man eine innige Empfindung, einen lebendigen Glauben hätte heraushören können. Statt dessen stand ihm jederzeit eine geschickte, trockene und völlig indifferente Schulgelehrsamkeit zu Gebote. Daneben war er ein wütender Russifikator, führte Krieg gegen „römische" Kreuze an den Landstraßen, gegen „nichtorthodoxe" Heiligenbilder in armen Kirchen, gegen das Besprengen mit Weihwasser bei der Taufe und gegen katholische Taufnamen, mit denen der „polonisierte" Klerus Wolhyniens in seiner Herzenseinfalt häufig die orthodoxen Täuflinge behaftete. So hatten wir in unserer Klasse einen orthodoxen Schüler, Schpanowski, der im Geburtsschein den polnischen Taufnamen Konrad führte. Krjukowskoj korrigierte sofort eigenmächtig den verpönten Vornamen in der Klassenliste, versagte aber dem Unglücklichen selbst den entsprechenden russischen Namen Kondratius und hieß ihn zur Strafe in völlig unsinniger und entstellter Weise sich „Kodrat" nennen.

„Schpanowski", pflegte er ihn vorzurufen. „Wie heißt du mit Vornamen?"

Und der Junge mußte selbst seinen Taufnamen zu dem mißtönenden „Kodrat" verrenken, was jedesmal in der Klasse eine freilich zurückhaltende Heiterkeit hervorrief.

Im Schulgebäude befand sich eine eigene Kirche, und von der Obrigkeit wurde streng darauf achtgegeben, daß wir sie auch pünktlich besuchten. Jeden Morgen am Sonntag oder Festtag waren wir orthodoxen Schüler verpflichtet, uns alle zusammen in einem großen Klassenzimmer einzufinden. Hier erschien der Inspektor oder der Pedell und verlas die Präsenzliste. Dann gab es eine Fünfminutenpause, während der die Pedelle streng darüber wachten, daß keiner Reißaus nahm. Darauf wurden wir in die Kirche geführt. Die Kleinsten schritten voran. Neben jeder Klasse marschierte wie ein Korporal der Klassenälteste. Zur Seite standen wie Kompagnieführer die Pedelle. Im Hintergrund ragte wie ein Wachtturm die monumentale Gestalt Stepan Jakowlewitschs. Er selbst pflegte sich nur hier und da für einen Moment der Andacht hinzugeben, und dann wurde sein massives Gesicht etwas weicher. Zumeist pflegte er jedoch seinen prüfenden Blick über unsere Reihen spazieren zu lassen. Die Pedelle paßten nicht minder fleißig auf, so daß ich manchmal die Empfindung hatte, als wäre ich von vorn, von rückwärts, von allen Seiten an unsichtbaren Fäden gezogen, im Rücken aber fühlte ich förmlich, wie mich der schwere Blick unseres Inspektors durchbohrte. Und der lange Gottesdienst verwandelte sich für mich in eine qualvolle Wanderung durch die Wüste, in der bekannte Ausrufe, die dem Schluß entgegenleiteten, die Oasen bildeten.

Da — das trockene Klappern metallischer Ringe, die an einem Draht gezogen werden. Die „Kaisertür" ist verschlossen, der Vorhang zugezogen worden. In den Schülerreihen läßt sich ein leises Geräusch vernehmen, eine leichte Bewegung unterbricht die schlaffe Erstarrung. Gott sei Dank, — die Hälfte ist vorüber. Der gut eingeübte Chor beginnt das Cherublied ...

Ich verfalle wieder in den Zustand der halben Bewußtlosigkeit, im Hirn schleichen träge zusammenhangslose Gedankenfetzen, meine Beine werden starr ... Ein neues Geräusch, — der Dirigent klopft mit der Stimmgabel auf die Chorbrüstung, hebt sie und schwenkt den Arm. Der Chor taucht wieder weich in die Wogen der vertrauten Melodie.

„Va-a-ter unser ... der du-u bi-ist im Hi-im-mel ..."

„Zweidrittel!" taucht es sofort im Hirn der Schüler auf ...

Wieder ein Dämmerzustand, Weihrauchschwaden, Ausrufe, die nur vom Ohr, nicht vom Hirn notiert werden, ein Reigen schleppender Gedanken im Kopf ...

Endlich belebt sich der Chor. Die Melodie scheint freudig zu verkünden: Gott sei Dank, bald ist Schluß!

Derart war der „Verkehr mit Gott" bei der überwiegenden Mehrzahl der Schüler während jener Zwangskirchenbesuche.

Nur ein Moment haftet in meiner Erinnerung noch jetzt im Duft einer rührend poetischen Stimmung. Das ist der Choral: „Stilles Licht“ bei der Abendmesse, die bei uns zusammen mit der Frühmette abgehalten zu werden pflegte, — zumal im Frühling oder im Herbst.

Die Sonne neigt sich zum Untergang und vergoldet mit ihren letzten Strahlen die hohen Pappeln auf der Insel hinter dem Teich. Durch die offenen Fenster der Kirche ziehen wie Schleier die Schwaden des Weihrauchs hinaus. In den Winkeln und über dem Altar kauern schon traumhafte Schatten, die Kerzenflammen treten heller hervor; die Figur des Gekreuzigten hebt ihre Arme aus der bläulichen Dämmerung in die Höhe, und die Töne des sanften Chorals strömen dahin und wiegen sich in den Abschiedsstrahlen des sterbenden Tages. Eine frische friedliche Nacht steigt hinab. Und eine gütige milde Stimme scheint mir ins Ohr zu flüstern: In wenigen Minuten ist das lange Stehen zu Ende ...

Nach dem Hochamt durften wir nie nach Hause gehen, sondern wurden wiederum in das Schulzimmer dirigiert: hier pflegte die Erläuterung des gehörten Evangeliums zu folgen. Abermals Fünfminutenpause, dann wird die Glocke angeschlagen. Der Geistliche, der sich inzwischen umgekleidet hat, besteigt das Katheder. Seine erste Frage ist:

„Welcher Apostel wurde heute in der Kirche gelesen, welches Evangelium?“

Und — merkwürdige Erscheinung, deren sich meine Schulkameraden sicher entsinnen werden — an die anderthalb Hundert Knaben, die eben erst aus der Kirche gekommen waren, und die ganz genau wußten, daß diese Frage an sie alle nach der

Reihe gerichtet würde, sie alle waren in den meisten Fällen völlig außerstande, sich auf das Evangelium und auf den Apostel des Tages zu besinnen. Als hätte ihnen jemand gleich hinter der Kirchenschwelle durch einen unmerklichen Stoß alles aus den Köpfen geschüttelt, was dort über zwei lange Stunden vorgelesen und vorgesungen war.

Der vorgerufene Schüler blickt sich hilflos suchend um, stößt den Nachbar mit dem Ellbogen an, gibt unter der Bank verzweifelte Zeichen mit den Füßen, das Klassenzimmer entlang fliegt ein Flüstern, Fragen und Raten ... Und einer nach dem andern wird vorgerufen, schweigt sich aus oder redet Unsinn. Der Geistliche wird zornig, boshaft und droht mit schlechten Noten.

Die einzige Rettung in solchen Fällen war, dem Vater Oberpriester irgendeinen „Gewissensskrupel", einen kleinen wohlanständigen Zweifel in Religionssachen vorzulegen. Doch dieses mußte mit großer Vorsicht getan werden. Vater Oberpriester war ein belesener Mann und ließ sich gern herbei, auch Probleme, die nicht streng zum Unterricht gehörten, zu erörtern. Seine Belehrung hatte stets Hand und Fuß, war fließend und hübsch mit Zitaten ausgeschmückt. Er pflegte auch zu dem Schüler, der ihm Gelegenheit zu solchen Erörterungen bot, Wohlwollen zu hegen und bei den Quartalsnoten dieser Gesinnung einen merkbaren Ausdruck zu verleihen. Doch war dies ein schlüpfriger Boden. Die „Gewissensfrage" mußte eine möglichst formalistische sein, der äußere Gelehrsamkeit gewachsen war. Gott behüte, wenn ein wirklicher, lebendiger, schmerzlich empfundener innerer Zweifel angedeutet wurde! Gefährlich war es auch, der Vorliebe des frommen Vaters für die Russifizierung oder seinem kirchlichen Bureaukratismus etwa zu nahe zu treten. Die Züge des Popen pflegten in solchen Fällen sogleich einen unangenehmen Ausdruck anzunehmen, und der unvorsichtige Frager hatte seinen Fürwitz noch lange zu büßen. Am häufigsten trat mit Fragen mein Freund Gawrilo Kajdanow vor, ein hübscher Ukrainer mit gutmütigen Glotzaugen und rabenschwarzen Locken. In der Kirche war er der Vorbeter der Apostel. Er besaß eine kleine, aber angenehme und frische Stimme, auf die er ein wenig stolz war, und mit der er dem Diakonus Konkurrenz machte. Dieser hatte seinerseits eine tiefe, ehemals wohl kräftige, nunmehr aber total „versoffene" Baßstimme. Der Wettbewerb Kajdanows war ihm nicht entgangen, diese Anmaßung strafte der Diakonus indessen mit Verachtung, unterließ es aber nicht, jeden Versager, der meinem jungen Freund auf den höchsten Noten hin und wieder unterlief, aufzufangen und schadenfroh zu unterstreichen. Gawrilo seinerseits pflegte sich dadurch zu rächen, daß er die Gesangsweise des Diakonus in den Korridoren ständig nachäffte. Dies war ihm derart zur Gewohnheit geworden, daß er einmal während des Gottesdienstes, als er sich, wie üblich, geräuspert hatte und den Apostel des Tages vorsingen sollte, plötzlich unversehens im „Diakonus-Baß" dessen Partie anstimmte:

„Vom ha-ei-ligen Lu-u-kas ... Um jene Zeit ..."

Hier verstummte er und blickte sich mit seinen Glotzaugen ratlos um. Das zottige Haupt des Diakonus wandte sich ihm mit dem Ausdruck teuflischer Schadenfreude zu, zugleich ertönte vom Altar die eilige Stimme des Oberpriesters:

„Sakrament! Gawrilo, bist du denn verrückt geworden?"

Der unselige Gawrilo durfte direkt aus der Kirche in den Karzer spazieren ...

Dennoch hatte mein Freund Kajdanow, weil in kirchlichen Dingen einigermaßen sattelfest und Chorsänger, bei dem Oberpriester entschieden einen Stein im Brett. Ihm fiel denn auch am häufigsten die Aufgabe zu, „Gewissensfragen" auszuklügeln.

„Vater Oberpriester," begann er gewöhnlich unter allgemeinem Stillschweigen. „Gestatten Sie mir eine Frage vorzulegen. Von wegen eines aufgetauchten Zweifels ..."

„Nun, nun ... Was für ein Zweifel ist's, sprich?"

„In der heiligen Schrift heißt es, Vater Oberpriester, an einer Stelle: ‚Selig diejenigen, so auch nach ihrem Tode ihren Nächsten Wohltaten erweisen' ..."

„Nun, nehmen wir an, daß es so heißt, wiewohl du den Text natürlich wieder verdreht hast. Aus dem Wirken der Apostel sind viele Fälle bekannt, daß selbst Gegenstände, die von heiligen Männern bei Lebzeiten gebraucht worden waren, als da sind Gebetriemen, Schweißtücher und andere mehr, daß auch diese Dinge Wunder und Heilwirkungen ausübten ..."

Und der Oberpriester erörtert des Langen und Breiten Wunder, die von Gebetriemen und Schweißtüchern gewirkt wurden. Die Zeit verstreicht unterdessen glücklich. Gawrilo hört geduldig zu, bis der Geistliche fertig ist, dann setzt er wieder ein:

„Nein, Vater Oberpriester. Ich meine etwas anderes, das heißt speziell Menschenknochen ..."

„Nun wohl, von Knochen gilt dasselbe in noch höherem Maße. Bekannt ist das Wunder, das durch die Knochen des Propheten Elias bewirkt wurde, da doch ein Toter, der sie in der Höhle berührt hatte, auferstanden war und unter Lebenden wandelte."

Folgt ein langer Vortrag über das Wunder durch die Knochen des Propheten Elias mit Kommentaren.

„Nein, Vater Oberpriester,“ hebt von neuem der eigensinnige Gawrilo an, „ich meine ganz etwas anderes. Ein Engländer hat nämlich in den Zeitungen den Vorschlag aufgebracht …“

„Wie? Was? Wo willst du mit deinem Engländer hinaus?“ sagt der Vater Oberpriester. „Zeitungen sind ein weltlich Ding und haben mit unserem Unterricht nichts zu tun. Sag du mir lieber, welchen Apostel wir heute …“

„Doch, doch, Vater Oberpriester,“ unterbricht eilig Gawrilo, „es hat mit unserem Unterricht zu tun. Denn es heißt doch: ‚Selig diejenigen, so nach dem Tode …‘ Und da sagt jener Engländer: ‚Welche Menge menschlicher Knochen,‘ sagt er ‚kommt um, ohne jeden Nutzen für die Menschheit,‘ sagt er …“

Das Gesicht des Popen bekommt mit einem Mal einen lauernden und unangenehmen Ausdruck. Gawrilo merkt, daß der Boden zu wanken beginnt. Seine hübschen Glotzaugen treten noch mehr vor und scheinen zu erstarren. Aber es ist zum Rückzug zu spät.

„Nun, nun?“ ermuntert ihn hämisch der Geistliche, „was meint nun dein Engländer? Wollen hören, wollen hören, statt der Kirchenväter den Engländer …“

„Also er … Das heißt jener Engländer … schlägt vor …“

„Nu — un?“

„Die Knochen … in die Fabriken zu liefern … um daraus Phosphor und dergleichen zu verfertigen, Vater Oberpriester …“

Das Gesicht des Geistlichen verzerrt sich vor Ekel. Er wendet den Kopf und wehrt mit beiden Händen ab, ganz wie vor dem Tintenfaß in Gestalt des Frauenschuhs.

„Leichenschändung!“ ruft er. „Ein ruchloser Anschlag auf die Ruhe der Toten! …“ Plötzlich wendet er sich schroff Gawrilo zu: „Und das nennst du einen Gewissenszweifel? Zeitungen liest du? Vom neuen Geist läßt du dich verführen? Sprich, Vermaledeiter, sofort: welchen Apostel haben wir heute?"

Gawrilo verwandelt sich in eine Salzsäule.

„Aha! Das weißt du nicht? Und hast ihn doch heute erst selbst vorgesungen! Und vom Engländer hast du wann die Weisheit aufgegabelt?"

„O, schon lange her, Vater Oberpriester ..." verteidigt sich der unglückliche Gawrilo. „Das habe ich noch in Poltawa gelesen, Vater Oberpriester ..."

„Soso! Schau, schau! Noch in Poltawa. Unb doch weißt du's genau. Den heutigen Apostel aber hast du bereits total vergessen. Derart hat dich also der Böse umgarnt, derart hat er deinen Geist verwirrt ... Warte, warte, das melden wir Stepan Jakowlewitsch. Wirst deine drei Stündlein im Karzer brummen, dann kommt dir vielleicht die Besinnung wieder, du Leichenschänder! ..."

Mein Gawrilo blickt sich traurig und hilflos um und läßt sich auf seine Bank nieder, als versänke er in einen Pfuhl. Die Glocke läutet unterdes ... Doch lange noch wird ihn der Vater Oberpriester im Unterricht mit dem unseligen Engländer hänseln.

Nur einer Unterhaltung mit unserem Religionslehrer entsinne ich mich, bei der sowohl wir wie er aufrichtiger waren. Die Rede kam auf die „allein seligmachende Kirche". Einer von uns hatte die Frage gestellt: ob es wahr sei, daß man nur im Schoße der griechisch-orthodoxen Kirche selig werden könne, während die ganze übrige Menschheit, die von der Kirche nichts weiß, oder aber anderen Konfessionen ihrer Vorväter treu bleibt, die ewige Verdammnis zu gewärtigen habe. Die griechische

Kirche kennt das Fegefeuer nicht, wie dies bei der katholischen der Fall ist, jene Verdammnis ist deshalb eine unwiderrufliche, in alle Ewigkeit fortwirkende. Unser Pope erörterte die Frage vom akademischen Standpunkt des Langen und Breiten, führte alle einschlägigen Zitate an, allein ... die Erklärung brachte diesmal die Klasse nicht zum Stillschweigen, das er für das Zeichen unseres Einverständnisses zu nehmen pflegte. Wir bezweifelten nicht, daß seine Zitate richtig angebracht und ausgelegt waren, doch unser unmittelbares Gefühl sträubte sich entschieden gegen diese „richtige Auslegung". Unsere katholischen Schulkameraden, die glaubten, daß der heilige Geist vom Vater und Sohn herrühre, und die sich mit allen fünf Fingern bekreuzten, der Vater meines Kollegen Kroll, ein Lutheraner, der weder Heilige noch Heiligenbilder anerkannte und sich gar nicht bekreuzte, die Millionen Menschen, die überhaupt noch nie vom christlichen Glaubensbekenntnis etwas gehört hatten, — all dies erstand lebendig, in voller Greifbarkeit vor uns, und wir verteidigten unsere Verwandten vor den ewigen Qualen, zu denen sie nur deshalb verdammt werden sollten, weil sie in dem Glaubenssymbol ein Wort anders setzten oder die Finger anders zusammenlegten als wir ... Und die Heiden, die noch nie von Christus gehört hatten und doch ihr Leben für ihre Nächsten opferten? ...

Frage auf Frage, Einwendung auf Einwendung flogen hinüber und herüber zwischen Bänken und Katheder. Der Geistliche hatte alle seine Zitate erschöpft und nahm endlich, als er sah, daß sie dem Ansturm der Entgegnungen nicht stand hielten, Zuflucht zum letzten Argument. Er setzte eine strenge Miene auf, schob das Journal zu sich heran, zum Zeichen, daß die Unterhaltung beendet sei, und sagte:

„So lehrt die heilige Kirche, und wir müssen als ihre Kinder unsere fürwitzigen Klügeleien ihrer Mutterstimme unterordnen und sollte dies auch ..."

Hier schloß er die Augen, seufzte, wie vor Bedauern, das harte Urteil fällen zu müssen, und fügte mit eigentümlicher dekorativer Demut hinzu:

„... und sollte dies auch unserem inneren Gefühl widerstreben ... Nehmen wir den Unterricht wieder auf."

„Er glaubt selbst nicht daran," flüsterte mir Kroll zu. Ich hatte bei mir dasselbe gedacht.

Kurze Zeit darauf ging ich einmal aus der Kirche zusammen mit meinem Kollegen Gluschkow. Er war um eine Klasse höher als ich, wir hielten aber gute Freundschaft miteinander und pflegten uns häufig über verschiedene abstrakte Materien zu unterhalten. Auch diesmal waren wir, statt uns nach Hause zu begeben, unversehens in eine leere mit Pappeln bepflanzte Straße eingebogen und schlenderten aufs Feld hinaus. Es war ein milder Herbsttag. Von den Pappeln lösten sich lautlos gelbe Blätter, kreisten in der Luft und betteten sich weich auf der Erde. Ich weiß nicht mehr, worüber wir uns unterhalten hatten. Gluschkow war der Sohn eines Ukrainers und Beamten, seine Mutter aber war eine Engländerin. Er hatte rotes Haar, war sehr empfindsam, bald schüchtern, bald schroff, doch stets aufrichtig und ernst. Außerdem waren wir beide Kollegen noch von Schitomir her, und er hatte mich erst bei der Übersiedlung nach Rowno um eine Klasse überholt. Die gemeinsame Übersiedlung in einen fremden Ort näherte uns einander noch mehr an. Nun kamen wir — ich weiß nicht wie — auf die Religion zu sprechen, und Gluschkow blieb plötzlich am Anfang eines Feldweges, der zum Fluß hinunterführte, stehen.

„Bist du gläubig?" fragte er mich.

„Ja freilich," antwortete ich mit Überzeugung, „ich bin gläubig."

„Ich auch. Aber ... glaubst du denn alles?" fragte er wieder.

„N—ein," antwortete ich zögernd, wobei ich selbst zum ersten Mal innerlich das Inventar meines religiösen Glaubens aufnahm. „Ich glaube ... an Gott ... an Christus ... Aber ... an die ewige Verdammnis kann ich nicht glauben."

„Ich auch nicht," sagte mein Freund abermals.

Der Absturz hatte somit schon mehr mitgerissen, als wogegen die erste Woge anprallte: den ersten Zweifel hatte in mir lediglich die ewige Verdammnis als Strafe für Andersgläubige wachgerufen. Jetzt war ich schon mit dem Glauben an die ewige Verdammnis überhaupt fertig ...

Unsere Meutereien. Der Generalgouverneur und der Direktor. 22

Ein heißer Tag im Frühherbst. Auf den regungslosen Spiegeln der Teiche liegt blendender Glanz, und ein leiser Tanggeruch steigt von ihnen auf. Das tote Schloß, dessen Spiegelbild kopfüber im Wasser steht, ist ganz in Träumereien von längst vergangenen Zeiten verloren. Die Schwäne streichen träge auf dem

Teich herum und ziehen in der grünen Decke der Wasserlinsen lange Spuren. Hie und da quaken schläfrig die Frösche ...

Im Hofe des Gymnasiums verschmachten die Kastanienbäume in der brütenden Hitze. Der Hof steht leer. Das weiße Gebäude schweigt streng und verschlossen. Der Unterricht ist in vollem Gange.

Ich hatte gebeten, austreten zu dürfen, und stehe im Korridor. Hier herrscht völlige Stille. An den beiden entlegenen Enden des langen Korridors sieht man Fenster; eines davon ist vom dichten Laub der Kastanienbäume beschattet, so daß drinnen Halbdunkel herrscht. In dieses Halbdunkel getaucht, schlummert friedlich der alte Saweli. Die Arme auf der Brust gekreuzt, den Rücken an den Garderobeständer gelehnt, wartet er, dem Inspektorbureau direkt gegenüber, auf das Zeichen zum Läuten. Hinter den geschlossenen Türen der verschiedenen Klassenzimmer rieselt gleichmäßig ein gedämpftes Gemurmel, als lese jemand die Totenmesse. Hin und wieder dringen die winselnden Schreie des dicken Jegorow hervor oder die singende Falsettstimme des Geographen Samarewitsch oder das plötzliche Gebell Radomirezkis. Dann herrscht wieder Stille. Die Tür des Inspektorbureaus geht auf, ein weißer Lichtstreif fällt auf den schlummernden Saweli. Er fährt verstört auf, nickt aber sogleich wieder ein. In dem Lichtstreif taucht die bizarre Gestalt des „Didonus" auf. Wie ein Boot bei stürmischem Seegang, humpelt er im Zwielicht des Korridors an den dunklen Garderobeständern entlang und verschwindet plötzlich im Türrahmen einer Klasse. Nur ein Zipfel des Uniformrocks mit drollig vorstehenden Fältchen ist von ihm zu sehen. Er selbst hat sein Auge ins Schlüsselloch gebohrt und spioniert still und mit Genuß, dabei jedoch Acht gebend, daß sein magerer Haarbüschel über der Stirn nicht etwa im Türglas von innen sichtbar wird, denn dann würde in der Klasse sofort ein allgemeines Hallo und Gelächter losgehen. Doch man hat ihn drinnen nicht bemerkt ...

Die Stille des Korridors wirkt durch das gleichmäßig rieselnde Gemurmel und die es von Zeit zu Zeit unterbrechenden Aufschreie nur noch tödlicher. Sie legt sich dermaßen lähmend um Hirn und Herz, daß einem förmlich bange, fast ängstlich zu Mute wird. Man hat das Gefühl, als müsse man sich mit Gewalt zusammenreißen und aus einem schweren Albdrücken erwachen, als müßte man laut aufschreien, heftig klopfen, irgend einen Gegenstand umwerfen, überhaupt irgendetwas tun, was durch die Korridore klirrend bis an die Klassentüren prallen und dieses ganze tote Gebäude auf einmal mit Gepolter, Krachen und Leben erfüllen würde ...

Von der „Politik in der Schule" hatte man dazumal noch nichts gehört; die „böswilligen Aufwiegler" der Schuljugend waren noch nicht erfunden. Über dem ganzen Städtchen lag derselbe schläfrige Stumpfsinn wie über dem Gymnasium. Zwei bis drei Zeitungen brachten nach Rowno regelmäßig Nachrichten von der Außenwelt, sie blieben jedoch dem Schildbürgertum und seinen Interessen, die sich um das alte Schloß und das weiße Gymnasialgebäude drehten, innerlich fremd.

Das Schloß war von Legenden umwoben, aber auch das Gymnasium hatte die seinigen. Von Geschlecht zu Geschlecht wurden die Sagen von jenem Heroenzeitalter überliefert, als in der zweiten Klasse Jünglinge mit ansehnlichem Bartwuchs auf den Bänken saßen, aus der dritten Klasse aber mitunter direkt geheiratet wurde. Jene freimütige und sorglose Generation pflegte das schläfrige Einerlei des Schullebens von Zeit zu Zeit durch originelle Streiche zu unterbrechen. Bald lieferten sie in langen Trupps den Nachtwächtern große Schlachten, bald zertrümmerten sie Straßenlaternen — die übrigens ohnehin niemals brannten — und warfen sie von der Brücke ins Flüßchen, bald lauerten sie an einem dunklen Abend dem Pedell auf, wenn er durch die Fenster des Schülerquartiers spionierte; man überrumpelte ihn plötzlich von hinten, verband ihm die Augen, lud ihn auf einen Handkarren und verfrachtete ihn zum Teich. Hier wurde das Opfer mehrmals von der Brücke bis an den Hals ins Wasser getaucht, alsdann unter Gesang und Gejohle auf dem Karren durch die öden Straßen des bereits im Schlaf versunkenen Städtchens gefahren und endlich gegenüber dem Klub abgeladen. Jenes Heldengeschlecht, das solche Taten vollbrachte, war nicht mehr. Wir alle waren kleiner und wohl auch kultivierter. Aber die Legenden aus jenem Zeitalter erschienen uns interessant und sogar von einem gewissen poetischen Schimmer umglänzt. Berichteten sie doch von Taten, die einst, wiewohl auf eine rohe und alberne Weise, immerhin die starre tödliche Eintönigkeit der Schulroutine unterbrachen.

Zuweilen schäumten übrigens auch wir Schuljungen ebenso elementar und in unserer Art albern über . . .

Die Glocke hat geläutet. Die halbstündige Mittagspause ist zu Ende. Die Korridore haben sich rasch geleert, in allen Klassen ist der Unterricht bereits im Gange. In meiner Klasse steht die Stunde Jegorows bevor, doch dieser erscheint nicht. Kommt er nun oder kommt er nicht? Die Zeit verstreicht, in uns keimt die Hoffnung auf: Jegorow wird nicht kommen. Leichtsinnige Schüler, die ihre Lehrbücher gewohnheitsmäßig nur noch in der

Klasse, in Zwischenpausen, überfliegen (auch meine Wenigkeit gehört längst zu dieser Kategorie), büffeln eilig die altslawische Konjugation des Zeitwortes „sein“. Dann aber schmeißen sie das Buch mit wuchtiger Gebärde hin: wenn Jegorow heute doch nicht kommt, dann hol der Teufel die ganze altslawische Konjugation! ... Der Pedell Ditjatkiewitsch blickt alle Augenblicke zu der offenen Klassentür hinein. Auch die monumentale Gestalt des Inspektors zeigt sich von Zeit zu Zeit im Türrahmen. Die Obrigkeit weiß nämlich, daß eine derartige Situation in der Klasse nicht ohne Gefahren für die Disziplin ist, und sucht uns in halber Hypnose zu erhalten: zwar ist es kein Unterricht, aber doch auch keine Freiheit. Dieses Warten wird uns Schülern schließlich zur ermüdenden, nervenspannenden Folter.

Mein Nachbar Kroll, der gleichfalls die altslawische Grammatik eben hingeschmissen hat, kaut erst lange mit konzentriertem Stumpfsinn an einem Papierknäuel. Schließlich kriegt er es satt. Er nimmt den zerkauten Knäuel aus dem Munde, betrachtet ihn einigermaßen verwundert und schmeißt ihn in einer plötzlichen Eingebung an die gegenüberliegende Wand. Das Geschoß bleibt direkt über dem Katheder flach an der Wand kleben. Die Klasse lacht. In der Tür taucht der Pedell auf. Er hat uns lachen hören und blickt unruhig herein, doch der heiterkeiterregende Papierstern an der Wand entzieht sich seinen Blicken. Das erregt wiederum unser Interesse. Kaum ist der Pedell fort, als mehrere zerkaute Papierknäuel dem ersten nachfliegen, und bald ziert ein ganzes Sternbild grauer Wurfgeschosse die Wand über dem Lehrersessel.

„Meine Herren, meine Herren! Was fällt euch denn ein!“ ruft der Primus, die erste verantwortliche Person der Klasse.

Doch man hört nicht auf ihn. Ein ganzer Hagel nasser Papierknäuel prallt an die Wand und bleibt an ihr kleben. Einer der Schützen verfällt darauf, seinen Knäuel erst in die Tinte zu tauchen. Zwischen grauen Sternen prangen nunmehr schwarzblaue, sie kleben an den Wänden, an der Decke, am Heiligenbild ...

Irgendein Knirps, der aus einer benachbarten Klasse ausgetreten ist, läuft an unserer Tür vorbei, blickt hinein und seine Augen leuchten vor Entzücken auf. Er eilt, die Neuigkeit seinen Kameraden mitzuteilen. Bald taucht in der Tür ein anderer Dreikäsehoch auf. Nach wenigen Minuten weiß das ganze Gymnasium um unsere Heldentat ...

Plötzlich werden im Korridor die eiligen schweren Schritte Jegorows hörbar. „Jegorow kommt! Jegorow kommt!" geht es wie ein Lauffeuer durch die Reihen. In der Klasse herrscht jäh Totenstille, und wir blicken einander fassungslos an. Was wird nun werden? Die dicke Gestalt mit dem Journal unter dem Arm erscheint auf der Schwelle und prallt entsetzt zurück. Im nächsten Augenblick taucht in der Tür der aufgeregte „Didonus" auf, wirft einen Blick auf die Wände und stürzt davon. Endlich schiebt sich das gigantische Massiv des Inspektors ins Klassenzimmer. Die Epidemie des Knäuelwerfens greift unterdes in der Pause auf die jüngeren Klassen über ...

Im eintönigen Leben des weißen Gebäudes ist das Geschehene ein ganzes Ereignis. Die Obrigkeit ist fassungslos. Eine Untersuchung wird eingeleitet, und man fahndet natürlich vor allem auf die „Anstifter" des Unfugs. Damit taucht aber in dem öden Einerlei des Schullebens ein neues spannendes, ja ernstes Problem auf. „Anstifter" gibt es erstens in Wirklichkeit nicht: die ganze Klasse war von einer Massenpsychose ergriffen worden, und es ist völlig gleichgültig, wer ihr zuerst zum Opfer gefallen war. Zweitens aber: hätte es auch Anstifter gegeben, niemals würde die Klasse sie der strafenden Justiz ausliefern. Der Obrigkeit gegenüber ist die Schülermasse einig, geschlossen und solidarisch. Auch diejenigen unter uns, die sich selbst an dem Unfug nicht beteiligt hatten, vielmehr die anderen zur Vernunft zu bringen suchten, stehen jetzt fest zu ihren schuldigen Kameraden. Der Primus wird zum Inspektor vorgerufen und kommt nicht mehr zurück. Das will sagen: er ist in den Karzer, wo nicht gar heimgeschickt worden. Ein Beweis, daß die Angelegenheit als ein schwerer Fall behandelt wird und den Schuldigen womöglich Ausschluß aus dem Gymnasium bevorsteht ... Das erste Opfer wäre somit gefallen. Wir alle empfinden für den betroffenen Kameraden zärtliche Anhänglichkeit, wir sind stolz auf ihn, sind bereit, seinem Beispiel zu folgen.

Nun werden die besten Schüler vorgerufen, dann die schlechtesten. Der Inspektor erscheint in der Klasse und hält eine lange und langweilige Strafpredigt. Das Vergehen könne selbstverständlich nicht ohne Sühne bleiben. Womöglich sind schon Schuldlose bestraft, und es werden ihrer noch mehr für andere büßen müssen. Das sei schmachvoll. Die Anstifter sollten sich ehrlicherweise selbst bezichtigen, oder die Klasse wäre verpflichtet, sie der Obrigkeit namhaft zu machen. Allein wir Schüler haben unsere eigenen Begriffe von Ehrlichkeit. Ehrlichkeit heißt für uns: treue Kameradschaft, nichts mehr. Diese allein erweckt in uns Empfindungen, die uns weder die Arithmetik, noch die Geographie, noch die altslawischen Konjugationen einflößen oder in uns wach machen: Selbstaufopferung, Bereitwilligkeit um der Allgemeinheit willen zu leiden, Tapferkeit, Treue. Wir sind uns wohl bewußt, daß es eine Albernheit ist, Papierknäuel zu kauen und damit weiße Wände zu beklexen. Als der Lehrer Tyß ins Zimmer trat und ohne ein Wort zu sagen, die Klasse mit seinem ernsten und gleichsam gelangweilten Blick umfaßte, fühlten wir etwas wie Beschämung. Doch bei der Verantwortung für diesen Exzeß zu den Kameraden treu zu stehen — das schien uns durchaus nicht albern, vielmehr durchaus richtig und lobenswert. So erwartete denn jeder von uns ungeduldig, bis an ihn die Reihe kam, sich den Bestraften zuzugesellen und darin eine innere Rechtfertigung vor ihnen zu finden. Überdies lag in der Luft viel Spannung, also etwas Neues, Ungewöhnliches. Schon die Erwartung des über uns sich zusammenziehenden Unwetters trug eine neue Stimmung in unser Leben hinein, die erfrischend und aufrüttelnd wirkte.

Der letzte Glockenschlag an jenem Tage hatte für unser Ohr einen besonderen Klang. Er unterbrach die nicht beendete Untersuchung und schien uns zuzurufen: Fortsetzung morgen! Inzwischen liefen wir nur für einen Augenblick nach Hause, um eine Kleinigkeit zu uns zu nehmen, und schlichen dann zum Karzer auf Rekognoszierung. Das Fenster des Karzers lag sehr hoch, im zweistöckigen Vorbau, im Erker des Hintergebäudes. Einer von uns warf vorsichtig als Zeichen ein kleines Steinchen an die Scheibe. Die Eingesperrten zeigten sich nun, einer auf den Schultern des anderen, im Viereck des kleinen Fensters. Sie erschienen uns in diesem Augenblick so lieb und teuer! Besonders der Primus: mußten wir uns doch alle für unser eigen Tun verantworten, er allein opferte sich rein für andere auf. Jeder von uns hätte ihm gern etwas Liebes tun, hätte an seiner Stelle sein mögen. Hier keimte in unseren jungen Herzen jene Gesinnung auf, um derentwillen Strelnikow in den 70er Jahren den jungen Rasowski auf den Galgen geschickt hat, weil dieser seine Genossen nicht hatte verraten wollen ...

Manchmal erinnerten jedoch unsere Explosionen geradezu an Massenwahnsinn. Es war im Herbst, an einem wüsten, regnerischen Tage. Wir hatten eben Mittagspause. Durch die Fenster sah man die Kastanienbäume ihr noch nicht abgefallenes, aber vergilbtes Laub im Sturm bewegen. Ein schräger Regen peitschte die Scheiben. Es war unmöglich, draußen im Hof Ball zu spielen, viele Schüler waren gar nicht erst nach Hause gegangen, die Korridore waren deshalb gesteckt voll von Knaben in blauer Uniform, die sich in der Enge drängten und hin und herwogten.

Da erscheint in der Tür unser Geograph Samarewitsch. Er tritt gerade von draußen herein, ganz durchnäßt, in seiner schwarzen Astrachanmütze und im weiten Pelzmantel von Marderfellchen. Sein gelbes Gesicht wirkt unter der schwarzen konischen Mütze, umrahmt vom dunklen Pelzkragen, im Zwielicht des Korridors, besonders befremdend. Er bahnt sich mit sichtlichem Widerwillen den Weg durch das wogende Gedränge, als schreite er durch Straßenschmutz, und seine Augen tasten sich ärgerlich und mißtrauisch vorwärts. Er späht nach dem Pedell, damit dieser ihm freien Durchgang schaffe, doch Ditjatkiewitsch ist gerade nicht da. Die Schüler weichen von selbst scheu zurück, sobald sie den Professor bemerken, aber sie bemerken ihn nicht gleich. Die Menge drängt sich ganz unwillkürlich hinüber.

Etwa in der Mitte des Korridors stürzt plötzlich aus dem Klassenzimmer ein Bengel, der einem andern zu entfliehen sucht. Er taucht direkt in die Menge, wirft beinahe Samarewitsch um, hebt den Kopf und erblickt erst da über sich die langstielige Gestalt, den hageren Kopf und die galligen Augen des Professors. Eine Sekunde lang starrt er erschrocken die unvermutete Erscheinung an, dann fliegt von seinen Lippen, offenbar völlig bewußtlos, der bekannte Beiname des Geographen:

„Der Marder!"

Das so keck dem strengen Professor ins Gesicht geschleuderte Wort schallt laut im ganzen Korridor und verschlingt plötzlich jeden anderen Ton. Eine Sekunde lang bleibt's still, dann geht ein ungeheures Johlen, Lachen, Stampfen los. Die Bubenbande wird von einer Art Tobsucht erfaßt. Sie drängen sich an den Professor, stellen sich vor ihn hin, schreien: „Der Marder! Der Marder!" und tauchen wieder in die Menge. Der arme Monomane steht, erstaunt und entsetzt, mitten in dem lebendigen Strudel, dreht den Hals hin und her, und seine trockenen, entzündeten Augen schleudern Blitze.

Der ungewöhnliche Lärm lockt endlich die Pedelle aus dem Bureau, dann stürzt der Inspektor heraus, aber auch sie sind außerstande, des Massenwahnsinns Herr zu werden. Die behenden Knirpse entwischen dem Ditjatkiewitsch aus den Händen, stürzen dem anderen Pedell, dem gutmütigen, rotbärtigen Butowitsch zwischen den Beinen durch, springen direkt an dem Inspektor vorbei, zerren den unglücklichen Samarewitsch an den Ärmeln und der Ruf: „Der Marder! Der Marder!" erschallt unaufhörlich inmitten von Lachen, Stampfen und Johlen. Die Autoritäten haben jede Macht verloren. Der Inspektor und die Pedelle sind fassungslos. Erst die Einmischung der übrigen Professoren, namentlich aber die endlich ertönende Glocke, die der Pförtner in einer plötzlichen Eingebung um ein paar Minuten früher angeschlagen hat, ermöglichen es, den belagerten Geographen zu befreien und in den rettenden Hafen des Bureaus zu bugsieren.

Eine außerordentliche Sitzung des pädagogischen Rats wird einberufen, doch die Obrigkeit ist derart ratlos, daß sie diesmal nicht erst den Versuch macht, die „Anstifter" zu ermitteln. Hier lag es schon auf der Hand, daß es keine Anstifter gab, daß es sich einfach um eine elementare Explosion handelte, in der sich sozusagen der ständige Untergrund unserer Stimmung Luft gemacht hatte. Es war klar, daß man diese Stimmung wohl gewaltsam unterdrücken könne, ihrer aber Herr zu werden einfach unmöglich wäre.

Eine ebenso elementare Demonstration wurde ein anderes Mal dem Professor der deutschen Sprache Kranz zuteil. Dieser Folterknecht der deutschen Deklination erlebte einmal seinen schwarzen Tag. Er wohnte bei einer Witwe in reiferen Jahren, und es wurde in der Stadt gemunkelt, daß unser hagerer und sehniger Lemur für die wohlbeleibte Wittib in zarter Neigung entflammt wäre. Das Städtchen war überhaupt von derlei Klatschgeschichten voll, und das Gerücht über dieses Verhältnis erhielt sich unter anderen mehr oder minder pikanten „Geheimnissen", bis die Sache plötzlich mit einem großen Schimpf an den Tag kam. Kranz hatte nämlich seiner Wirtin den Entschluß mitgeteilt, in eine andere Wohnung ziehen zu wollen. Das resolute Frauenzimmer erschien darauf mitten in der Sitzung des pädagogischen Rats mit ihrem unschuldigen Säugling auf den Armen, den sie der gütigen Fürsorge eines hohen Professorenkollegiums ehrerbietigst empfahl.

Einige Tage darauf kam vom Kuratorium der telegraphische Bescheid: Kranz sei auf der Stelle zu entlassen, und in der

Mittagspause verließ er in der Tat den Korridor des Gymnasiums, um ihn nicht wieder zu betreten. Grün vor Wut schritt er eilig die Straße hinunter, ohne sich nach rechts oder nach links umzusehen, ganz in seinen Ärger verbissen. Hinter ihm drein lief aber ein Haufen Schüler, gleichsam ein Rudel Hunde hinter einem umstellten, aber immer noch gefährlichen Wolf.

So hatte er das Kolubowskische Haus erreicht. Das war eine Familie mit zahlreichen Sprößlingen, deren vier oder fünf das Gymnasium besuchten. Die Knaben waren alle kleine untersetzte Kerlchen, einander zum Verwechseln ähnlich. Der Jüngste, den der Lehrer Kranz besonders aufs Korn genommen hatte, war der Abgott der ganzen Familie. An diesem Tage war er gerade krank und bettlägerig. Als ihm aber seine Brüder die Freudenbotschaft von der schimpflichen Entlassung seines Quälgeistes überbrachten, sprang der Knirps vom Bette auf und lief, als er seines just vorübergehenden Peinigers ansichtig ward, auf die Straße. Die Brüder folgten dem Kleinen, und der gehetzte Wolf fand sich plötzlich in kurioser Weise umstellt. Der jüngste Kolubowski vertrat ihm, mit noch fiebrig funkelnden Augen, den Weg und schrie:

„Aha, verfluchter Deutscher! Hat man dich verjagt? Wirst du mich noch peinigen? Du Verfluchter!" ...

Die anderen Brüder liefen dem fassungslosen Deutschen gleichfalls mit Schmähungen nach. Ihnen gesellten sich noch mehrere Schüler zu, und der rasende Kranz, der schon mehr lief als ging, erreichte seine Wohnung unter Pfeifen, Johlen, Hurraschreien und Beschimpfungen der jugendlichen Meute. Zu seinem Glück war das Haus nicht fern, sonst hätte die sich steigernde

Stimmung leicht in Tätlichkeiten umschlagen können. An der Eingangstür sah sich Kranz um und drohte seinen Verfolgern mit geballter Faust; indes blickte zum Fenster mit schadenfrohem Ausdruck das Opfer seiner Treulosigkeit heraus ...

Am Schluß dieses Auftrittes gingen gerade einige Professoren mit finsteren Mienen die Straße hinunter. Uns Schülern war es peinlich, unseren Erziehern ins Gesicht zu blicken, doch auch die Professoren hatten, wie ich glaube, bei unserem Anblick dasselbe peinliche Gefühl.

* * *

Nur einmal gab es bei uns einen Zwischenfall, der sich beinahe zu einem „Aufruhr" mit politischer Färbung hätte gestalten können.

Dies wird wohl um das Jahr 1867 oder 68 gewesen sein. Unsere Stadt erwartete einen Besuch des Generalgouverneurs Böſack und war dabei natürlich von dem üblichen Lampenfieber geschüttelt. Der Generalgouverneur sollte beim Polizeihauptmann in der Gymnasialstraße absteigen, welches Haus selbstredend zum Mittelpunkt des allgemeinen Interesses wurde. Ringsherum blickten hinter Zäunen, aus Seitengäßchen, unter allerlei Bedeckungen mit scheuer Neugier die biederen Spießer hervor. Dicht gegenüber dem Hause des Polizeihauptmanns befand sich das Pensionat der Witwe Sawitzkaja, und da der Unterricht zu Ende war, so hatte sich ein Häuflein Schüler im Vorgärtchen versammelt, um das feierliche Schauspiel mit zu genießen. Die Straße hatte das angemessene feierlich-ängstliche Aussehen. Neben dem Hauseingang standen, zu Bildsäulen erstarrt, Polizeiwachtmeister. Alles war sauber gefegt, aufgeräumt und blankgeputzt worden. Alles war Erwartung. So gegen 5 Uhr sprengte vom Gefängnis ein Feuerwehrmann auf schaumbedecktem Pferd daher und gleich hinter ihm eine mit russischer Trojka bespannte Kutsche. Der Jamschtschik*) riß elegant seine Pferde zum Stehen, die Schellen erklangen noch einmal hell durcheinander, der Polizeileutnant und der Wachtmeister stürzten zur Kutsche, um den Schlag zu öffnen, doch ...

Da geschah etwas Unerwartetes und über die Maßen Schreckliches. Der Schlag ging auf der anderen Seite von selbst auf. Aus der Karosse rollte eine mittelgroße Gestalt von ansehnlichem Leibesumfang in militärischer Tracht, und Seine Exzellenz der Oberkommandierende des Kijewer Armeekorps, Generalgouverneur des südwestlichen Bezirks, setzte sich zum allgemeinen Erstaunen auf seinen kurzen Beinen in eiligen Trab, quer über die Straße nach der gegenüberliegenden Seite hin ...

Nach einigen Sekunden klärte sich der rätselhafte Vorfall auf: das wachsame Auge des Oberkommandierenden hatte nämlich aus der geschlossenen Kutsche hervor wahrgenommen, daß die im Vorgarten des Sawitzkischen Pensionats stehenden Schüler ihre Mützen nicht gezogen hatten. Die Schuldigen holten das Versäumte selbstverständlich sogleich nach, und nur einer, der Bruder der Pensionswirtin, wenn ich mich recht entsinne, ein Knirps aus der zweiten Klasse, glotzte mit aufgerissenem Mund und Augen die korpulente Exzellenz an, die unbegreiflicherweise in eigener Person über die Straße dahergetrippelt kam. Bösack stürzte in den Vorgarten, packte den Knaben beim Ohr und

*) Russischer Kutscher im dicken, von der Taille ab faltigen Mantel und kleiner schirmloser Mütze. D. Ü.

übergab ihn den herbeieilenden Polizisten mit dem kurzen Befehl:

„Verhaften!"

Das Polizeiamt befand sich dicht in der Nähe, und der erschrockene Knabe wurde sogleich ins Loch gesteckt, wo für gewöhnlich aufgegriffene Trunkenbolde bis zu ihrer Ernüchterung festgehalten zu werden pflegten. Erst nachdem diese Haupt- und Staatsaktion vollbracht war, begab sich Seine Gestrengen nach der Wohnung des Polizeihauptmanns.

Die Kunde von diesem Vorfall verbreitete sich wie ein Blitz in der ganzen Stadt. An jenem Tage hatte ich wegen irgendeines Verschuldens im Karzer nachzubrummen und ging später als sonst heim, einen Haufen auseinanderstrebender Bücher in den Händen. Die Straße war leer; nur von weitem waren einige blaue Schüleruniformen sichtbar, die ein Schutzmann sachte vom Hause des Polizeihauptmanns abdrängte. Hie und da schoß eine einzelne Gestalt quer über die Straße und verschwand wieder in einem der Häuser. Erst als ich vor dem städtischen Rentamt angelangt war und um die Ecke bog, begegnete mir ein Trupp Kollegen, etwa zehn an der Zahl. Darunter bemerkte ich die Peretjatkiewitschs und die Damarazkis, Angehörige zweier verwandter polnischer Familien. Das waren meist hochgewachsene, vermögende Burschen, die der Gymnasialzucht gegenüber eine ziemliche Unbekümmertheit zur Schau trugen. Einer von ihnen war erst kürzlich gezwungen gewesen, das Gymnasium zu verlassen. Als sie meiner ansichtig wurden, vertraten sie mir den Weg und bewarfen mich mit Fragen:

„Hat man Sie durchgelassen? Nun, wie steht's? Ist es wahr, daß Sawitzki einen Anfall hat? Haben Sie seine Schwester gesehen?"

„Was ist los?" fragte ich erstaunt, abwechselnd in ihre erregten Gesichter blickend.

„Sie sind mir ein netter Kollege!" sagte spöttisch der ältere Peretjatkiewitsch. „Wo steckten Sie denn inzwischen?"

„Im Karzer."

„Ach so! nun, das ist was anderes. Dann wissen Sie also nicht, daß Bösack den kleinen Sawitzki am Ohr gefaßt und auf der Polizeiwache hat einsperren lassen. Gehen Sie rasch nach Hause und rufen Sie die Kameraden auf die Straße."

Die Kunde traf mich wie ein elektrischer Schlag. Ich sah vor mir leibhaftig den gutmütigen kleinen Sawitzki mit seinen naiven Augen und seiner Mütze mit dem großen Schirm. Dieses Bild ließ in mir ein schmerzliches Mitleid und eine noch unklare bösartige Empfindung aufsteigen. Mein Kamerad steckt also nicht im Karzer, sondern auf der Polizeiwache, krank, einsam, hilflos ... Und nicht vom Inspektor eingesperrt ... Eine andere, drohende, gewaltige, elementare Macht rüttelte jetzt das Gefühl der Kameradschaftlichkeit wach, und mein Herz krampfte sich zusammen ob dieser Beschimpfung. Was tun?

Ich lief nach Hause, warf die Bücher hin, und da ich keinen von meinen Brüdern daheim fand, stürzte ich wieder hinaus auf die Straße. Die Damarazkis mit den anderen waren nicht mehr dort. Sie waren wohl irgendwohin gegangen, Rat zu halten. Auf dem Platze aber wandelten Schüler, die durch das Geschehene ganz verstört waren, in Gruppen ruhelos hin und her. Es gelang den Schutzleuten nicht, sie auch nur von der Gymnasialstraße wegzudrängen. Man unterhielt sich über den Fall, fragte einander aus, teilte einander verschiedene Einzelheiten mit, steckte die Köpfe zusammen und ging wieder auseinander, ohne Rat zu finden. Einige besonders unternehmende Schüler waren vom Hof des Hortynskischen Hauses bis zur Polizeiwache vorgedrungen und berichteten, Sawitzki liege auf der Bank, und ein Schutzmann habe sein Gesicht mit einem dunklen Tuch zugedeckt ...

Ich weiß nicht, was aus alledem geworden wäre, wenn die Peretjatkiewitschs Zeit gehabt hätten, irgendeinen bestimmten Plan auszuarbeiten: etwa, zuhauf zum Generalgouverneur zu gehen, ihm die Fenster einzuwerfen, oder etwas Ähnliches zu unternehmen. Möglicherweise wäre auch gar nichts dergleichen geschehen, wir wären vielmehr schließlich jeder nach Hause gegangen, mit dem bittern Gefühl der eigenen Ohnmacht und des unterdrückten Hasses in den jugendlichen Herzen. Vielleicht hätten nur mitten in der Nacht die Fensterscheiben in der Wohnung des Generalgouverneurs in Scherben geklirrt, womit ein billiger Vorwand für Repressalien gegen das „aufrührerische Gymnasium" geliefert worden wäre ...

Doch ehe dies alles entschieden war, geschah etwas anderes. Aus einem Hause derselben Gymnasialstraße trat in voller Uniform, den Dreimaster auf dem Kopfe, den Degen an der Seite, aufrechten Ganges, in tiefem Ernst, unser Direktor Dolgonogow. Er war erst vor kurzem bei uns angestellt, und wir Schüler kannten ihn noch wenig. Die Wahrheit zu sagen, hatten wir auch in der Folgezeit wenig Gelegenheit, den Mann richtig kennen zu lernen. Er war Großrusse, gehörte also nicht zur Sorte der Russifikatoren, war gerecht, erkannte sogar manchmal ei Zusammenstößen mit den Schülern die Obrigkeit als den schuldigen Teil an und war bei alledem streng. Für uns Schüler war er immerhin ein Vertreter der Schulobrigkeit, ein pünktlicher Formalist, der an sich selbst, wie auch an Professoren und Schüler hohe Anforderungen stellte. Er hatte überdies, wie sich zeigen sollte, Sinn für persönliche Würde und für die Würde der Sache, der er diente. So sehe ich wenigstens jetzt das Bild des Mannes, wenn ich an jenen aufregenden Tag zurückdenke.

In dem Augenblick, als er auf die Straße trat, atmete seine ganze Gestalt Festigkeit und ruhige Strenge. Man sah es ihm an, daß er wohl wußte, was er zu tun hatte, und er bahnte sich zwischen den herumstehenden Häuflein aufgeregter Schüler den Weg, wie ein großes Schiff zwischen schwanken Booten. Indem er die Grüße beantwortete, wiederholte er nur:

„Geht heim, Kinder, geht heim."

Und es war etwas in seiner Erscheinung, was den Schülern das Gefühl beibrachte, daß sie tatsächlich Kinder seien und auf diesen ernsten, ruhigen Mann vertrauen könnten.

So trat er in das Haus, in dem der Generalgouverneur wohnte. Nach drei Minuten trat er wieder heraus in Begleitung des Polizeileutnants, der ihm ehrerbietig, die Mütze in der Hand, zur Seite lief, und beide begaben sich auf die Polizeiwache. Der Polizeileutnant öffnete die Tür, und der Direktor trat hinein zum eingesperrten Schüler. Gleich darauf kam eiligst der Schularzt mit dem Ditjatkiewitsch, während der andere Pedell die verweinte und erschrockene Schwester Sawitzkis dahergeleitete.

Es lag für uns etwas Erstaunliches und Feierliches in dieser Okkupation der Polizeiwache durch Beamte des Unterrichtsministeriums, und selbst der klumpfüßige Didonus, der geschäftig hinein- und heraushumpelte, schien uns in jenem Augenblick unser lieber Angehöriger zu sein. Als aber der andere Pedell der gutmütige, rotbärtige, stets ein wenig „angeheiterte" Butowitsch, an das Tor heraustrat und verkündete:

„Der Herr Direktor lassen alle Schüler bitten, sich nach Hause zu begeben," — war eine Minute später um die Polizeiwache und das Quartier des Generalgouverneurs auch nicht eine blaue Uniform mehr zu sehen.

In Beamtenkreisen erzählte man sich alle Einzelheiten des Auftritts zwischen dem Generalgouverneur und dem Direktor. Als Dolgonogow ins Zimmer trat, fiel Bösack, rot wie ein Puter, über ihn her und schrie:

„Was ist denn das hier bei Ihnen? Aufruhr, was? Respektlosigkeit, was? Die Polenbrut zieht vor der Obrigkeit nicht die Mütze, was?"

„Exzellenz," antwortete Dolgonogow kühl und fest, „zu jeder anderen Zeit bin ich bereit, alles anzuhören, was Eurer Exzellenz zu sagen beliebt. Jetzt fordere ich vor allem die unverzügliche Freilassung meines Schülers, der widerrechtlich von polizeiwegen verhaftet worden ist. Über das Vorgefallene habe ich meinen Vorgesetzten bereits telegraphischen Rapport erstattet."

Bösack blickte den Direktor eine Weile fassungslos an und ... gab Befehl, den kleinen Sawitzki sofort freizulassen.

An einem der Kartenabende bei meinem Vater kam das Gespräch der anwesenden Beamten auf jenen Vorfall. Alle ergriffen für Dolgonogow Partei, zollten seinem Mannesmut Bewunderung. Einige meinten, der Fall würde für ihn am Ende doch noch schlimme Folgen haben, während andere die Vermutung aussprachen, der Direktor müsse wohl in Petersburg starke Protektion haben. Mein Vater sagte darauf in seiner ruhigen, kategorischen Weise:

„Ach was! Der Mann hielt sich einfach an den Buchstaben des Gesetzes, das ist alles."

„Aber ich bitte Sie," rief man, „gegen einen Bösack aufmucken, der ja vom Zaren selbst ernannt ist!"

„Alle sind wir vom Zaren ernannt," erwiderte mein Vater.

Der Vorfall hatte auch, soviel ich weiß, für den Direktor Dolgonogow keine üblen Folgen. Es waren finstere Zeiten, doch die „Gesetzmäßigkeit" hatte damals noch viel mehr Geltung als nachmals, hatte doch das Ministerium des Innern, d. h. Polizei und Gendarmerie dazumal noch nicht alle übrigen Regierungssphären mitsamt ihren Rechten, ihrer Ehre und Würde verschlungen . . .

Heutigentags ist Direktor Dolgonogow ein ausgestorbener Typus, dem der Boden naturgemäß in einer Zeit entzogen ist, in der schon der Appell selbst an die „Gesetzmäßigkeit" beinahe als gefährlicher Aufruhr gilt. So ist zum Beispiel vor einigen Jahren auf das Verlangen der Polizei hin ein Gymnasialprofessor entlassen worden. Er begab sich nach Petersburg, wußte sich vor seinen Vorgesetzten von jeder Schuld zu reinigen und bekam eine neue Anstellung. Kaum war er aber an seinem neuen Wirkungsort angekommen, als er einen Besuch des Polizeichefs bekam, der ihm eröffnete, daß ihm der Aufenthalt gerade in dieser Stadt verboten sei. In der Zeit meiner Kindheit waren gerade solche pfiffigen Manöver undenkbar, und selbst der Minister Tolstoj, der doch dem Lande „so viel Böses zugefügt hat", wie man am Kartentisch meines Vaters zu sagen pflegte, war immerhin ein Beamter alten Schlags. Er hätte sich für entehrt betrachtet, wenn er etwa einen seiner Untergebenen der gesetzwidrigen Rache eines anderen Ressorts preisgegeben hätte.

Dostojewski erzählt gelegentlich im „Tagebuch eines Schriftstellers", welch tiefen Eindruck es auf ihn einmal in der Jugend gemacht hätte, als er zum erstenmal auf der Postroute einen Feldjäger sah: dieser stand aufrecht im Wagen und hieb unausgesetzt mit der Faust auf den Rücken des Kutschers ein, der Kutscher peitschte wie ein Rasender die Pferde, und die Trojka sprengte mit tödlichem Entsetzen in den Augen in voller Karriere den Weg dahin. Jenes Bild ward dem Jüngling für sein Leben lang zu einem Symbol des absolutistischen Rußlands, und das Erlebnis mag vielleicht in der Folge mit dazu beigetragen haben, daß Dostojewski später einmal in der Erwartung der über ihn verhängten Todesstrafe am Galgen stehen mußte.

In meinem Gedächtnis blieb als ein solches symbolisches Bild aus meiner frohen Jugend die Gestalt des Generalgouverneurs Bösack haften. In meiner bis dahin geschlossenen Vorstellung von der „elementaren Macht" der Obrigkeit klaffte auf einmal ein großer Riß. Auf der einen Seite erschien vor mir der machtbekleidete Satrape, der eigenhändig ein winziges Bübchen am Ohr zerrt, auf der anderen — das von der Macht entblößte Recht, das einen bescheidenen Gymnasialdirektor zum Kampf und Sieg über den Satrapen wappnete.

Ich frage: Hat die russische Schule viel solcher Fälle im Laufe der letzten Jahrzehnte aufzuweisen, in denen doch die Übergriffe des „polizeilichen" Regimes und die Revolten der Schuljugend auf der Tagesordnung stehen? Oder wer anders hat etwa sonst im Kampfe für Menschlichkeit und Recht in Rußland Bürgermut gezeigt? ...

Auf dem Lande.

Die Wohlgeboren von Harnyj Lug. 23

Für einen Stadtjungen heißt plattes Land soviel wie Schulferien. Als wir von Schitomir nach Rowno übersiedelten, stellte es sich heraus, daß das Landgut des Onkel Hauptmann, Harnyj Lug, nur 50 oder 60 Werst von unserem neuen Wohnort entfernt war. Gemäß einer Übereinkunft beider Familien sollte Onkel Hauptmanns Sohn Sanja bei uns in Rowno während des ganzen Schuljahres wohnen, dafür gingen wir alle zu Onkel aufs Land für die Sommerferien. Besagter Sanja war ein hochaufgeschossener schmächtiger Knabe mit dem Benehmen eines Dorfjungen, was ihn zur Zielscheibe häufiger Spötteleien machte, mit kindlich reinem Herzen und etwas schwachem Kopf. Wir hatten ihn alle lieb, setzten ihm aber nichtsdestoweniger wegen seiner bäurischen Naivität mitunter arg zu. Was ihn übrigens nicht hinderte, sich diese Naivität sein Leben lang unversehrt zu bewahren, — mitsamt noch anderen Absonderlichkeiten: es war, als ob sich die schrillen Dissonanzen des Lebens auf dem Lande unbewußt der zarten empfänglichen Seele des Knaben für immer eingeprägt hätten.

Das Gut des Onkels war ein eigenartiges, eines von jenen, wo die Leibeigenschaft schon vor ihrer offiziellen Aufhebung von selbst zur augenscheinlichen Absurdität geworden war. Der verstorbene Danilewski hat in einer seiner Skizzen die Verhältnisse in einem Dorfe geschildert, das den bezeichnenden Namen „Stopanowka"*) trug. So war das Dorf getauft, weil es ein ganzes

*) Der Name rührt von „Sto", auf russisch Hundert, und von „Pan" her: der Herr, der Wohlgeborene. D. Ü.

hundert „Herrschaften“ beherbergte, — fast ebensoviel als Leibeigene. Solche Dörfer mag es wohl gegen das Ende der Periode der Leibeigenschaft in Rußland nicht wenige gegeben haben. Der kleine Landadel vermehrte sich, kam herunter, verlor allmählich den adeligen Anstrich und brachte immer mehr Schmarotzerexistenzen, Besitzer von einer oder zwei leibeigenen „Seelen“, hervor.

Das Dorf Harnyj Lug war ein klassisches Nest dieses entarteten Krautjunkertums. Schon zur Zeit der einleitenden Maßnahmen zur Aufhebung der Leibeigenschaft hatte es dort ungefähr 60 Bauernhöfe und dazu an die zwei Dutzend „Herrschaften“ gegeben, die sich in den Besitz jener teilten. Dem Onkel Hauptmann allein gehörte aber etwa ein Drittel der gesamten Bauernschaft des Ortes.

Wie diese merkwürdige „soziale Struktur“ entstanden war, weiß ich nicht zu erklären. Höchstwahrscheinlich war Harnyj Lug in den Zeiten der polnischen Unabhängigkeit eines jener Nester des kleinen, von Gnaden irgend eines Magnaten lebenden Krautjunkertums gewesen, das in dem berühmten Epos des polnischen Nationaldichters Mizkiewitsch: „Pan Taddäus“ so prächtig geschildert ist. Im Bereich des Gutsbezirks meines Onkels ragte auf einem kleinen Hügel am Teich ein uraltes dunkles Gebäude mit spitzem Dach, von seltsamem Äußeren und rätselhafter Bestimmung. Um den Bau herum standen, als eine Art Ehrengarde, sieben Pyramidenpappeln mit verbrannten Wipfeln, und von weitem konnte man das Ganze für einen altertümlichen Wachtturm halten. In Wirklichkeit war es nur ein „Magazin“, d. h. ein Speicher. Im Erdgeschoß standen hier Fässer mit Kwas*), Gurken und Sauerkohl. Im mittleren Stockwerk wurde Korn aufgespeichert. Oben

*) Ein säuerliches Getränk aus Roggenmehl und Malz. D. Ü.

gab es eine Wohnstube mit einem kleinen Balkon. Diesen zu betreten war uns Kindern, wegen der Absturzgefahr, verboten, wie auch das ganze ehrwürdige Gebäude mitunter in den Fugen krachte und einstürzen zu wollen schien. Onkel Hauptmannn indes wollte es nicht wahr haben. War doch dieses „Magazin", das, mit seinen Pappeln von weither sichtbar, im Dorfe eine zentrale beherrschende Lage einnahm, sein ganzer Stolz. Ringsherum, gleichsam unter den schützenden Fittichen des altertümlichen Bauwerks, kauerten strohbedeckte Hütten, Obstgärtchen, Ziehbrunnen. Hie und da ragten einzelne verstreute Pappeln, jede ein Zeichen des „herrschaftlichen" Hauses. Selbst das ansehnlichste darunter, die Residenz meines Onkels, hatte ein Strohdach, die übrigen aber waren fast gar nicht mehr von den Bauernhütten zu unterscheiden.

Der Überlieferung zufolge war das „Magazin" ein letzter Überrest eines einstigen reichen herrschaftlichen Gutshofes, der für das Krautjunkertum von Harnyj Lug den Mittelpunkt bildete. Der Hauptmann schätzte es gerade als ein Symbol seiner überragenden Stellung im Dorf. Als der größte Grundbesitzer am Orte hatte er, wiewohl ein Zugezogener, mit diesem ehrwürdigen Gebäude gleichsam die Vorherrschaft in Harnyj Lug übernommen. Der ehemalige Mittelpunkt indes war für immer dahingeschwunden und mit ihm auch jeder Sinn im Dasein des örtlichen Krautjunkertums. Onkel Hauptmann war, wie ich schon berichtet habe, ein vortrefflicher Erzähler, und er liebte manchmal an langen Winterabenden verschiedene Episoden aus der Vergangenheit seines Dorfes mit ihren merkwürdigen Sitten zum Besten zu geben. Die altpolnische adelige „Freiheit", die sich völlig überlebt, Sinn und Inhalt verloren hatte, war hier zur reinen Karikatur geworden. So war das Dorf z. B. von alters her in zwei Parteien gespalten, die aus Gründen, auf die sich kein Mensch mehr besinnen konnte, fortfuhren, einander zu befehden, zu überfallen und gerichtlich zu verfolgen. Als Hauptobjekt dieses Kampfes galt das sogenannte „Propinationsrecht“, d. h. das Pachtrecht über die Schnapsschenke des Ortes. Jede der beiden Parteien nahm die einträgliche Gerechtsame für sich in Anspruch und jede stellte einen Kandidaten für das Pächteramt auf, den sie auch mit gepanzerter Faust unterstützte. Die Schenke glich zuzeiten einer regelrechten Festung. Die Herren Lochmanowitsch stellten Posten auf, um den von ihnen in der Schenke eingesetzten Juden Jankel zu verteidigen, wohingegen die Herren Bankiewitsch auf besagten Jankel Überfälle veranstalteten, um an seiner Statt ihren eigenen Leibjuden Moschek einzusetzen. In dunklen Nächten entbrannten manchmal blutige Schlachten. Die „Wohlgeborenen“ von hüben und drüben rückten an der Spitze ihrer Leibeigenen zum Sturm auf die Schenke aus: Schädel krachten alsdann unter homerischen Streichen, Hunde bellten, Frauen und Kinder zeterten und wehklagten ...

Geschah es, daß der Schnapsvorrat alle wurde, und es neuen aus der Stadt zu beschaffen galt, dann erfolgten die dramatischsten Episoden in der Ilias von Harnyj Lug. Der Jude Jankel zog mit dem leeren Faß, unter dem Schutze eines bewaffneten Konvojs, der Stadt entgegen. Die Hinfahrt war glücklich ausgeführt. Auf dem Rückweg aber wurde der Transport jedesmal auf der kleinen Brücke an der Schlucht tückisch aus dem Hinterhalt überfallen. An einer dieser Expeditionen war der Hauptmann, glaube ich, persönlich beteiligt, und er berichtete mit vieler Laune, wie mitten in der heißesten Schlacht die Bauern den Boden des heiß umstrittenen Fasses einschlugen. Beide Parteien stürzten sofort, ihre Feindschaft vergessend, hin, um das kostbare Naß in Mützen, Krüge, ja in

Stiefel — wofern man mit solchen versehen war — aufzufangen. Der Morgen überraschte dann die Helden auf dem Waldrasen, wo sie, von kräftigem Schlummer übermannt, Freund und Feind durcheinander, friedlich lagerten. All dies gab natürlich neuen Grund zu gerichtlichen Klagen, zu Lokalterminen vor Gerichtsassessoren, die allein aus diesen ritterlichen Fehden Nutzen zogen.

Zu der Zeit, als es mir vergönnt war, mit Harnyj Lug Bekanntschaft zu machen, gehörte jenes heroische Zeitalter der Vergangenheit an. Die „Wohlgeborenen" waren bereits vor der Bauernreform völlig auf den Hund gekommen. Es wurde z. B. erzählt, daß infolge irgendwelcher erblicher Verwickelungen zwei Krautjunker, die zwei leibliche Schwestern zu Frauen hatten, nur noch über einen einzigen Bauernhof ihr, dazu noch angefochtenes, Herrschaftsrecht ausübten. Am schlimmsten erging es dabei natürlich dem unglücklichen Objekt des Streites. Währenddem der endlose Kampf um die „Seele" des armen Nikita vor den Gerichten in verschiedenen Instanzen ausgefochten wurde, erteilten ihm beide „Wohlgeborenen" Befehle und forderten beide Gehorsam. Der unglückliche Bauer befand sich ewig unter dem Druck zweier Kräfte, die ihn nach entgegengesetzten Richtungen zerrten. Kein Wunder, daß die mittlere Linie ihn nach einer dritten Richtung schob: er hatte an einem Plätzchen in der Schenke Jankels Gefallen gefunden. Die Lage zwischen zwei Kriegführenden und einer neutralen Macht hatte bei Nikita diplomatische Talente entwickelt: er schloß manchmal ein Bündnis mit dem einen seiner „Wohlgeborenen" und walkte gemeinsam mit ihm den anderen nach Noten durch. Dann schlug er sich auf die Gegenseite und prügelte zur Wiederherstellung des Gleichgewichts ebenso gewissenhaft seinen gestrigen Bundesgenossen durch. Vor Gerichten hatte er keine Angst, da er in beiden Fällen nur den Befehlen seiner Herren Folge leistete. Es kam freilich auch vor, daß beide „Wohlgeborenen“ sich ihres, wie man heute sagen würde, Klasseninteresses bewußt wurden und zeitweilig gegen Nikita ein Bündnis schlossen. Dann erging es dem Armen übel, wofern der freundliche Jankel ihm nicht rechtzeitig eine Zuflucht in seinem neutralen Reich zu sichern gewußt hatte.

Alles in allem hatte sich das Schicksal gegen den unseligen Bauern gar grausam verschworen. Einen nur, aber einen „richtigen“ Herrn zu haben wäre für ihn ein Glück gewesen. Er kam auch mehr als einmal zu meinem Onkel und bat, ihn, Nikita, käuflich ganz zu eigen erwerben zu wollen, wobei er versprach, für dreie zu schuften.

Er war auch ein tüchtiger Arbeiter, und Jankel hatte sich über ihn sicher nicht zu beklagen. Nichtsdestoweniger war es unmöglich, ihn käuflich zu erwerben, da es eben im Unklaren blieb, wer ihn eigentlich zu verkaufen das Recht hatte. Die Kaufsumme aber etwa unter sich zu verteilen, dazu wollten die streitenden „Parteien“ sich um nichts in der Welt verstehen: lieber hätten sie den Nikita selbst in zwei Hälften gehauen.

„Ja, bin ich denn schließlich gar nichts wert?“ rief der Ärmste in seiner Verzweiflung.

„Ich sage doch nichts gegen dich, du Bedauernswerter,“ pflegte ihm mein Onkel zu antworten. „Du bist ein tüchtiger Bauer, aber mit dir kriegt man die Gerichte auf den Hals. Nein, geh du lieber mit Gott ...“

Und Nikita ging — geradeaus in die Schenke, betrank sich und wurde zum Schrecken für seine beiden „Herren“.

Der älteste unter den Schlachzizen von Harnyj Lug war Pan Pogorzelski, die lebendige Chronik des Ortes, ein Mann, der sich noch der Zeiten der polnischen Unabhängigkeit erinnerte. Er hatte damals als „Ritter in voller Rüstung" unter der Fahne eines Pan Cholewinski oder Pan Golembiowski — ich weiß es nicht mehr — gedient und war an der berühmten patriotischen Verschwörung zu Bar zur Rettung Polens beteiligt. Er war nunmehr zirka hundert Jahre alt.

Mir steigt bei dieser Erinnerung ein merkwürdiger Gedanke auf. Es vergeht kaum ein Jahr, ohne daß man in den Zeitungen liest, da oder dort sei ein Greis oder eine Greisin im Alter von 100, von 110 Jahren gestorben. Ja, vor acht oder zehn Jahren brachten die sibirischen Zeitungen, wie ich mich wohl entsinne, die Nachricht vom Tode eines Ansiedlers im Alter von 136 Jahren ... Wenn wir waldige Berghänge betrachten, so erscheint uns schon ein Berg mittlerer Höhe ungeheuer groß gemessen an den Bäumen: so zahllos sind die grünen Reihen, die sich den Abhang hinauf bis zum Gipfel aneinander drängen. Faßt man jedoch etwa nur hundertjährige Bäume ins Auge und verfolgt ihren Aufstieg, dann wird sich bald herausstellen, daß schon ein bis zwei Dutzend der Waldriesen ausreichen, um die ganze Berghöhe vom Fuße bis zum Gipfel zu messen.

Unzählige Menschengeschlechter haben, gleich dem Kleinholz an Bergabhängen, auf der Zeitstrecke der zwanzig Jahrhunderte einander abgelöst, seit der langschweifige Stern über der Höhle von Bethlehem geleuchtet hat, in der die Familie des Zimmermanns Joseph aus Nazareth Zuflucht suchte. Seitdem ist Judäa gefallen, das Römische Reich barst unter dem Ansturm zahlloser barbarischer Horden und ging unter, neue Reiche sind an seiner Statt entstanden, die gotische Finsternis des Mittelalters hielt Einzug mit ihren himmelwärts gerichteten Hymnen und dem Ächzen der Ketzer auf Erden; dann leuchtete unter den Trümmern wieder die Antike hervor; die Reformation rauschte vorüber; ganze Geschlechter wurden im Dreißigjährigen Krieg niedergemäht; wie eine lodernde Fackel flammte die große Revolution auf und breitete sich in der Feuersbrunst der Napoleonischen Kriege über Europa aus ... Und nun bedenke man, daß all dies Geschehen binnen weniger als 20 höchstbemessener Menschenleben stattgefunden hat!

Auf dieser ganzen Zeitstrecke fehlte es sicher nicht an 125jährigen Greisen, die als Augenzeugen einander die Chronik der Jahrhunderte hätten von Mund zu Mund überliefern können. Solcher Augenzeugen hätte es bis auf unsere Tage nicht mehr als zwanzig bedurft! ...

Eine solche altertümliche Eiche des Menschenwaldes lernte ich in Harnyj Lug in der Person Pan Pogorzelskis kennen, der schon als erwachsener Mensch in den siebziger und achtziger Jahren des 18. Jahrhunderts gelebt hatte. Wäre ich selbst dazumal gescheiter und wißbegieriger gewesen, ich könnte jetzt den Kindern des 20. Jahrhunderts nach Berichten eines Augenzeugen über den Fall Polens vor anderthalb Jahrhunderten erzählen. Leider interessierten mich damals derartige Fragen herzlich wenig.

Als ich einmal aus irgendeinem Anlaß in ein Seitengäßchen des Dorfes einbog, erblickte ich hinter dem Zaun im Gemüsegarten eine hohe aufrechte Gestalt mit völlig kahlem Schädel, der an den Schläfen von schneeweißen Haarlöckchen eingefaßt war. Dieser Kopf erinnerte merkwürdig an ein vertrocknetes Köpfchen des Mohns, an dem etwa zwei weiße Kronblättchen noch hängen geblieben wären. Ich zog im Vorbeigehen die Mütze. Der Greis betrachtete mich eine Weile mit seinen verblichenen, aber noch lebhaften Augen und fragte:

„Wem gehörst denn du, Büblein? Ich kann mich nicht entsinnen, deinesgleichen hier schon gesehen zu haben."

Ich sagte, daß ich ein Neffe des Hauptmanns wäre, und wir kamen ins Gespräch.

Er stand hinter dem Zaun, groß und hager, lauter Knochen und Sehnen; am Leibe trug er eine altpolnische schwarze „Tschamarka", die sehr abgetragen und voller Flecke war; ursprünglich war sie wohl durch eine Reihe kleiner Knöpfe verschließbar, doch fehlte jetzt von diesen die Hälfte, und durch die offene Jacke blickte der nackte Körper durch: der arme Schlucker besaß nämlich nur ein Hemd, und geschah es, daß sich eine gute Seele seiner erbarmte und es zum Waschen nahm, dann mußte sich der Alte inzwischen ohne Leibwäsche behelfen.

„Aha, der Hauptmann, ich weiß, ich weiß ... Er hat bei dem und dem zwanzig Seelen gekauft ... Homo novus ... Die Früheren sind alle fort, alles ist hin. Denn, siehst du wohl, es waren früher hier, sagen wir, zwei Schlachzizen: Pan Bankiewitsch, Joseph mit Vornamen, und Pan Lochmanowitsch, Jakob mit Vornamen. Pan Bankiewitsch hatte drei Söhne und Pan Lochmanowitsch hatte gleichfalls drei Söhne. Das macht schon sechse zusammen. Dann noch die Töchter ... Einer hatte Joseph Bankiewitsch fünfzehn Höfe als Brautschatz nach Podolien mitgegeben. Diese hatten wiederum Kinder ... Bei Bankiewitschs waren Stach, Franzl, Fortunatus, Joseph" ...

Er schüttelte wie aus dem Ärmel genealogische Verzweigungen, die ich hier natürlich nur sehr frei wiedergebe, dann kam er auf die alten Zeiten zu sprechen.

„Ach, ach! Ich sage dir, mein Junge, die volle Wahrheit: im freien Polen da gab es noch Männer. Wenn z. B. das Husarenregiment zum Sturm vorrückte, dann hörte es sich, verstehst du, wie ein Gewitter an: die Husaren hatten nämlich am Rücken Flügel. Die Pferde sprengen los, der Wind rauscht in den Flügeln, sage ich dir, wie ein Orkan im Fichtenwalde — Jesus, Maria und Joseph!" ...

Das Antlitz des alten Ritters übergoß eine flammende Röte bis zum kahlen Schädel hinauf. Die weißen Löckchen an den Schläfen erzitterten, und in den verblichenen Pupillen glomm ein Fünklein auf. Dann erlosch es ebenso plötzlich.

„Und heute! Ha, die ganze Welt steht heute auf dem Kopfe. Noch unlängst, so vor dreißig Jahren, da gab es in diesem selben Harnyj Lug eine richtige Schlachta. Die Bauernkanaille wurde in eiserner Zucht gehalten. Beim geringsten Anlaß — Himmel Herrgott! — gleich gab es Züchtigung, beinahe zu Tode wurde das Pack geprügelt. Offen gestanden: es tat einem zuweilen sogar leid, denn das war schon nicht mehr Christenart ... Und heutzutage!"

Er streckte seinen hageren Hals über den Zaun vor und flüsterte mir ins Ohr:

„Heutzutage gibt der Bauer einem waschechten Schlachzitz Maulschellen, so wahr mir Gott helfe und die heilige Jungfrau. Und was geschieht danach? Gar nichts! ... Nun, was ist da zu reden: mit einem Wort, alles ist hin!" ...

Um uns her herrschte vollkommene Stille; die Hitze brütete unbarmherzig. Im Gemüsegärtchen wiegten die Sonnenblumen leise ihre schweren Köpfe, Bienen umschwirrten sie mit fleißigem Summen. Auf den Latten des uralten Zaunes steckten hie und da, mit dem Boden hinauf, schwarze Kochtöpfe. Die steifen Maisblätter raschelten mit einem trockenen zischenden Laut ... Der Alte schien sich plötzlich in all diesen Dingen, als wären sie ganz fremd, mit naivem Staunen umzuschauen: was ist denn das alles? Wo sind die „beflügelten" Husaren hin, wo Pan Cholewinski, wo seine Fahne, wo die alte Schlachta? ...

Um die Gestalt dieses Greises, der seine Zeit zu Grabe getragen hatte, lag ein Schimmer kindlicher, rührender Wehmut. Von den anderen Vertretern nobilitatis harnolusiensis ließ sich dasselbe kaum behaupten, wiewohl es auch in ihrer Mitte einige markante Gestalten gab.

Einmal wurde bei Onkel-Hauptmann ein Diebstahl verübt: in der Nacht war jemand durch das Fenster des Erdgeschosses in das „Magazin" eingebrochen und hatte ein Fäßchen Butter und ein Fäßchen Honig entführt. Als erster entdeckte das Vorgefallene Pan Lochmanowitsch.

Das war ein Mann von sehr malerischem Äußeren. Breitschultrig, mit schlanker Taille, gerader polnischer Nase und einem imposanten Vollbart, der schön seine ganze breite Brust bedeckte, mochte er das lebendige Abbild irgendeines kriegerischen Urahnen sein, der einst seine Ritterhaufen tapfer ins Feuer führte. Jetzt war das bloß eine leere Schale ohne Inhalt. Von allen Eigenschaften des altpolnischen Rittertums hatte dieser Nachkomme nur die majestätische Haltung, einen heroischen Appetit und eine noble Passion für leckere Gerichte geerbt. Mein Onkel pflegte von ihm zu sagen: „Pan Lochmanowitsch wittert von weitem, was in jedem Bratofen von Harnyj Lug gebraten wird." Dem Bauernvolk gegenüber legte der Pan eine unverhohlene Verachtung an den Tag.

„Das ist ihr Werk," sagte er auch diesmal mit Überzeugung, als die Nachbarn sich am Tatort versammelt hatten, um über den Diebstahl zu beraten. „Ein Schlachzis wird sich zu so etwas nicht hergeben. Ein Schlachzis sagt sich: ich besitze wenig, aber was ich besitze, ist mein. Die Bauernkanaille hingegen hat weder Scham noch Gewissen, noch Gottesfurcht im Leibe" ...

Die Bauern, die zugegen waren, schwiegen finster und ließen sich eine aufmerksame Untersuchung des Tatorts des Einbruchs angelegen sein. Plötzlich entdeckte einer von ihnen einen Fußstapfen unter dem Fenster. Es waren deutliche Stiefelspuren, wobei der rechte Stiefel sichtbar einen stark abgetretenen Absatz verriet. Nun tragen die Bauern ausnahmslos Bastschuhe, wohingegen Lederstiefel ausschließlich Fußbekleidung der „Wohlgeborenen" sind. Die Bauern fingen denn auch an, unzweideutig auf den rechten Absatz des sittlich entrüsteten Pan Lochmanowitsch zu schielen. In diesem kritischen Moment des Lokaltermins verschwand Pan Lochmanowitsch unmerklich von der Bildfläche.

Jetzt brach ein Hallo los. Der „freche Pöbel" schrie ungeniert, daß der Diebstahl von einem aus der noblen Schlachta ausgeführt worden sei, und strömte mit diesem Feldgeschrei auf die Straße. Die Standesehre des Adels von Harnyj Lug war in empfindlichster Weise bloßgestellt. Die Schlachzizen versammelten sich darauf bei dem alten Pogorzelski als einem in Sachen der Ehre kundigen Mann, und es wurde beschlossen, an Pan Lochmanowitsch eine Deputation abzuordnen. An ihrer Spitze trat der ehemalige „Ritter in voller Rüstung" von der Fahne Pan Cholewinskis vor und hielt an den „Bruder-Schlachzis" eine Ansprache. Der verehrte Bruder und Wohltäter sähe ja selbst ein, daß ein Fall außergewöhnlicher Natur vorliege: die Bauernkanaille erdreiste sich, den ganzen wohlgeborenen Adelsstand von Harnyj Lug in schwerster Weise zu verdächtigen. Einzig zu dem Zweck, um das Pack zu zwingen, seine niedrige Verleumdung wieder zu verschlucken, bitte die Schlachta ihren verehrten Bruder, eine kleine Haussuchung in dessen Keller zu gestatten.

Pan Lochmanowitsch, unerschütterlich großartig in allen Lebenslagen, gab gelassen seine Einwilligung.

„Nur pro forma, mein Wohltäter, nur pro forma, rief entzückt der alte Pogorzelski. „Nur um dem Pöbel den Mund zu schließen" ...

Die Haussuchung näherte sich ohne jedes Ergebnis ihrem Ende.

„Ich besitze wenig, aber was ich habe, ist mein," wiederholte Lochmanowitsch. Man wollte gerade aufbrechen, als einer der Bauern, die als Zeugen bei der Haussuchung zugelassen waren, in einem Winkel des Kellers einen Haufen Spreu auseinanderscharrte: darunter standen nebeneinander die beiden Fäßlein ... Die Bauern ergriffen sofort die corpora delicti, luden sie sich auf die Schultern und zogen damit im Triumph zum Hauptmann, unter Siegesgeschrei, Gesang und Gejohle.

Das war ein grausamer Schlag für den ganzen Adel des Ortes. Wie Onkel erzählte, hat Pan Pogorzelski über die Sittenverderbnis — periculum in mores nobilitatis harnolusiensis — geweint, wie ein Kind. Nur Pan Lochmanowitsch selbst nahm den fatalen Zwischenfall mit philosophischer Ruhe hin. Zwei Tage später erschien er, ruhig und majestätisch wie immer, beim Onkel-Hauptmann.

„Wäre es nicht besser, mein verehrter Bruder und Nachbar," meinte er, „wenn wir diese schmutzige Affäre auf sich beruhen lassen würden? Nun, es ist einmal passiert ... Wem passiert so was nicht ... Verlohnt es sich denn, die Rechtsverdreher in nachbarliche Angelegenheiten zu mischen?"

Der Hauptmann war ein jähzorniger, aber äußerst gutmütiger Mensch, der es verstand, manches im Leben von der humoristischen Seite zu fassen. Überdies war das, glaube ich, kurz vor der Bauernbefreiung. Man empfand in den Kreisen der Grundbesitzer das Bedürfnis, zusammenzuhalten ... Der Hauptmann strengte denn auch nicht nur keine gerichtliche Verfolgung an und sah den „kleinen Vorfall" nach, sondern es gab in der Folge keine Familienfestlichkeit in seinem Hause und es stiegen bei ihm aus der Ofenröhre keine appetitaufreizenden Düfte, ohne daß die malerische Gestalt Pan Lochmanowitschs die Tafelrunde schmückte.

Als die merkwürdigsten Vertreter dieses heruntergekommenen Krautjunkertums müssen wohl die beiden Brüder Bankiewitsch betrachtet werden, von denen der eine „notorischer Ränkeschmied" war (in der alten russischen Rechtspraxis hat es einen solchen terminus technicus gegeben), der andere — o Schmach! — ein Pferdedieb.

Das Äußere Pan Antonis, so hieß der „Ränkeschmied" mit Vornamen, war ungemein süßlich: eine rundliche Gestalt mit bedeutendem Bäuchlein, ein kleiner kahler Kopf, eine blaurote Nase und ein paar gutmütige Äuglein, die vor Nächstenliebe troffen. Wenn er im Lehnstuhl saß, seine Hände auf dem Leib zusammengefaltet und die Daumen umeinanderdrehend, während seine Äuglein in lächelndem Wohlwollen auf sein Gegenüber gerichtet waren, konnte man ihn für das verkörperte gute Gewissen halten. In Wirklichkeit war dieser süßliche Mann ein höchst gefährliches Raubtier.

Begabt mit einer spitzen Feder, ausgestattet mit gründlichen

Kenntnissen der Gesetze wie der Gerichtsprozedur, wußte er der gesamten Nachbarschaft abergläubische Furcht einzuflößen. Das Anwesen Antoni Bankiewitschs war eine Art verzauberten Reichs. War z. B. ein Huhn irgend eines Pan Kunzewitsch in Antonis Gemüsegarten geraten, dann verschwand es erstens spurlos, zweitens aber bekam sein früherer Besitzer todsicher einen Prozeß wegen Beschädigung fremden Gartens durch sein Geflügel auf den Hals. Geschah es aber, daß umgekehrt etwa ein Schwein Bankiewitschs in den nachbarlichen Gemüsegarten eingebrochen war, dann erging es dem unglücklichen Pan Kunzewitsch noch schlimmer. Mochte der Bedauernswerte das Vieh aus seinem Besitztum noch so ehrerbietig hinauskomplimentieren, es erwies sich dennoch jedesmal, daß es ein gebrochenes Bein, eine Stichwunde am Schenkel oder sonst einen Schaden an seiner Gesundheit genommen hatte, was wiederum straf- und zivilrechtliche Verfolgungen nach sich zog. Die Nachbarn zitterten und kauften sich los.

„Aber ich bitte Sie, mein Wohltäter," rief einer dieser Unglücklichen, mit dem ich sprach, in ohnmächtiger Verzweiflung, „wie soll man sich denn anders helfen, wenn unsereiner nicht weiß, auf Grund welcher Gesetzesparagraphen er eine fremde Gans aus dem Gemüsegarten hinaustreiben soll und auf Grund welcher anderen ein Ferkel. Er aber treibt fremdes Vieh in seinen Hof und lacht sich einen Ast!"

Den Nachbarn kam es beinahe vor, als ständen die Hühner, Puten und Kälber Pan Bankiewitschs unter einem besonderen Schutze des Gesetzes, und der „Ränkeschmied" saß den ganzen Tag vor seiner Haustür, ließ seine Blicke fleißig über sein Anwesen spazieren und erspähte immer neue Einnahmequellen.

Der Ruhm Bankiewitschs verbreitete sich weit über die Grenzen des Harnyj Lug, und die Ränkeschmiede der ganzen Umgegend kamen zu ihm, als dem Magister dieser Kunst, um sich bei ihm Rats zu erholen.

Die Ankunft Onkel Hauptmanns in Harnyj Lug und die freimütige Art, wie der neue Grundbesitzer dem gefürchteten Manne gegenüber auftrat, brachten dessen festgewurzelte Autorität beinahe ins Schwanken. Bankiewitsch, der äußerlich mit dem „verehrten Nachbar und Wohltäter" die allerbesten Beziehungen pflegte, lauerte denn auch nur auf eine günstige Gelegenheit, um den Angriff zu eröffnen.

Da geschah es, ich glaube im zweiten Jahr des Aufenthalts meines Onkels in Harnyj Lug, daß sich Bankiewitsch einmal mit seinen Leuten einfach auf ein dem Hauptmann gehöriges Grundstück begab und das Korn daselbst schneiden ließ. Der Schaden war nicht allzu groß, und die eingeschüchterten Nachbarn rieten meinem Onkel dringend, auf die Sache zu „pfeifen" und mit dem Kujon lieber gar nicht erst anzubinden.

Doch Onkel Hauptmann war ein Mann von anderem Schlag. Er nahm den Handschuh auf und sah sich bald in einen gerichtlichen Feldzug verwickelt, über den er nachmals mit mehr Lust und Liebe zu erzählen pflegte, als über seine Kriegstaten vor dem Feinde. Als man ihm meldete, daß Bankiewitschs Leute sein Korn schnitten, tat der schlaue alte Herr zunächst, als berühre ihn die Sache gar nicht. Die fremden Schnitter hatten indes das Korn geschnitten, gebunden, sogleich auch aufgeladen und gegen Sonnenuntergang schritt der „Ränkeschmied" als Triumphator vor seinen mit fremden Garben beladenen Wagen daher. Der Weg vom Felde führte hinten an den Wirtschaftsgebäuden des

Onkels vorbei. Kaum waren die Wagen an dem breiten Tor der Dreschtenne angelangt, als das Tor plötzlich aufging, der Hauptmann mit seinen Leuten herausstürzte, die vorgespannten Pferde und Ochsen anpackte und in die Tenne lenkte. Die Wagen wurden zu einem Tor hineingelassen, rasch abgeladen und zum anderen Tor wieder leer herausgelassen. Das Ganze spielte sich so blitzschnell ab, daß die Bankiewitschsche Partei in ihrer Verblüffung gar keinen Widerstand leistete. Als alles beendet war, lüftete der Hauptmann höflich die Mütze, bedankte sich bei dem lieben Nachbarn für die Erntehilfe und lud ihn nach der gehabten Mühe ins Haus zu einem Löffel Suppe.

Diesen Schlag erhielt der „Ränkeschmied" im Angesicht von ganz Harnyj Lug, und alle begriffen sofort, daß nun ein Tanz auf Tod und Leben zwischen den beiden beginnen mußte. Bankiewitsch begab sich zunächst, wie das in allen ernsten Lebensfällen bei ihm Sitte war, auf eine Wallfahrt zur heiligen Mutter Gottes. Gleich nach seiner Rückkehr leuchtete die ganze Nacht hindurch der Lampenschein auf Jasminsträucher und Sonnenblumen vor seinem Fenster, und man konnte durch die Scheiben sehen, wie der „Ränkeschmied" bald ganz in Schreiben vertieft saß, bald wieder, wenn ihm die Eingebung zu versiegen schien, vor dem Heiligenbild auf die Knie fiel und betete. Die Hähne krähten bereits im Dorf, als das Fenster aufging und darin das gerötete Antlitz Pan Bankiewitschs erschien, noch mit sichtbaren Spuren der Begeisterung. Wie im Triumph hielt er einen Bogen Papier in die Luft und winkte damit nach der Richtung hin, wo der dunkle Turm des Hauptmannschen „Magazins" mit seiner Fahnenstange inmitten der Pappelgruppe ragte. Alle diese Einzelheiten beeilte sich ein Nachbar sofort „vertraulich" meinem Onkel mitzuteilen.

Nachmals erzählte uns der Onkel wiederholt alle Wechselfälle des berühmten Streites. Die Hornbrille auf der Nase, las er immer wieder mit gerührter Stimme die Eingaben Bankiewitschs sowie seine eigenen Repliken darauf laut vor. Antoni Bankiewitschs Schriftsätze verrieten entschieden ein ganz eigenartiges Talent. In altertümlich polnisch-russischem Stil verfaßt, schnörkelhaft und geziert, waren sie von so unerwarteten Wendungen durchsetzt, daß manchmal der Vortrag des Onkels durch allgemeine Heiterkeit unterbrochen wurde. Nur der Vortragende selbst blieb unerschütterlich ernst. Man sah es ihm an, daß er der Kunst des Gegners aufrichtige Bewunderung zollte. Da war in der Tat alles: genaue Kenntnis der Gesetze, Kraft des Ausdrucks, ein eigentümliches, gleichsam auf die Gefühle der Richter berechnetes Pathos ... Sich selbst nannte der Verfasser der Eingaben nie anders, als den „verwaisten Edelmann", seinen Gegner hingegen den „vermeintlichen Hauptmann" (mein Onkel war Hauptmann des Stabes a. D.), sein Besitztum wurde — weiß Gott weshalb — als „unrechtmäßig angeeignetes" und seine Arbeiter als „gottlose" bezeichnet.

„Und als sich jene Wagen auf dem Wege voranbewegten, der an dem unrechtmäßig angeeigneten Anwesen des besagten Falschen Kurzewitsch vorbeifuhr, alsdann sprang jener angebliche Hauptmann mit seiner Rotte aus dem Hinterhalt mit großem Lärm, Geschrei und Tumult, als wie ein echter Dieb, Bandit und Straßenräuber, herfür, packte die Pferde, so dem obgenannten verwaisten Edelmann Bankiewitsch zu eigen gehören, bei den Stangen, die Ochsen aber bei dem Joch, schleppte dieselben in seine, Kurzewitschs, Dreschtenne und lud mit großer Eile ab. Über welchen öffentlichen Überfall und augenscheinlichen Raub der endesunterzeichnete verwaiste Edelmann Anton, des Fortunatus Sohn, Bankiewitsch, unter Strömen bitterer Tränen die strengste Untersuchung einzuleiten und nach Recht und Gesetz das Verfahren zu eröffnen untertänigst bittet." Zum Schluß berief sich der Petent auf Paragraphen des Gesetzbuchs, die den Hauptmann so ungefähr mit dem Zuchthaus bedrohten, und stellte eine Liste des Schadenersatzes auf, die seinen Gegner an den Bettelstab hätte bringen müssen.

An diesen Erzeugnissen der Bankiewitschschen Feder lernte ich zuerst den berühmten altrussischen „Ränkeschmiede-Stil" kennen, von dessen Schönheiten indes meine obige Probe nur einen ganz schwachen Begriff gibt. Besonders auffallend war der Reichtum an pathetischen Stellen. Der alte Gauner konnte sich natürlich im Ernst keine Wirkung auf die Herzen der Richter versprechen, es kam also darin nur seine ästhetische Ader, eine Art reine Dichtkunst zum Ausdruck. Die Eingabe ging, einmal ausgearbeitet, von Hand zu Hand im Dorfe und wurde immer wieder vorgelesen. Zeitungen gab es damals auf dem Lande keine, Bücher fast ebenso wenig. Die Dorfbewohner lernten also die Vorzüge der Schriftsprache fast ausschließlich aus derlei Erzeugnissen kennen. Es war allgemeine Ansicht, daß die Eingabe mit spitzer und vortrefflicher Feder abgefaßt, und daß dem Hauptmann „eine harte Nuß" aufgegeben sei. Pan Bankiewitsch berauschte sich unterdes an seinem literarischen Erfolg.

Jetzt wappnete sich der Hauptmann seinerseits und trat in die Schranken. Bald konnte auch er seinen Bekannten „die Widerklage des Hauptmanns des Stabes a. D. Kurzewitsch vom Departement der kaiserlichen Forsten an das Bezirksgericht so und so, betreffend folgende Punkte" vorlesen.

Vor allem sei er, Endesunterzeichneter, kein angeblicher, sondern wirklicher Hauptmann seines Kaisers, wofür er gesetzliche Belege vorweisen könne, sintemal er an Expeditionen wider rebellische Stämme teilgenommen, dabei eine Kontusion davongetragen und durch Verleihung von Orden die allerhöchste Anerkennung empfangen habe. Außer Dienst getreten, sei er im Departement der kaiserlichen Forsten aufgenommen, befördert und auf eigenen Antrag unter Zubilligung der Uniform und Pension verabschiedet worden. Woraus folgt, daß der sich als verwaister Edelmann Bankiewitsch Bezeichnende sich nicht allein einer lügnerischen Verleumdung ihm, Kurzewitsch, gegenüber, sondern überdies einer dreisten Mißachtung des allerhöchsten Namens, so auf den obgenannten amtlichen Dokumenten unterfertigt ist, schuldig gemacht habe.

Dem Pathos und der Empfindsamkeit des Bankiewitschschen Machwerks setzte der Hauptmann Bosheit und Ironie entgegen. Er fragte: wieso denn der verwaiste Edelmann mit den garbenbeladenen Wagen an seiner, Kurzewitschs, Dreschtenne auftauchte, da männiglich bekannt sei, daß seine, Bankiewitschs, eigene Besitzung auf der entgegengesetzten Seite des Dorfes liege. „Es sei wohl gesehen und erhört — fügte der Hauptmann boshaft hinzu —, daß Waisen mit Bettelsäcken herumgehen, um bei mildtätigen Leuten ein Stückchen Brot zu erbitten; daß aber Waisen auf fremden Acker, nicht mit Bettelsäcken sondern mit Leiterwagen, mit Gesinde und Pferden einbrechen, dafür erscheint bis jetzt als wenig löbliches Beispiel allein der obgenannte Antoni, des Fortunatus Sohn, Bankiewitsch, welche Dreistigkeit in einem wohlgeordneten Rechtsstaate mit nichten geduldet werden dürfe. In Anbetracht sotaner Umstände forderte der Hauptmann seinerseits auf Grund der Gesetze eine strenge Bestrafung Antoni Bankiewitschs.

Seine Widerklage überbrachte der Onkel persönlich nach der Stadt. Zu diesem Behufe wurden aus Kästen und Truhen der Waffenrock mit Achselstücken, Beinkleider mit roten Streifen, Sporenstiefel und der Helm mit Federbusch hervorgeholt. All das wurde auf dem Zaun ansgebreitet und gelüftet und machte auf die Umgebung nicht geringen Eindruck. In den Augen der braven Einwohner von Harnyj Lug stiegen die Prozeßaussichten des Hauptmanns bei diesem kriegerischen Aufwand und Glanz um ein Beträchtliches.

Der Rechtsstreit schleppte sich mit allerlei Listen und Klagen, Widerklagen und Denunziationen ins Unendliche. Das ganze Ansehen des „Ränkeschmiedes" war nahe daran, in die Binsen zu gehen. Den Hauptmann unterzukriegen wurde zu seiner Lebensaufgabe. Doch der Hauptmann stand da wie ein Fels in brandender See und erwiderte die pathetischen Verleumdungen seines Gegners pünktlich mit ironischen Widerklagen, die seinen literarischen Ruhm in Harnyj Lug immer mehr befestigten. Wenn er seine Eingaben im Kreise seiner Bekannten vorlas, so pflegten sich die Zuhörer auf die Schenkel zu schlagen, laut zu lachen und den Verfasser um einen solchen „Redefluß" zu beneiden. Bankiewitsch verging vor Wut und Neid.

Die verbissenste Zeitungspolemik kann heute kaum die literarischen Parteien leidenschaftlicher erregen, als jener Kampf des Hauptmanns mit dem „Ränkeschmied" sowohl die Beteiligten als auch die öffentliche Meinung von Harnyj Lug erregte. Das Ansehen Bankiewitschs schwankte dabei fortwährend, ganz wie heute mancher literarische Ruf unter den Angriffen einer neuen kritischen Feder erschüttert werden kann.

Schließlich verlor Pan Antoni jede Selbstbeherrschung und fing an, die Richter selbst an höhere Instanzen zu denunzieren, über ihre Parteilichkeit und Duldsamkeit dem benannten Kurzewitsch gegenüber, sowie ihre Ungerechtigkeit und „Impertinenz" ihm, dem verwaisten Edelmann gegenüber, zu klagen. Zugleich überschüttete er verschiedene Behörden mit Denunziationen über Verwandte und Bekannte des Hauptmanns, sowie über Bekannte jener Bekannten. Es genügte, daß der Amtsrichter, der in irgendeiner dienstlichen Angelegenheit ins Dorf gekommen war, beim Hauptmann vorsprach, damit Bankiewitsch gegen ihn eine Denunziation vom Stapel ließ. Das war schon ein Spiel vabanque, ein verzweifeltes blindes Umsichschlagen der verwundeten Eigenliebe.

Das Gericht, dem all das schließlich zum Hals herauswuchs, packte die Bankiewitschschen Erzeugnisse zusammen und schickte den ganzen Kram an den Senat. Der Senat erblickte, kurz und bündig, den im Paragraph über „notorische Ränkeschmiede" vorgesehenen Fall als gegeben und verbot demgemäß allen öffentlichen Behörden, irgendwelche Klagen oder Denunziationen von Bankiewitsch fürderhin entgegenzunehmen. Diese Entscheidung traf den Mann wie ein Blitz aus heiterem Himmel. Laut Verfügung des Kreisgerichts erschien in Harnyj Lug der Amtsrichter mit der Ortspolizei, begab sich zu Antoni Bankiewitsch, beschlagnahmte dessen gesamten Vorrat an Papier, Federn und Tinte und ließ ihn eine Erklärung unterzeichnen, worin sich der „notorische Ränkeschmied" verpflichtete, „auch für alle Zukunft besagte Schreibmaterialien nicht mehr zu halten".

Bankiewitsch war vernichtet, war eine Leiche. Man hatte dem bösen Zauberer das schwarze Buch weggenommen, und er verwandelte sich plötzlich in einen gewöhnlichen Sterblichen. Jetzt vertrieben die Schüchternsten unter den Nachbarn seine verirrten Schweine mit derben Knütteln, wobei sie die Tiere nun auch wirklich beschädigten; ihre eigenen Ferkel aber, die sich in den weiland verzauberten Bereich verirrten, nahmen sie mit Gewalt wieder in Besitz. Der „notorische Ränkeschmied" stand außerhalb des Schutzes der Gesetze.

Bankiewitsch verfiel zusehends. Doch nach einiger Zeit begab er sich wieder auf die Wallfahrt und kam von ihr bedeutend gestärkt zurück. Es geschah dann, daß in einer dunklen Herbstnacht beim Hauptmann im Hofe ein Hund anschlug, dann ein zweiter. Einer der Knechte erwachte dabei, bemerkte zunächst nichts Auffälliges im Hofe, bis er schließlich hinter der Dreschtenne einen hellen Schein aufleuchten sah. Ehe er das Gesinde und den Hauptmann aus dem Schlaf gerüttelt hatte, stand die Dreschtenne, die nämliche, von der aus der Streit ausgegangen war, in hellen Flammen ...

Jene Nacht sollte in Harnyj Lug noch lange unvergessen bleiben. Das Korn war bereits in die Scheunen eingefahren, aber nur zu einem geringen Teil durchgedroschen und im „Magazin" aufgespeichert. Die übrigen Garben mitsamt dem Stroh brannten jetzt so lichterloh, daß es unmöglich war heranzutreten. Über der Feuersbrunst kreisten hoch im blutroten Schein und Funkenregen Tauben und fielen in die Flammen; die hohen Pappeln am Magazin sahen aus, wie Säulen flüssigen Kupfers. Das Feuer war mit guter Überlegung angelegt: der Wind trieb die Flammen gerade auf das Magazin hin. Zum Glück schlug er plötzlich um und wendete sich gegen das offene Feld. Der ehrwürdige altertümliche Bau war gerettet, nur bei einigen

Pappeln verdorrten die Wipfel und hingen seitdem wie schwarze Besen über dem frischen Grün, als traurige Zeugen der schrecklichen Nacht.

Der Hauptmann war in jener Nacht ergraut. Er griff mehrmals zu den Pistolen, und es kostete seiner Frau nicht geringe Mühe, seine Wutanfälle zu beschwichtigen. Pan Antoni aber saß am anderen Morgen wieder friedlich vor seiner Haustür, wie früher, die Hände auf seinem runden Bäuchlein zusammengefaltet, und drehte die Daumen umeinander. Die Nachbarn hatten gesehen, wie er zu Beginn der Feuersbrunst unangekleidet aus seiner Haustür trat und sich den Schlaf aus den Augen rieb. Beweise gab es also gegen ihn keine. Aber er machte daraus kein Hehl, daß er vor der heiligen Muttergottes um Sühne für die erlittenen Kränkungen heiß gebetet und daß ihm die Gebenedeite versprochen hatte, die Tränen einer Waise sollten nicht ungerochen bleiben . . . Dabei funkelten die Äuglein des „verwaisten Edelmannes“ vor tiefer Rührung, und auf seinen Lippen spielte ein so eigentümliches Lächeln, daß die Nachbarn wieder anfingen, vor Pan Antoni tief die Mütze zu ziehen . . .

Einmal noch schien dem alten „Ränkeschmied“ sogar auf seinem ureigensten Gebiet der Erfolg lächeln zu wollen. Es kam die Zeit des polnischen Aufstands. Der Hauptmann war ein Pole, aber nur lauer Patriot, der die ganzen Ereignisse mehr von der humoristischen Seite nahm. Unter anderem hatte er den Einfall, sich mit dem alten Pogorzelski einen Spaß zu leisten und den ehemaligen „Ritter in voller Ausrüstung“ zu überreden, in ein Aufständischenkorps zu treten. Die Patrioten benötigten dringend erfahrener Führer, redete er dem Alten ein, und ein Mann, der einst unter der Fahne Pan Cholewinskis gedient hätte, sei jetzt moralisch verpflichtet, an die Spitze eines Korps zu treten. Vergeblich seufzte der arme Alte, weinte sogar und suchte sich des Verführers zu erwehren: seine Füße, meinte er, taugten doch nicht mehr für den Steigbügel, noch seine Hände für den Säbel. Aber der Hauptmann ließ nicht locker, kam vielmehr Tag für Tag an seine Hütte und flüsterte ihm immer wieder zu. In einem dieser Gespräche ließ der Spaßvogel einfließen, daß man ganze Wagenladungen voll Schinken „in den Wald" gebracht hätte. Da hielt es der arme ausgehungerte Greis schließlich nicht aus und ging am anderen Morgen „sich einschreiben zu lassen".

Um ein Haar wäre der grausame Schabernack dem Hauptmann teuer zu stehen gekommen. Bankiewitsch hatte nämlich seine Unterredung mit dem Alten aufgefangen und sandte sofort eine Denunziation ab, in der er die Tatsachen ziemlich wahrheitsgetreu wiedergab, sie aber ihrer humoristischen Färbung natürlich entkleidete. Es wehte damals ein scharfer Wind, und der Hauptmann hatte einige böse Minuten auszustehen. Nur der Anblick des armen Greises, der vor der russischen Untersuchungskommission wie ein kleines Kind schluchzte, überzeugte selbst die Gendarmen, daß man einen solchen Krieger lediglich hatte anwerben können, um sich über ihn wie über die Sache selbst lustig zu machen. —

Der „Ränkeschmied" Antoni hatte einen Bruder, Fortunatus mit Vornamen. Dieser führte eine rätselhafte Lebensweise. Er ging oft auf Reisen, von deren Ziel niemand etwas wußte, und verschwand mitunter für längere Zeit vom Horizont. Man sah ihn des öfteren mit Zigeunern, mit Griechen und sonstigen zweifelhaften Elementen von der Profession der Roßhändler Umgang pflegen. Von Zeit zu Zeit tauchten auch in der Herde von Harnyj Lug stattliche Vollblütler unbekannter Herkunft auf, um nach einiger Zeit ebenso geheimnisvoll wieder zu verschwinden. Viele in Harnyj Lug schüttelten ob diesem Treiben bedenklich den Kopf. Pan Fortunatus war aber ein umgänglicher Mann, der mit aller Welt glänzend auszukommen wußte ... Einmal verschwand er schließlich, um nicht wieder zu erscheinen. Es hieß, daß er irgendwo bei Nacht und Nebel in dem gefährlichen Handwerk mit fremden Pferden sein adelig Haupt eingesetzt hatte. Sicheres hat man nie erfahren.

24 Die Verhältnisse im Dorfe.

Die Prüfungen sind zu Ende. Jetzt winken mir zwei Monate Freiheit und die Fahrt nach Harnyj Lug. Die Mutter mit den Schwestern und dem ältesten Bruder werden einige Tage später im Mietwagen nachfolgen, uns beide jüngere Buben sowie den Vetter Sanja holt aber eine „Trojka" aus Harnyj Lug ab. Wir erwarten das Ereignis mit Ungeduld.

Endlich ist die Trojka da. Ihre Ankunft wird schon von weitem, vom städtischen Schlagbaum her, durch einen ungewöhnlichen Lärm auf der Straße angekündigt. Vor dem Wagen läuft ein Haufe spottlustiger jüdischer Bengels einher; sie schreien, schneiden Grimassen und werfen mit Straßenkot um sich. Inmitten dieses lärmenden Haufens tauchen drei kleinwüchsige Pferde auf: eine falbe Stute, ein bejahrter Wallach, der im Hause des Onkels nach seinem früheren Besitzer einfach „der Bankiewitsch“ hieß, und als „Dritter im Bunde“ ein ganz junges Tier, fast ein Fohlen, das man „für Unglücksfälle“ beizuspannen pflegte und das neben den anderen an der Halfter lief. Auf dem Kutschbock sitzt ein junger Knecht mit einer Schafpelzmütze und Bastschuhen. Jüdische Hausknechte von den umliegenden Gasthöfen kommen dahergelaufen und fragen den Bauern spöttisch, ob „seine Wohlgeboren“ nicht bei ihnen absteigen möchte. Wenn die Ovationen gar zu lärmend und zudringlich werden, erhebt sich der „Kutscher“ und schwingt mit ernstem und sachlichem Gesichtsausdruck die Peitsche, als gelte es, sich lästiger Hunde zu erwehren. Auch die braven Ackerpferde bleiben mitten in dem von den Städtern vollführten eitlen Lärm unerschütterlich ernst: der Bankiewitsch spitzt nur ein Ohr, die Stute bewegt kaum den Schwanz, und nur das junge Fohlen stellt sich quer vor den Wagen, schlägt mit den Hinterbeinen aus und läßt den Schwanz wie eine Fahne wehen.

Der Kutscher Toni war ein Junge von wahrhaft ausgesuchter Häßlichkeit: eine merkwürdige Mißgestalt mit spitzem Schädel, breiten Hüften, etwas krummen Beinen, einer zusammengedrückten Nase und wulstigen Lippen. Man konnte beim Anblick dieser grotesken Figur kaum das Lachen verbeißen. Er pflegte sich übrigens auch gern über sich selbst lustig zu machen. Sogar der Ausdruck seines komischen Mundes wirkte nicht einfach häßlich, sondern wie eine gewollte Karikatur auf die Häßlichkeit. Der Grund dieser eigentümlichen Wirkung lag, wenn ich nicht irre, in dem bitteren Hohn, mit dem Toni sein heimatliches Dorf, den Harnyj Lug, mithin aber auch alles, was mit diesem Dorf in Verbindung stand, darunter auch die eigene Person, verabscheute. Wenn Vetter Sanja zur Begrüßung dem väterlichen Gefährt entgegenlief und gerührt den Bankiewitsch und die Stute auf die Schnauze küßte, pflegte Toni diese Gefühlsausbrüche mit unverhohlener Verachtung zu betrachten, und ohne jeden Grund dem Bankiewitsch eins mit der Peitsche über den Rücken zu ziehen.

Als er zum ersten Mal bei uns ankam, lenkte er die Pferde zum Stall hin und sagte, sowie er Sanjas ansichtig wurde, einfach:

„Da bin ich also."

„Sieh mal einer an! Und wir haben es gar nicht bemerkt" ... rief spöttisch der Diener meines Vaters, Paul, ein Jüngling mit etwas dummem Gesicht und einer Hängelippe, aber in Stadtrock und schmutzigem Vorhemd. Die Köchin und das Stubenmädchen kicherten bei diesem Wort verstohlen. Toni jedoch verlor nicht die Fassung. Er schnitt eine unglaubliche Fratze, machte einen Rüssel und schnalzte nach dem Spötter hin so kräftig mit den Lippen, daß die Frauenzimmer, diesmal schon auf Kosten des Dieners Paul, in lautes Gelächter ausbrachen. Am Abend war Toni in der Küche bereits ganz wie zu Hause und hatte unbestrittenen Erfolg.

Es war dies das erste Mal, daß er in eine Stadt kam, und er betrachtete ihre Wunder mit ehrfürchtigem Staunen. Für den Fall neuer semitischer Ovationen mit seiner Peitsche ausgerüstet, begaffte er den ganzen Tag die Sehenswürdigkeiten Rownos und stand namentlich lange mit erhobenem Kopf vor dem alten Schloß auf der Insel. Dort fand ich auch seine Mißgestalt am Fuße des gigantischen steinernen Ritters vor dem Schloßtor.

Die Blicke des Knechts aus Harnyj Lug wanderten mit naivem Staunen über die Wandmalereien der Ruine und drangen in die gähnenden Fensteröffnungen, durch die man in dem geheimnisvollen Halbdunkel des Innern hie und da vergoldete Gesimse aufblitzen oder ganzgebliebene Figuren von Nymphen und Amoretten auf der Wand im hineinfallenden Lichtstrahl aufleben sah.

„Da sieht man wenigstens, daß es mal Herrschaften gegeben hat," sagte er, als er meiner ansichtig wurde. Und mit einem eigentümlichen Seufzer fügte er hinzu: „Richtige Herrschaften"...

Mir war, als ob in diesem Seufzer zugleich mit der Bewunderung für richtige Herrschaften eine Rüge für irgendwelche andere, „nichtrichtige" Herrschaften mitklang. Am anderen Morgen weckte er uns noch vor Sonnenaufgang, und wir fuhren in der ersten Morgenfrische an dem Schlagbaum mit dem schläfrigen Invaliden vorbei.

Diese Fahrten mit Toni nach Harnyj Lug gestalteten sich für uns Buben jedesmal zu einem wahren Fest. Man kann wirklich nicht behaupten, daß wir es etwa in dem hinfälligen engen Wägelchen bequem gehabt hätten, dafür aber, was gab es alles unterwegs zu sehen! Den ganzen Tag wechselten Wälder, Äcker, Gebüsche, Flüsse vor unseren Blicken ab. Auf der Landstraße zogen Trupps von Wallfahrern, die nach dem Potschajewschen Kloster gingen. Dann humpelte ein alter Jude mit einem Sack über der Schulter vorbei: das war der Austräger einer eigentümlichen, nachmals verbotenen, jüdischen Post. Dann schleppte sich auf kreischenden Rädern eine schwere jüdische Balagula mit himmelhohem Leinwanddach auf Reifen, von oben bis unten vollgestopft mit Köpfen, Armen, Beinen, Federbetten und Kissen. Auf dem Kutschbock saß ein nervöser zappeliger Jude, der fortwährend die Peitsche schwang, an den Zügeln zerrte, den Kopf, beide Ellbogen und Kniee in Bewegung setzte und seine Pferde mit verzweifeltem Geschrei aufzumuntern suchte, was jedoch auf die Tiere nicht den geringsten Eindruck zu machen schien.

Um die Mittagszeit hielten wir gewöhnlich, nachdem der halbe Weg, zirka 30 Werst, gemacht war, in irgendeinem jüdischen Gasthof an, um den Pferden etwas Rast und Futter zu gönnen. Dann nahmen wir von der Landstraße Abschied und bogen in einen Feldweg ein. Toni pflegte uns alsdann großmütig die Zügel zu überlassen, während er selbst sich seitwärts setzte, seinen Knaster in einem Pfeifchen aus Weichselholz schmauchte und in Pausen zwischen den Zähnen durch in sicherem Bogen ausspuckte.

„Zieb dem Sankiewitsch eins über, zieh ihm eins über!" kommandierte er und ergriff von Zeit zu Zeit die Peitsche selbst. Ein sausender Hieb klatschte auf den Rücken des unglücklichen Wallachs, die Trojka schüttelte ihre knochigen Rücken, und das Wägelchen rollte eine Zeitlang rascher.

Zuweilen tauchte in einer Staubwolke eine herrschaftliche Kalesche auf. Toni maß sie mit aufmerksamen kritischen Blicken, zog aber zumeist die Lippen mit verächtlichem Lächeln schief: wahrscheinlich fand er das Geschirr und Gespann „nicht richtig". Nun aber sprangen aus dem Walde wie Bestien ein paar Schimmel im Krakauer Kummet auf den Weg; auf dem Bock saß ein achtunggebietender Kutscher in einer Mütze mit Pfauenfeder, im langen Faltenrock mit einem Gurt um die Taille. Im Wagen saß im leinenen Staubmantel ein Herr, der uns im

Vorbeifahren flüchtig mit einem müden Blick musterte. Toni bog vor diesem Gefährt eiligst auf die Seite und begleitete die Erscheinung noch lange mit entzückten Blicken.

„Der Pan von Salisy," sagte er mit Ehrfurcht. „Das sind Tiere . . . und ein Kutscher . . . Oho! . . ."

Und der arme Bankiewitsch bekam wieder eins übergezogen, dafür, daß er kein richtiger herrschaftlicher Rappe, Toni kein richtiger Kutscher und wir keine richtigen „jungen Herrschaften" waren.

In unseren gegenseitigen Beziehungen tauchte überhaupt hie und da ein Schatten auf: wir Buben fühlten, daß Toni uns im Grunde genommen verachtete, — freilich mitsamt seiner eigenen Person.

Die Sonne neigte sich bereits dem Untergange zu, unsere „Trojka" klopfte aber immer noch, müde, von Schweiß und Fliegen bedeckt, den staubigen Feldweg. Es schien, als rückten wir nicht vom Fleck. Die unbeschlagenen Pferdehufe platschten weich auf der Erde. Es dunkelte allmählich. Irgendwo vom fernen Sumpf her kam der dumpfe Schrei der Rohrdommel. Im Roggenfeld am Wege schlug schläfrig die Wachtel, Fledermäuse kreisten über unseren Köpfen, tauchten lautlos auf und verschwanden wieder in der Dämmerung. Ein sanfter Friede und etwas wie Schwermut senkte sich auf die Erde. Wir näherten uns endlich dem Ziel. An verschiedenen wohlbekannten Anzeichen bemerkten wir die Nähe von Harnyj Lug, und zusammen mit der Freude pflegte sich dabei jedesmal ein wirrer Knäuel unklarer Empfindungen ins Herz zu schleichen. Der Kopf wurde mir schwer vor Hitze und der unbequemen Lage im Wägelchen. Ich lechzte danach, endlich in einer hellen Stube zu sitzen, mich auszuruhen und eine Tasse Tee zu trinken. Neben diesen lockenden Bildern schimmerte aber vor mir noch irgendein beunruhigendes, peinliches Gespenst, das gleichsam mit uns zusammen ins Dorf einziehen und die ganze Zeit über dort leiben sollte ...

Lange fuhren wir schweigend. Das Wägelchen taucht nun in den Wald. Toni ergreift, ohne ein Wort zu sagen, die Zügel und setzt sich wieder auf den Bock. Die Trojka trappelt munterer, klopft kräftig mit den Hufen auf den harten Weg, zuweilen schlägt ein Rad mit hellem Klang an eine Baumwurzel an, und die Äste krachen vernehmlich in dem Walddunkel.

„Seht, hier sind einmal dem Toni im Winter zwei Wölfe nachgelaufen," sagt Sanja sinnend. „Nicht wahr, Toni?" setzt er hinzu.

Toni gibt keine Antwort. Sein Gesicht ist in der Dunkelheit nicht zu sehen, doch wir fühlen, daß es jetzt feindselig und finster, und daß die Ursache davon — die Nähe von Harnyj Lug ist. Der Wald lichtet sich. Der sandige Weg führt zu einem kleinen Brücklein, unter dem ein unsichtbares Flüßchen gluckst. Hier ist der historische Ort, wo einst die denkwürdigen Überfälle auf den Juden Jankel mit dem Schnapsfaß veranstaltet wurden. Das Wägelchen rollt vollends aus dem Walde heraus. Vor uns öffnet sich eine breite Talmulde, über der sich ein enormes sternbesätes Firmament wölbt. Am Horizont schimmert undeutlich eine Gruppe Pappeln und die Silhouette des „Magazins". Ringsumher blinken zerstreute Lichtlein.

Wie schön ist es ... Und wie traurig ... Mir steigt in der Erinnerung meine Kindheit auf und das Kolanowskische Dorf. Wie eine rosige Wolke am leuchtenden Morgenhimmel schwebt jenes Bild in meiner Seele. Das war auch ein Dorf, doch wie anders als dieses! Andere Menschen waren es, andere Hütten, anders, scheint mir, haben selbst die Lichter in den Fenstern geblinkt. Dort war alles so gütig und freundlich. Und hier! . . .

Das Wägelchen bleibt stehen und rollt sogar etwas zurück. Vor uns schimmern in der Dunkelheit die Stangen des kreischenden Drehrads am Eingang des Dorfes. Irgend jemand schiebt es auf die Seite, um uns freie Durchfahrt zu lassen. Links auf einem Hügel leuchtet die offene Tür der Schenke; im Innern sieht man den Verschlag und die magere Gestalt des Schenkjuden.

Draußen vor der Tür lehnt undeutlich an der Mauer eine Gruppe Bauern.

„Bist du's, Toni?" ertönt eine Stimme von dorther.

„Wer denn? Freilich bin ich's."

„Bist früh losgefahren?"

„Vor Sonnenaufgang."

„Soso . . . und kommst bei Nacht daher."

„Sind eben famose Tiere," gibt Toni höhnisch zur Antwort, und ein sausender Peitschenhieb klatscht in der weichen Abendstille auf die Pferde nieder.

„Gibt's was Neues?"

„Nee . . . Dem Pan von Salisty sind wir unterwegs begegnet. Ein neues Paar hat er angeschafft, — Bestien wie Feuer! Und der Kutscher hat einen neuen Kittel an."

„Ja, ein Pan . . . Ein richtiger Pan . . ."

Es folgt ein kurzes Schweigen. Die Pfeifchen glimmen im Dunkel auf, wie rote Funken. Einer von den Bauern tritt an unser Wägelchen heran, blickt hinein und begrüßt uns freundlich. Von der Schenke her ertönen aber wieder ungenierte Bemerkungen:

„Nun, hast du sie hergeschafft?"

„Freilich hab' ich sie hergeschafft," gibt Toni zurück.

„Alle wohlgezählt?"

„Wer weiß: vielleicht hab ich auch etliche unterwegs fallen lassen. Seht nach, gute Leute, findet ihr sie, so dürft ihr's behalten."

„Wir haben an den hiesigen übergenug, die sind ganz und gar des Teufels geworden."

In der Stimme hört man einen finsteren Haß . . .

„Holla! Los!"

Toni knallt mit der Peitsche und wirft sich in die Pose eines „richtigen" herrschaftlichen Kutschers, der sich anschickt, elegant vor der Freitreppe vorzufahren. Er tut, als könnte er kaum die wilde Trojka bändigen, und lehnt sich sogar hintenüber. An der Schenke entsteht Gelächter. Die Trojka geht los und biegt in ein Seitengäßchen ein, von bellenden Hunden verfolgt. Unter diesem Gebell, unter Peitschenknallen und Faxenmachen Tonis fahren wir vor der bescheidenen Residenz Onkel Hauptmanns vor. Und zugleich mit der Freude über unsere Ankunft, mit der Erwartung der langersehnten Freiheit beschleicht uns Buben das niederdrückende Bewußtsein, daß wir für diese zwei Monate „die Herrchen von Harnyj Lug" geworden sind. . .

Wie der Schatten einer unsichtbaren Wolke breitet sich über uns das allgemeine Verhältnis dieser armen Hütten zu ihren „Herrschaften", d. h. die instinktive Feindseligkeit zu den „Wohlgeborenen" überhaupt, untermischt mit der Verachtung für die „nicht richtigen" Herrschaften insbesondere.

Ich bin überzeugt, daß viele meiner Zeitgenossen, die wie ich in jener Übergangszeit aufgewachsen sind, als die Leibeigenschaft liquidiert wurde, in dieser oder jener Form, in größerem oder geringerem Grade dieselben zwiespältigen Eindrücke vom Leben auf dem Lande in der Erinnerung haben.

Einer von den Arbeitern des Onkels, ein junger Knecht, Iwan mit Namen, hat einmal in der Küche auf seine Art, ohne sich durch unser Beisein stören zu lassen, die soziale Geschichte von Harnyj Lug zu erklären gesucht.

Einst in alten Zeiten — erzählte er — flog der Erzfeind mit einem Korb voller Samen der „Wohlgeborenen" über die Erde und säete sie allenthalben aus. Just als er über Harnyj Lug geflogen kam, vergriff sich der dumme Teufel und schmiß aus Versehen eine ganze Hand voll auf einmal herunter. Daher waren hier die Herrschaften so dicht ins Kraut geschossen, wie das Steppengras dort zu wuchern pflegt, wo zufällig die Kuh einen Fladen hingeplatscht hat. Und daher blieb für das richtige Gras, d. h. für die Bauernschaft hierzulande gar kein Raum mehr übrig. Die anderen Knechte lachten, und wir Kinder hörten zu ...

Iwan war ein junger Knecht mit tief gebräuntem Gesicht und Augen wie zwei glühende Kohlen. Aus diesen Augen schaute zuweilen eine solche Feindseligkeit, daß einem angst und bange wurde. Wir Kinder konnten damals den Grund des feindseligen Blickes nicht begreifen und meinten, Iwan sei einfach ein widerwärtiger Mensch und böser Charakter. In der düsteren Glut seiner Augen lag jedoch ein Etwas, was man nicht so leicht vergessen konnte, etwas wie gegenstandsloser, elementarer Haß. Er sah aus, als könnte er sich plötzlich, ohne jeden Grund, auf irgend jemanden stürzen und ihn mit der Axt niederschlagen oder mit der Heugabel niederstechen. Einmal, als wir Buben zusammen mit den Knechten Garben vom Feld fuhren, gingen bei Iwan die Pferde mit leerem Wagen durch, kamen bloß mit der Halfter auf den Hof gestürzt und drückten sich in unbeschreiblichem Schreck in den engen Winkel zwischen dem Zaun und dem Stall. Iwan kam hinter ihnen gelaufen, packte einen Knüttel und fing an auf die erschreckten Tiere besinnungslos, blindlings, geradezu toll loszudreschen. Kaum konnten mehrere Leute den Rasenden überwältigen, die Pferde aber zitterten noch bis zum Abend am ganzen Körper. Den ihn beschwichtigenden Arbeitern gegenüber zeigte Iwan gar keine Feindseligkeit, er wollte bloß immer wieder auf das „verdammte herrschaftliche Vieh" losgehen.

Der Hauptmann pflegte Iwan gewöhnlich, wenn sich dieser etwas hatte zuschulden kommen lassen, so laut auszuschelten, daß man es im ganzen Dorfe hören konnte. Diesmal sagte er jedoch kein Wort. Er ließ Iwan nur am andern Morgen zu sich hereinrufen, und als der Knecht eintrat, wie immer finster aber ruhig, klapperte mein Onkel einige Minuten lang auf der Rechenmaschine und hielt ihm dann wortlos sein verdientes Geld hin. Iwan nahm es, ohne der Rechnung irgendwelche Beachtung zu schenken, und verließ schweigend das Zimmer. Die beiden hatten einander offenbar verstanden. Nach diesem Vorfall ward uns von unseren Müttern eine Zeitlang untersagt, uns bei den Schnittern zu schaffen zu machen. Als Vorwand diente die Wildheit der Hauptmannschen Pferde, wir fühlten jedoch, daß noch anderes dahinter steckte ...

Es gab noch eine Charaktergestalt im Hofe des Onkels, das

war der Knecht Karl, oder wie man ihn auf polnische Art nannte: Karol. Er war kein gewöhnlicher Bauer, ja, sein Äußeres war ganz und gar nicht bäurisch. Auch sein Taufname war nicht russisch (ich glaube, er stammte von Unierten her). Er hatte ein feines, etwas spitzes und hageres Gesicht, ein Netz kleiner Fältchen um die Augen hob besonders deren Ausdruck hervor, der bald still sinnend, bald stechend und verbittert sein konnte. Karol war zu jeder Verrichtung geschickt: er war Schlosser, Tischler, Zimmermann, nötigenfalls sogar Mechaniker. Da der Hauptmann nun gleichfalls ein Stück Autodidakt und Erfindergenie war, so fanden sich die beiden durch eine Art Sympathie verwandter Naturen zueinander hingezogen. Sie hatten gemeinsam eine Wassermühle erbaut, die am unteren Ende des Teiches mit ihren Rädern klapperte, und als sich herausstellte, daß das Wasser im Teich für größere Ausmahlungen nicht hinreichte, errichteten sie mit vereinten Kräften ein Treibwerk, das, von Pferden in Bewegung gesetzt, die nötige Menge Wasser herleitete.

Oft konnte man die beiden zusammen sehen: Karol saß gewöhnlich auf einem Baumstumpf oder auf dem Mühlentreibwerk, hielt sein ewiges Pfeifchen zwischen den Zähnen und eine kleine Axt in der Hand. Er pflegte mit der Axt leicht vor sich hin zu klopfen, an dem Pfeifchen zu saugen und von Zeit zu Zeit auszuspucken; schweigend hörte er aufmerksam zu. Der Hauptmann indes trug stehend mit seiner üblichen Begeisterung und lebhaften Gebärden irgendeinen neuen Plan vor. Als Phantast und Erfindergenie liebte er es, seine Einfälle höchst überschwenglich auszumalen. Karol seinerseits pflegte sich deren wesentlichen Kern anzueignen und praktisch auszuführen, wobei er selbständig die Rechenfehler der Hauptmannschen Konstruktionen korrigierte. In solchen Augenblicken hätte man die Zwei für unzertrennliche Freunde halten können. Manchmal aber pflegte der Hauptmann in Abwesenheit Karols bitter zu bemerken:

„Ach was, ein Bauer bleibt eben ein Bauer! Füttere den Wolf so viel du willst, er entkommt doch in den Wald ...“

Karol pflegte sich außerdem von Zeit zu Zeit dem Trunk zu ergeben, und dann suchten sie einander aus dem Wege zu gehen.

Bei unserem zweiten oder dritten Ferienbesuch in Harnyj Lug erfuhren wir zufällig, daß der Hauptmann einst vor Jahren, kurz vor der Bauernbefreiung, denselben Karol bei Frostwetter unter dem Brunnen einmal mit Wasser hatte begießen lassen. Mein Onkel war ein gutmütiger Mensch. Doch die Zeiten waren damals unruhig, voll der grellen Dissonanzen einer Übergangsperiode. Es war, als ob im fahlen Lichte eines aufdämmernden Tages die nächtlichen Gespenster in der Vorahnung des nahenden Hahnenschreis sich noch einmal verzweifelt aufrafften und ihren Spuk trieben. Dunkle Gerüchte von der Reform schwirrten in der Luft und drangen in die Bauernmasse in noch verworrener phantastischer Gestalt ...

In der Gegend von Harnyj Lug tauchte damals ein Räuberhauptmann auf, der sich den neuen Karmeluk nannte. Das war ein Bauer aus einem Nachbardorfe, der sich zusammen mit einem heruntergekommenen Schlachzitz aus dem Städtchen Korez in den Wäldern herumtrieb und nur die adeligen Höfe heimsuchte. Nach einiger Zeit fand man den Schlachzitz ersäuft im Brunnen, den Räuberhauptmann aber zeigte ein Bauer den Behörden an. Auf den Vielgesuchten wurde dann eine regelrechte Treibjagd veranstaltet, an der sich auch die adeligen Besitzer der Gegend, darunter mein Onkel, beteiligten, worauf der Eingefangene nach Sibirien verschickt wurde. Einige Jahre hatte man nichts mehr von ihm gehört, als er plötzlich wieder auftauchte. Der nämliche Bauer, der ihn seinerzeit den Behörden angegeben hatte, mähte einmal in einer Waldlichtung Gras, als der Räuberhauptmann plötzlich vor ihm stand. Der Bauer erschrak tödlich und hielt sich bereits für verloren, doch jener befahl ihm nur, sich auf einen Baumstumpf zu setzen, und ... rasierte ihm Kopfhaar und Bart glatt weg. Den also Gekennzeichneten entließ er mit dem Bescheid an die adeligen Herrschaften: Der neue Karmeluk melde ergebenst seinen Besuch an ...

Einmal, um Weihnachten herum, stieß Karol, der mit noch einem Knecht vom Gottesdienst durch den Wald nach Hause ging, auf ein kleines Lager: am Feuer saßen zwei bewaffnete Männer. Sie stellten den erschrockenen Arbeitern nur die Frage, bei wem sie im Dienst standen, bewirteten sie mit Schnaps und eröffneten ihnen, mit der Herrschaft des Adels werde es demnächst ein Ende nehmen ... Nach Hause gekommen, ließen weder Karol noch sein Begleiter dem Hauptmann gegenüber von der Begegnung im Walde ein Wort verlauten. Von dem Vorgefallenen erfuhr er erst durch Dritte. Mein Onkel war ein beherzter Mann, und die Drohung des Räuberhauptmanns hatte ihm keinen Eindruck gemacht. Daß ihm aber Karol die Sache verschwiegen hatte, das trug er ihm als Verrat schwer nach. Im allgemeinen behandelte der Hauptmann seine Bauern besser, als das sonst bei den Besitzern üblich war, und die Bauernschaft nahm ihn gewissermaßen aus der Menge der verhaßten und verachteten Schlachta heraus. Jetzt schloß sich der Hauptmann nur noch enger den übrigen Besitzerkreisen an und söhnte sich sogar mit seinem Todfeind, dem Brandstifter Bankiewitsch, aus.

Es geschah um jene Zeit, daß sich Karol sehr zur Unzeit wieder einmal seinem periodischen Trunk ergab, und der Zustand dauerte besonders lange. Der Hauptmann geriet schließlich in hellen Zorn und beschloß, diesmal besondere Mittel zu ergreifen. In seinem Hof stand ein Ziehbrunnen mit einer Wasserrinne, die zum Bewässern des Gemüsegartens diente. Er befahl, Karol auszukleiden, ihn nackt unter die Rinne auf den Schnee zu legen und einen kalten Strom auf ihn herabzulassen. Der Befehl wurde ausgeführt, trotz den flehentlichen Bitten und Tränen der Tante. Die gehorsamen Sklaven mißhandelten auf Geheiß des Herrn den widerspenstigen Sklaven ...

An diese Geschichte durfte nachmals kein Mensch den Hauptmann zu erinnern wagen, und als ich, nachdem man mir von der Sache erzählt hatte, meine Kusine fragte, ob das mit dem Begießen Karols wahr wäre, erbleichte sie und sagte mit weit geöffneten Augen und versagender Stimme:

„Es ist wahr, aber ... um Gotteswillen nicht so laut!"

Diese Geschichte blieb in meinem Gedächtnis wie ein schriller Mißton haften. Manchmal, wenn ich den Hauptmann vor Karol irgendeinen seiner Pläne entwickeln, jenen aber ruhig und aufmerksam zuhören sah, fragte ich mich: ob sich wohl Karol jenes Erlebnisses erinnere, oder ob er es vergessen habe? Und wenn er sich dessen erinnere, ob er dem Hauptmann nachtrage oder sich selbst für den schuldigen Teil halte? Oder ob er überhaupt niemandem die Schuld gebe, sondern einfach in seinem Herzen unbestimmte Bitterkeit und Haß nähre? Nichts konnte man aus diesem hageren, faltenreichen Gesicht herauslesen, noch aus diesen stechenden Augen, in deren Tiefe ein winziges Fünklein glomm, oder aus den schmalen Lippen, die fest aufeinander gepreßt waren, als ob sie ständig Essig und Galle schmeckten ...

Übrigens fand ich mich auch selbst in all den verworrenen Verhältnissen damals nicht allzu sehr zurecht, und ich war weit davon entfernt, mir aus jenen Eindrücken irgendwelche verallgemeinernde Urteile zu bilden. Ich wußte: Onkel Hauptmann war ein gutmütiger Mensch. Tatsache war aber, daß dieser gutmütige Mensch einen anderen Menschen bei Frostwetter hatte mit Wasser begießen lassen. Nun schien aber derselbe Karol jetzt mit ihm befreundet zu sein. Andererseits wieder hieß es: „ein Bauer bleibt halt ein Bauer ..." Aus alledem mischte sich jedenfalls in meine ländlichen Eindrücke eine peinliche Note.

Es war manchmal so schön, spät abends mit einem Haufen Dorfbuben auf ungesattelten Pferden in die sommerliche Dunkelheit loszureiten. Schön und bange zugleich war es, im Freien unter Obstbäumen zu übernachten und dem Raunen und Flüstern der Nacht zu lauschen. Hie und da löst sich mitten in dem leisen nächtlichen Rauschen ein schwerer Apfel vom Ast und fällt mit lautem Aufklatschen auf die Erde. In der Ferne krähen die Hähne. Ein Hund kläfft irgendwo im Dorfe. Ein aufgescheuchter oder unruhiger Vogel wechselt eilig mit Gekreisch von einem Baum auf den andern ... Plötzlich lassen sich in der Stille neue Geräusche vernehmen. Ein trockener Ast kracht, es raschelt in den Sträuchern. Ein Baum erzittert merkwürdig nachhaltig und Äpfel fallen hageldicht zur Erde ... Das sind Jene vom Dorf ... Sie haben sich in den Obstgarten geschlichen, ihnen jetzt zu nahen ist gefährlich. Wir fangen an, alle drei auf die Baumstämme zu trommeln und laut in die

Dunkelheit hinein zu schreien. Hunde kommen vom Hof dahergelaufen. In den Sträuchern verschwinden langsam undeutliche Schatten ...

Nach diesem Vorfall wollen uns unsere Mütter wieder eine Zeitlang nicht im Freien übernachten lassen. Weiß Gott, was Jene im Schilde führen ... Und doch sind es dieselben Bauern, die bei Tage mit verschiedenen Anliegen ins Haus kommen, so demütig und tief sich verneigen, die Hände der Herrschaft küssen. Und die, welche man auf eigenem Feld arbeiten sieht, scheinen so ernst und tüchtig, nur verschlossen und unzugänglich ...

Das Anwesen Onkel Hauptmanns war von undurchdringlichen Fliedersträuchern umgeben, und unser Leben schränkte sich immer mehr auf diesen kleinen Bereich ein. Zwischen uns und dem Dorfe wuchs allmählich eine Mauer auf, und wir Kinder waren schließlich von dem für uns passendsten Milieu: von der Dorfjugend, gänzlich isoliert.

Freilich, der Hauptmann lebte jetzt in guter Eintracht mit seinen Nachbarn, und die „Wohlgeborenen" von Harnyj Lug besuchten oft sein gastfreies Haus. Pan Lochmanowitsch, immer noch eine majestätische Erscheinung, nur daß er jetzt statt der Edelmannstracht, der polnischen „Tschamara", einen einfachen Bauernkittel aus Kamelhaar trug, ließ keine Feierlichkeit vorbeigehen, ohne seine Aufwartung zu machen. Er kam, räusperte sich umständlich im Vorzimmer, begrüßte mit Würde den Onkel, küßte den Damen die Händchen und wartete auf den „Tisch". Von allen seinen höheren Strebungen hatte er sich besonders die Ansprüche eines Feinschmeckers bewahrt und behauptete, die feinsten Unterschiede zwischen den Weinsorten herausfinden zu können. Diese kleine Schwäche war für uns ein Anlaß, unglaubliche Mischungen eigens für ihn zu bereiten und mit vieler Feierlichkeit aufzutragen. Der arme Schlachzіz hielt das Gepansche gegen das Licht, schmatzte mit der Zunge, trank und lobte. Nur einmal, als wir es schon gar zu toll getrieben und ihm ein Gebräu aus Wein, Bier und Hefen vorgesetzt hatten, trank er zwar die ganze Flasche aus, antwortete aber, nach der Qualität befragt:

„Na, ich will Ihnen offen sagen: ein gewöhnlicher Tischwein, nicht mehr."

Bei besonders feierlichen Anlässen erschien im Hause des Onkels auch der „notorische Ränkeschmied" und verwaiste Edelmann Bankiewitsch. Er war mit der Zeit über die Maßen dick und bereits stark hinfällig geworden. Bei Tisch aß er unglaublich viel, pflegte es sich dann in seinem Sessel recht bequem zu machen und, beide Arme mit den fleischigen roten Händen auf dem Bäuchlein gekreuzt, der tanzenden Jugend mit gerührten Äuglein zuzuschauen, bis er einnickte. Es war bekannt, daß dem würdigen alten Herrn in solchen Augenblicken mitunter kleine Unschicklichkeiten zu passieren pflegten, bei denen die Kavaliere kicherten und die Fräulein erröteten, bis der sorglose Schlachzіz aus seinem Schlummer erwachte, und die verstummte Gesellschaft mit hellen Blicken musternd, harmlos fragte:

„Ha? Was gibt's?"

Zuweilen kamen auch entferntere Nachbarn mit Familien zu Besuch, was jedoch nur selten und flüchtig geschah. Sie kamen, man begrüßte sich laut und herzlich, unterhielt sich über das Wetter, die Jugend musizierte ein wenig, manchmal wurde getanzt. Dann wurde das Abendbrot aufgetragen, und man nahm schließlich Abschied voneinander, um sich monatelang nicht wiederzusehen. Gemeinsame Interessen gab es im Grunde genommen keine, und wir blieben wieder im Bereich des Hauptmannschen Anwesens wie in einem verzauberten Kreise eingeschlossen.

Still und träge flossen da die Tage dahin ... Ein strahlender Tag im Hochsommer. Das blendende Sonnenlicht ergießt sich über die Blumenrabatten, über das dunkle Laub des Flieders und die Alleen des Gartens. Irgendwo klappert unermüdlich der Storch. Aus dem Wohnzimmer schweben zum offenen Fenster heraus Klavierklänge: unsere Kusine spielt ihr ewiges kleines Repertoire herunter: das Lied ohne Worte, La prière d'une jeune vierge, die Polonaise Oginskis und die Mazurkas polnischer und ukrainischer Komponisten. Sie spielt nicht schlecht. Gegenstandslose Leidenschaft, vage Phantome der Vergangenheit, träumerisches Schmachten lösen sich von den Tasten des Instruments, fließen aus dem Zimmer, schweben über den Blumenbeeten, zittern, schwanken und verwehen in der trägen Luft des sonndurchglühten Gartens.

Ich lausche diesen Tönen mit einer seltsamen Mischung von banger Qual und Wonne. Sie wecken in meiner Brust Empfindungen, die nach Ausdruck suchen, die irgendwohin aus dem Kreise dieser Blumen und Fliedersträucher in eine unbekannte Ferne locken, Empfindungen, die hinausstreben und doch keinen Ausweg finden und in dem beklemmend engen Kreise gebannt bleiben. Ich suche dunkle, schattige Winkel des Gartens auf, setze mich dort nieder und lasse meiner Einbildung die Zügel schießen. In dem melodischen, durch die Entfernung gedämpften und weichen Gewirr der Klavierklänge höre ich den Klang der Pokale, das Klirren der Säbel, Kampfrufe ... Romantische

Gespenster aus meiner Kindheit stehen wieder vor mir auf, umwittern meine Seele, wiegen sie ein und entführen sie in unbekannte Fernen, in längst vergessene Zeiten ... Ritter, Fahnen, Staubwolken über der weiten Steppe ... Ein Reiten und Rennen und Treffen ... Mit wem? Um was? In welcher Idee Namen? Weder das klingende Tönegewirr, noch meine von der Sonnenglut erhitzte Phantasie weiß eine Antwort zu geben ... Dort drüben aber, jenseits des Anwesens, geht weiter das harte, arbeitsreiche Leben einer fremden kleinen Welt seinen Gang. Von dorther weht mir Kälte, Feindseligkeit, Verachtung entgegen ... Und nichts verbindet die Welt meiner Einbildung und meines träumerischen Seelenschwungs mit jener strengen und harten Wirklichkeit der mühsamen Arbeit und des geduldigen Leidens.

* * *

Es war, glaube ich, im dritten Jahr, als wir zu Weihnachten nach Harnyj Lug kamen und erfuhren, daß Toni gestorben sei. Auf mich hatte diese Nachricht einen solchen Eindruck gemacht, als ob sich alle unbestimmten Schatten, die uns von drüben, aus dem Bauerndorf, bedrohten, plötzlich zu einer dunklen Wolke verdichtet hätten, aus der ein Donner einschlug.

Das Schicksal des mißgestalteten Knechts war kein gewöhnliches.

„Toni ist vielleicht gar kein gewöhnlicher Bauer," hatte einmal Vetter Sanja in seiner schwermütigen, sinnenden Weise gesagt.

Die Herkunft Tonis war für uns Kinder in einen geheimnisvollen Schleier gehüllt. Nachmals erfuhr ich, daß jenes Geheimnis nicht allzu verwickelt war. Auf dem Gute meines Onkels hatte eine Zeitlang ein junger Landmesser gelebt, zur gleichen Zeit war ein Kammerfräulein aus einer heruntergekommenen adeligen Familie da. Beide waren arm, doch das war nur ein Hindernis für ihre Verehelichung, nicht aber für die Liebe. In der Umgegend stand an einer Gruppe hoher Schwarzpappeln die Hütte der alten Witwe Gapka, und hier kam Toni eines schönen Tages zur Welt. Darauf zog der Landmesser in die Fremde hinaus, um sein Glück zu suchen. Das Kammerfräulein aber ging indes irgendwo in Stellung ... Toni blieb zunächst bei der alten Gapka, dann nahm ihn der Hauptmann, bis die Eltern des Kleinen sich melden würden, zu sich ins Haus. „Das Glück" blieb jedoch dem jungen Landmesser abhold, und die Eltern Tonis sollten weder einander noch ihr Kind je mehr zu sehen bekommen ...

Dies war die kurze Geschichte Tonis und seiner Stellung in Harnyj Lug. Da aber die Erwachsenen vor uns Kindern die Einzelheiten dieser „unpassenden Sache" nicht gern enthüllten, so war in unserer Vorstellung aus einzelnen Zügen eine viel romantischere Legende entstanden. Wir dachten uns, ich weiß nicht, weshalb, daß Tonis Mutter nach Harnyj Lug in einer herrschaftlichen Kutsche gekommen, zufällig vor der Hütte der alten Gapka von Wehen ergriffen, von irgendwelchen geheimnisvollen Herren aus der Kutsche herausgehoben, in die Hütte getragen und nach der Geburt Tonis schleunigst entführt worden wäre, wobei die Herrschaften der alten Gapka für die Aufziehung Tonis Geld nebst vielen Versprechungen zurückgelassen hätten. Dann verschwand die feine Herrschaft irgendwo in der weiten Welt, die alte Gapka aber segnete das Zeitliche, und der Hauptmann nahm die verlassene Waise aus Güte zu sich in die Küche.

Das letztere wird sich auch sicher so zugetragen haben. Als der Hauptmann beschloß, den Waisenknaben in seinem Hause aufwachsen zu lassen, folgte er zweifellos nur der Stimme seines guten Herzens und nicht etwa irgendwelchen selbstischen Berechnungen. Das Weitere ergab sich ganz von selbst, als Lohn der guten Tat, auf die einfachste und natürlichste Weise von der Welt. Der Knabe lief zuerst in allen Zimmern herum, man spielte wohl mit ihm und liebkoste ihn. Mit der Zeit wurde natürlich die Küche sein ständiger Aufenthaltsort, wo er zu essen und gelegentlich auch Püffe bekam. Er sprach „bäurisch" und wuchs als kleiner Bauernjunge auf, ein häßlicher, struweliger, schieläugiger Junge. Und da der natürliche Zustand der Bauern dazumal die Leibeigenschaft war, so fiel es niemandem auf, daß in der Person Tonis dem Hauptmann eigentlich ein Leibeigener aufwuchs.

In dieser Lage fanden wir denn auch Toni, als wir zuerst nach Harnyj Lug kamen. Das erschien uns Kindern damals keinesfalls als Unrecht oder Ungerechtigkeit, und wir nahmen die Tatsache ebenso einfach hin wie alle Erscheinungen des damaligen Lebens, die auf demselben sozialen Boden erwuchsen. Toni war eben für uns so gut ein Knecht von den früheren Leibeigenen wie die anderen auch. Nur daß er für geringeren Lohn arbeitete und der Hauptmann ihn manchmal einen „Bankert" und einen „Undankbaren" schalt. Wenn wir jemand in dieser ganzen Sache Schuld hätten geben müssen, dann etwa nur den geheimnisvollen Eltern. Diese aber waren für uns lediglich romantische Phantome. Sie waren erschienen, dann verschwunden, Toni war geblieben, das war alles. Das Faktum Toni war halt im Leben aufgekommen, wie ein Baum im Walde aufwächst oder verdorrt ...

Ob Toni selbst die einfache Geschichte seiner Herkunft kannte? Wahrscheinlich kannte er sie, aber ebenso wahrscheinlich kam sie ihm weniger „einfach" als uns anderen vor ... Mir ist, als entsänne ich mich eines besonderen Ausdrucks in seinem Gesicht, als wir einmal beim Einfahren der Garben vom Felde an der Hütte der alten Gapka vorbeifuhren. Die Hütte stand leer, ihre Fenster waren längst mit Latten vernagelt, die Wände verfallen, das Ganze auf die Seite geneigt. Hoch über dem Dach rauschten die großen Pappeln, die seit jenem Tage, wo in ihrem Schatten ein neues menschliches Wesen zum Leben erwacht war, noch viel mächtiger und dichter geworden waren. Welche Empfindungen mochte ihr Rauschen in Tonis Herzen geweckt haben? ...

Man muß gestehen, daß die äußere Erscheinung des Knechts durchaus nicht dazu angetan war, die Vorstellung von einer „besseren" Herkunft nahezulegen. Es mag ja sein, daß hier eine Rose gesät war, was aber aufwuchs, war durch eine wunderliche Laune der Natur bloß eine Distel. Nur wenige Züge seines Wesens zeichneten Toni vor dem übrigen Gesinde aus: unter anderem seine leidenschaftliche Vorliebe für Musik.

Meine Basen bekamen von ihren Gouvernanten Klavierunterricht, und eine von ihnen spielte nicht schlecht. Sobald nun im Wohnzimmer die Tasten erklangen und die Töne zum offenen Fenster hinausströmten, pflegte Toni seine Arbeit zu unterbrechen, manchmal sogar sich in die Sträucher vor dem Fenster zu schleichen und gierig zu lauschen. Zuweilen erlaubten ihm die gutmütigen Basen, wenn der Hauptmann nicht zu Hause war, an das Instrument heranzutreten, und spielten ihm wohl seine Lieblingsweisen vor. Außerdem gab es jeden Sonntag in der Schenke zwei Geigen und einen Kontrabaß, die Tanzweisen aufspielten, bei denen Knechte und Mägde auf dem glattgestampften Platz draußen den Kasatschok aufführten. Toni verschlang die Melodien mit den Ohren und die Instrumente mit den Blicken.

Einmal hatte er mit gewöhnlichem Messer ein grobes Ebenbild einer Geige aus Holz gefertigt und fing an, darauf im Stalle Tanzweisen zu kratzen, mitunter äffte er auch die Polonaise Oginskis oder „La prière d'une jeune vierge" nach. Zuerst nahm man das als ein Kuriosum hin, dann aber empfand der Hauptmann diese Stallparodien auf eine edle Kunst als eine Beleidigung. Es mag auch sein, daß er diesen musikalischen Zeitvertreib als müßige Ablenkung von der Arbeit betrachtete, genug, er brauste einmal furchtbar auf und schlug die Geige in Stücke. Toni fertigte darauf eine andere, vollkommenere, an, und seitdem begann zwischen ihm und dem Hauptmann ein eigenartiger Kleinkrieg: Toni versteckte seine Geigen, der Hauptmann fand sie heraus und zerschlug sie. Wir alle, junges Volk, ergriffen für Toni Partei und halfen ihm, immer neue Verstecke zu erfinden. Doch auch dies war bei uns nur Gefühlssache: wir waren bereit, Toni vor dem Zorn des Hauptmanns zu schützen, wie wir ihn vor einem Gewitter beschützt haben würden, ohne darüber nachzudenken, ob das Gewitter recht oder unrecht hatte.

Noch in einem anderen Zug verriet sich die „bessere" Herkunft Tonis: das war seine außerordentliche Ehrfurcht vor „richtigen Herrschaften". Diese Gesinnung konnte man auch bei den anderen Bauern in Harnyj Lug wahrnehmen, und sie war nur zu verständlich. Sind „Herrschaften“ einmal auf der Welt nötig, dann sollen es wenigstens „richtige“ sein. Bei solchen bekommt man anständig zu essen, und solchen zu gehorchen, ist allzumal keine Schande. Bei Toni jedoch war diese Gesinnung schon in eine wahre Schwärmerei ausgeartet. Vielleicht dachte er bei sich, irgendwo in der unbekannten Welt sei das Menschenpaar, das ihn ins Leben geworfen und vergessen hatte, auch eine „richtige“ Herrschaft geworden. Wie, wenn es sich doch noch plötzlich seiner erinnerte! ... Und er, Toni, würde selbst eines Tages noch ein „richtiger“ Herr werden, sich über die ihn verachtenden und ihm verächtlichen, mit Verlaub zu sagen, „Herrschaften“ von Harnyj Lug erheben! ...

Der Tod setzte all diesen Träumereien und diesem Menschenschicksal jäh ein Ziel. Sinnlos, elementar, wie das Leben gewesen, war auch dessen Schluß.

Ungeachtet seiner auffallenden Mißgestalt war Toni mit zwanzig Jahren ein ausgemachter Don Juan des Dorfes. Seine Häßlichkeit selbst diente ihm als Quelle eigenartigen, derben Humors ... Zudem sind Frauenherzen zart besaitet und ahnungsvoll. Die Dorfschönen mochten unter der ungeschlachten Schale eine echte Künstlerseele herausgefühlt haben. Wie dem sei, Toni wurde mit seinem allzeit schlagfertigen Witz und seiner selbstgefertigten Fiedel nach und nach der Mittelpunkt abendlicher Zusammenkünfte der holden Weiblichkeit von Harnyj Lug.

Einmal hatte er sich abends mit seiner Geige vom Hofe fortgeschlichen und kehrte erst am andern Morgen kreuzlahm heim. Als man ihn fragte, was ihm denn zugestoßen wäre, antwortete er nur: „Bin nicht wohl.“ Kein Wort war mehr aus ihm herauszukriegen. Die Tage waren noch mild, nur in der Frühe gab es schon Rauhreif, und Toni zog mit jenem Instinkt wilder Tiere, die sich zum Sterben ins Dickicht des Waldes verkriechen, aus der Leutekammer fort, um sich auf dem Dachboden einer alten Mühle einzurichten, die am Ende des ganz von Wasserlinsen bedeckten Teiches stand. Selten verlor sich jemand an jene verlassene Mühle, der Winkel war still und öde. Um die Mittagszeit quakten hier die von der Sonne erwärmten Frösche, die den Winter über im Schlamm zu schlafen pflegten. In den alten Schleusen schlickerte eintönig das Wasser. Freunde, die sich hin und wieder nach Toni erkundigen kamen, hörten ihn in seiner Bodenkammer ächzen, traten sie aber zu ihm hinein, dann hielt er an sich und sagte, es ginge ihm besser.

Daß man dem erkrankten Knecht helfen, daß man für ihn einen Arzt hätte holen müssen, war natürlich niemandem in den Sinn gekommen. So lag denn Toni in seiner Höhle und ächzte leise ein paar Tage und Nächte hindurch. Dann bekam einmal der alte Nachtwächter, der nach dem Kranken sehen wollte, keine Antwort mehr. Er meldete dies gleich in unserer Küche, und der Gedanke an Toni flößte allen plötzlich Furcht ein. Man weckte den Hauptmann und begab sich im Haufen zur alten Mühle. Hier lag Toni auf seinem einsamen Strohlager, ächzte aber nicht mehr. Sein bleiches Gesicht war von Rauhreif bedeckt.

Dann kam der Kreisrichter mit dem Kreisphysikus und Toni wurde „ausgeweidet". Es erwies sich, daß er unmenschlich geschlagen worden und an mehrfachem Rippenbruch gestorben war. Es wurde erzählt, daß einige Knechte aus dem Dorf, die Tonis Erfolge bei den weiblichen Abendunterhaltungen mit scheelen Blicken sahen, ihm irgendwo in jener Nacht an der Hecke aufgelauert und ihn mit derben Knütteln ganz arg zugerichtet hätten. Doch weder Toni selbst, noch sonst jemand im Dorfe hatte über die mutmaßlichen Täter auch nur eine Silbe verlauten lassen.

Da er ohne Beichte gestorben und obendrein „ausgeweidet" worden war, begrub man ihn außerhalb der Friedhofsmauer, und seitdem traute sich kein Mensch in der Dunkelheit an der alten Mühle vorbeizugehen. Jede Nacht hörte man von dem „Magazin" her, das nicht weit von der Mühle entfernt stand, verzweifeltes Rasseln einer Knarre. Der alte Nachtwächter schwor nämlich hoch und heilig, daß Toni in seiner Bodenkammer nach wie vor ächze, und der Greis suchte mit seiner Knarre die unheimlichen Laute zu übertönen. Wahrscheinlich war es der Nachtwind, der aus jenem Winkel den dumpfen glucksenden Ton des rinnenden Wassers in den alten Schleusen daherwehen mochte ...

Wir Kinder hatten schon bis dahin mehrere Todesfälle erlebt, doch hat kaum einer auf uns einen so erschütternden Eindruck gemacht wie dieser. Im Grunde genommen war auch hier alles schließlich in Ordnung. Onkel Hauptmann prophezeite ja längst, daß die Fiedelei zu nichts Gutem führen werde. Toni hatte sich ja auch heimlicherweise aus dem Hause fortgeschlichen. Wenn hier von Schuld geredet werden konnte, dann waren die nächsten und unmittelbaren Schuldigen natürlich jene nicht festgestellten Knechte, die den Überfall auf Toni ausgeführt hatten, d. h. also, das Dorf. Übrigens hatten diese auch sicher einen Totschlag nicht beabsichtigt. Eine dunkle Nacht, ein zu fester Knüttel, ein unvorsichtiger Hieb ... und es war geschehen.

Und doch lag in diesem sinnlosen Untergang eines Menschenlebens etwas beängstigend Düsteres, fast Drohendes. In den

Winternächten wehte uns seitdem von der alten Mühle her ein unerklärliches Gruseln an, und zugleich zog uns etwas Unbestimmtes unwiderstehlich hin. Die kleine Tür der Bodenkammer hatte sich von einer Angel gelöst, und der Wind fegte vor ihr einen Schneehaufen zusammen. Auf dem Boden war es finster, kalt und öde, und ein düsteres Geheimnis schien dort herumzuspuken ...

Einmal waren die Erwachsenen während dieser Weihnachtstage irgendwohin gefahren, wir Kinder blieben allein zu Hause. Es war ein schneereicher Winter, auf den Dächern, den Beeten im Garten, den kahlen Fliedersträuchern, in den Alleen lag eine hohe Schneedecke. Zum Abend gab es einen Schneesturm, der die schwarzen Fensterscheiben von oben bis unten mit weißen Flocken beklebte. Wir saßen alle zusammengedrängt am Kamin und unterhielten uns über Toni, über seine halbsagenhafte Herkunft, über seine Geigen. Um unsere Unterhaltung schwebte unausgesprochen, ja vielleicht kaum uns selbst bewußt, das Gefühl irgendeiner Schuld, eines schweren Unrechts ... Und die finstere Nacht heulte dumpf draußen um das Haus, über dem Garten, dem Anwesen, der Mühle ...

Plötzlich hörten wir draußen die Hunde anschlagen. Sie hatten sich vor dem bösen Wetter unter das Gartentor geflüchtet, wo es etwas geschützter war, jetzt aber stürzten sie auf einmal alle zusammen mit wütendem Gebell in die Allee. Ebenso jäh verstummte das Gebell. Eine Minute lang war nur das Zischen und Heulen des Sturmes zu hören, dann ertönte irgendwo ganz in der Nähe ängstliches Winseln, irgendetwas prallte an die Außentür des Hauses. Die Tür, die nicht fest zugemacht war, sprang auf. Im Flur entstand ein Gezerre, die Hunde heulten kläglich, und über ihrem Geheul brauste machtvoll das triumphierende Gebrüll des Sturmes. Es war uns, als sei jemand ins Haus gestürzt und taste blind nach unserer Zimmertür, ohne den Eingang zu finden ...

Wir blickten einander an. Die Gesichter waren blaß.

„Es ist ein Wolf," meinte einer von uns. „Laßt uns hinausgehen."

Das war leichter gesagt als getan. Doch ergriffen wir Jungen eine Laterne, nahmen zwei Gewehre von der Wand herunter, eine alte geladene Pistole und traten hinaus. Die Außentür stand offen und im Flur war bereits ein tüchtiger Haufen Schnee zusammengeweht. Die durch unsere Anwesenheit ermunterten Hunde stürzten wieder mit wütendem Gebell in die Allee. Hinter ihnen war aber nichts zu sehen und zu hören, als der tolle Wirbeltanz der Schneeflocken im Scheine der Laterne und das unaufhörliche langgezogene Heulen, Pfeifen und Ächzen des Sturmes, sowie das ängstliche Rauschen der Pappeln. Dazwischen rasselten und krachten stoßweise die eisernen Dachplatten auf dem alten „Magazin", wie wenn jemand immer wieder an ihnen zerrte oder mit eiligen schweren Schritten über das Dach liefe. Es war, als ob in dieser seltsamen Nacht alle Dinge ein eigenes Leben lebten: irgendein ungeheuerliches Wesen stürzt hin und her im Sturm, weint, droht und verwünscht, während alles andere saust, anstürmt, zurückweicht, zischt, heult, rasselt, droht oder vor Furcht zittert ...

Die Hunde verstummten wieder, und wir konnten hören, wie sie alle im ängstlichen Knäuel, übereinander springend, wieder vor jemand oder etwas mit entsetztem Winseln davonliefen. Wir retteten uns eilig in den Flur und schlossen die Tür fest zu.

Der letzte Eindruck, den ich von draußen mitnahm, war der Anblick eines Winkels der Außenwand des Hauses, über die der Lichtschein unserer Laterne glitt. Die Wand blieb draußen, unter dem Ansturm des rasenden Windes, und mir war, als ob auch sie in stummer Angst erbebte. Die Hunde drückten sich an die Türen und winselten erbärmlich.

Als wir in das vom Kaminfeuer erleuchtete Zimmer zurückkehrten, herrschte eine Weile Schweigen. Dann sagte eine meiner Schwestern mit gepreßter Stimme:

„Das ist Toni ..."

Das war ein offenbarer Unsinn, doch wir anderen waren an jenem Abend auch nicht viel gescheiter. Unser kleines Haus erschien uns so nichtig unter dem Anprall der entfesselten Elemente, und in dem Toben der stürmischen Nacht erklang so deutlich irgendeine Drohung ... Wir waren nicht eigentlich abergläubisch. Wir blieben uns dessen wohl bewußt, daß dies im Grunde genommen nur Wind und Schnee war, nichts mehr. Und doch, aus dem vielfältigen Stimmenchor hörten wir etwas heraus, was in unsern Herzen ein dumpfes schmerzliches Echo weckte ... In diesem selben Hause hatte ein Menschenleben seinen Anfang genommen und ein elendes Ende gefunden. Und der Schneesturm weinte und ächzte wie eine herzzerreißende Klage über jenen gräßlichen Untergang ...

Spät in der Nacht kamen, ganz von Schnee verweht, unsere Eltern heim. Der Onkel hörte schweigend unserem Bericht zu. Er war zwar „Voltairianer" und Skeptiker, aber nur bei hellichtem Tage. An dunklen Abenden betete er, glaubte an Geister und betrieb eifrig den Spiritismus. Eine seiner Töchter, ein lustiges und verschmitztes Ding, „schlief" besonders leicht unter der Hypnose des Vaters ein und überraschte den alten Herrn mit allerlei merkwürdigen Erleuchtungen. Bei den Sitzungen mit klopfenden Tischen pflegte er den Geist Julius Cäsars zu zitieren oder den letztverstorbenen Papst, dann wieder den Feldmarschall Paskiewitsch oder gar den polnischen Nationalhelden Kosziuschko und unterhielt sich mit ihnen. Ich möchte jedoch bezweifeln, ob er sich entschlossen hätte, Tonis Schatten zu einer solchen Unterhaltung zu laden ...

Am andern Morgen hatte sich der Sturm gelegt. Über den in der Nacht zusammengewehten weißen Hügeln gleißte die Sonne. Von den Dächern und Baumästen lösten sich weiße Schneefetzen ... Wir entschieden, daß es nichts als ein Wolf war, was am vorigen Abend den Hunden solche Angst eingeflößt haben mochte ...

. . . .

. . . .

25 Vaters Tod.

Wir waren in den Sommerferien in Harnyj Lug, als uns die Mutter, die diesmal in der Stadt geblieben war, wissen ließ, wir sollten sofort nach Hause kommen, dem Vater ginge es schlecht.

Schon seit einigen Jahren ging es mit ihm immer mehr bergab. Alle seine früheren Phantastereien: die Sprachstudien, die Philosophie, die tierärztlichen Versuche und dergleichen Einfälle mehr, in denen sich einst die unerschöpflichen Triebe seiner

Lebenskraft äußerten, hatte er seit langem nach und nach aufgegeben. Ein Experiment freilich hat er noch in den letzten Jahren seines Lebens ausgeführt. Er rasierte sich immer selbst, und da ihm dies mit der Zeit sehr beschwerlich wurde, so erfand er ein Radikalmittel gegen den hartnäckigen Bartwuchs: er schaffte sich eine kleine Zange an und zupfte ein Härchen nach dem andern aus seinem Gesicht. „Paßt auf, mit dieser Erfindung werde ich mich noch um den ganzen Beamtenstand verdient machen," sagte er einmal mit einem rührenden Aufleuchten seines einstigen gutmütigen Humors, „sich dreimal in der Woche rasieren müssen, das ist ja die reinste Qual! So aber habe ich das Haar ein für allemal ausgezupft und damit basta!"

Seine Wangen wiesen auch bald einzelne haarlose Flecke auf, die sich jedoch in kurzer Zeit wieder mit Bartwuchs bedeckten. Er riß die Haare zum zweitenmal aus, in der Hoffnung, damit die Haarwurzeln zum Absterben zu bringen, doch vergeblich. Schließlich mußte er eingestehen, daß auch dieser letzte Einfall, der den gesamten Beamtenstand beglücken sollte, als gescheitert anzusehen war.

Meinem Vater fehlten nur wenige Jahre zur Pensionsberechtigung. In der Periode seiner jugendlichen Aufwallungen hatte er zweimal seinen Abschied genommen und jene zwei drei Jahre mußten eben jetzt nachgeholt werden. Dieser Umstand peinigte ihn ungemein: um jeden Preis die volle Dienstzeit erreichen, um der Familie eine Pension zu hinterlassen, dies wurde das letzte Ziel seines Strebens. Es war, als ob er seine gesamte Lebenskraft nur noch auf dieses eine Ziel konzentriert hätte. Er blickte nicht mehr rechts noch links vom Wege, gönnte sich nicht einmal seine harmlosen Kartenabende mehr, mischte sich nicht mehr in den

Haushalt ein, fragte uns nicht einmal nach unsern Fortschritten in der Schule. Nachdem er des Morgens aufgestanden war, ließ er sich vom Diener kalt abreiben, trank schweigend seinen Tee, zog die Uniform an und begab sich über den kleinen Hof hinüber aufs Gericht. Hier hielt er sich die ganze Zeit stramm aufrecht, damit niemand seiner Hinfälligkeit gewahr würde. Als mich die Mutter einmal mit irgendeinem besonderen Auftrag in den Amtsstunden zum Vater hinüberschickte, war ich durch seine Haltung überrascht; er saß in seinem Amtssessel ernst und munter, hörte Vorträge an, gab klare präzise Weisungen. Man sah, daß er alle Fäden fest in seiner Hand behielt. Freilich hatte er damals einen tüchtigen Gehilfen in der Person des neuen Beisitzers Popow, eines fleißigen und ehrlichen Beamten von derselben Auffassung über die Dienstpflicht wie mein Vater. Der Vater behandelte ihn auch mit sichtlicher Achtung und schenkte ihm viel Vertrauen.

Nach den Amtsstunden heimgekehrt, pflegte der Vater auf einmal zusammenzufallen und legte sich nach Tisch sofort schlafen. An den Abenden arbeitete er gewöhnlich noch eine Zeitlang, dann wandelte er, auf ärztlichen Rat hin, noch eine halbe Stunde im Zimmer hin und her, wobei er mühsam seine Beine schleppte und kräftig mit dem Stock aufschlug. Nur den Dienst zu Ende führen! Nur noch um jeden Preis die paar fehlenden Monate durchhalten. Auf dieses Ziel richtete sich jetzt die letzte Lebensenergie dieses nicht ganz gewöhnlichen Menschen ...

Als der jüdische Bote uns den Brief der Mutter überbrachte, waren wir gerade in einem Taumel jugendlicher Ausgelassenheit begriffen, die sofort erlosch. Noch am gleichen Tage fuhren wir ab, das Gespann von Harnyj Lug brachte uns zur ersten Poststation. Während man hier die Postpferde anschirrte, schlenderte ich mit meinem jüngeren Bruder über die Landstraße ins Gebüsch. Es war einer jener hellen Herbstabende, wo sich die Dämmerung ganz unmerklich herabsenkt; oben am Himmel leuchtete, fast schon im Zenith, der Vollmond. Das war wieder ein Augenblick, der mir mit allen kleinsten Einzelheiten für meines Lebens Zeit im Gedächtnis haften geblieben ist. Die ganze Natur schien mir von einer eigenartigen weichen, bewußten Schwermut durchdrungen. Leise flüsterten die Haselsträucher und die Erlen an der Landstraße. Aus dem offenen Felde zog uns ein linder Wind entgegen und fächelte sanft um das Gesicht. Vom Posthof her kam leises Schellengeläute der angeschirrten Pferde. Mir war, als sprächen alle diese verhaltenen Laute: das Raunen der Gebüsche, der Landstraße, des Feldes und des Posthofes, jedes in seiner Weise, von ein und demselben: vom Ende des Menschenlebens, von der Feierlichkeit und Bedeutsamkeit des Todes ...

Unser Vetter, der uns bis hierher begleitet hatte, ein frisch aus der Kadettenschule entlassener junger Offizier, trat leise zu uns heran und umarmte uns beide herzlich.

„Vielleicht wird er sich doch noch erholen," meinte er. Aber ich wußte, daß keine Hoffnung blieb, daß alles zu Ende war. Ich erriet das aus der tiefen Trauer, die rings herum auf allem lag, und ich wunderte mich selbst, daß ich es noch am gestrigen Tage nicht bemerkt hatte, daß ich mich noch am gleichen Tage so sorglos der Fröhlichkeit hingeben konnte. Jetzt tauchte auch zum erstenmal in meinem Bewußtsein die Frage auf: was soll nun aus unserer schwächlichen kranken Mutter, was aus uns allen werden?

Das Schellengeklingel wurde stärker, die Räder der Kutsche kreischten auf dem Kies, und eine Minute später fuhren wir auf dem weißen Band der Landstraße dahin, die sich vorne im nächtlichen Dunkel verlor. Wir fuhren gespenstisch schimmernden Wäldern entgegen, die ebenso undeutlich und finster wie unsere Zukunft, und doch noch vom Abglanz des Sonnenlichts eingefaßt waren, wie unsere Jugend ...

Den Vater fanden wir noch am Leben. Als wir ihn begrüßten, konnte er nicht mehr reden und blickte uns nur mit Augen an, die von Leid und Zärtlichkeit erfüllt waren. Mich erfaßte das Bedürfnis, ihm irgendwie zu zeigen, wie unendlich ich ihn um seines ganzen Lebens willen lieb hatte, wie tief ich sein Leid empfand. Als alle aus dem Zimmer gegangen waren, trat ich an sein Bett, ergriff seine Hand, drückte einen heißen Kuß darauf und blickte ihm in die Augen. Seine Lippen bewegten sich, er wollte etwas sagen. Ich beugte mich über ihn und vernahm zwei Worte:

„Quäl nicht ..."

Am andern Tage war der Kreisrichter nicht mehr. Hinter seinem Sarge ging eine große Menge, darunter viel arme Leute, Kleinbürger und Juden. Der Kommandant hatte eine Militärkapelle geschickt, und man trug den Sarg unter Klängen eines Trauermarsches, unter Klatschen der Fahnen im Winde, verhaltenen Schrittes auf den Friedhof. Der alte Invalide zog den Schlagbaum hoch, während aus den Zellen des städtischen Gefängnisses bleiche Gesichter der Gefangenen blickten, denen der Mann in Uniform im Sarge kein Unbekannter war. Dann ertönte das Lied „Ewige Ruh". Erdschollen fielen auf den Sarg, erstickter Schluchzen meiner Mutter wurde hörbar, und auf dem Friedhof der Stadt Rowno erwuchs im Schatten der bescheidenen hölzernen Kirche ein neuer Hügel ...

Die Mutter mußte nun plötzlich die ganze Bürde der Erhaltung unserer Familie auf ihre Schultern nehmen. Der Vater war dennoch einige Monate vor seiner Pensionierung gestorben, und es kostete viel Scherereien, um wenigstens eine winzige Pension zu erwirken. Für mehr als dreißig Jahre Staatsdienst erhielt die Witwe des Kreisrichters, der durch seine in jenen finsteren Zeiten beispiellose Ehrlichkeit allgemein bekannt war, sage und schreibe, 12 Rubel monatliches Witwengeld. Zusammen mit Zulagen für Kinder machte das Ganze 17 Rubel im Monat und auch das erst nach angestrengten Bemühungen von zwei drei braven Menschen, die das Andenken des Vaters in Ehren hielten und der Mutter mit Rat und Tat zur Seite standen. Um unsere Schulbildung irgendwie zu Ende führen zu können, unternahm meine Mutter sofort nach dem Begräbnis Schritte, um die Erlaubnis zur Haltung eines Schülerquartiers zu erlangen, und seitdem verteidigte die schwache kränkliche Frau, die ganz allein auf sich gestellt war, mit echt weiblichem Heroismus die Zukunft ihrer Kinder. Der Kreisrichter durfte in seiner bescheidenen Gruft im Schatten der ärmlichen Friedhofskirche ruhig schlafen: sein Weib tat alles, was es irgend vermochte, und mehr als es vermochte, um die Aufgabe zu erfüllen, die seine leidvolle Seele in seinen letzten Stunden so sehr gepeinigt hatte ...

Ihre ganze Lebenslage veränderte sich jäh und in schroffer Weise. Bislang die „Frau Kreisrichter", Gattin eines der Honoratioren des Städtchens, wurde sie plötzlich zu einer völlig mittellosen Witwe mit einem Häufchen Kinder; gelang es doch erst nach Verlauf eines Jahres die kümmerliche Pension zu erwirken. Als Bittstellerin mußte sie jetzt bei Leuten vorsprechen, die sich erst vor kurzem die Bekanntschaft mit ihr zur Ehre anrechneten, und als eine „Quartierswirtin“ war sie ganz auf die Gnade der Gymnasialobrigkeit angewiesen.

Es muß allerdings gesagt werden, daß, von einigen wenigen Ausnahmen abgesehen, ich mich kaum entsinnen kann, daß die Spießbürger sie ihre veränderte Lage hätten derb empfinden lassen. Ja, ich erinnere mich umgekehrt an Beispiele rührender Güte und Hilfsbereitschaft.

Das Grab des Vaters wurde mit einem einfachen Gitter umgeben und bewuchs bald mit Gras. Ein hölzernes Kreuz stand darauf mit kurzen schlichten Worten über Geburtsdatum, Amt und Tod des Dahingeschiedenen. Zu einem Grabstein langten unsere spärlichen Mittel nicht hin. Solange wir in Rowno wohnten, pflegten die Mutter und die Schwestern jeden Frühling frische Kränze aufs Grab zu legen. Dann zerstreuten wir uns alle in der weiten Welt, das verlassene Grab verfiel, und heute würde man wohl kaum eine Spur mehr von ihm auffinden können ...

Was ist von jenem Leben, seinen Bestrebungen und seinen Leiden übriggeblieben?

Damals lebte ich noch selbst dem väterlichen Glauben und dachte bei mir, daß Vaters Rechnungen immerhin einen guten Abschluß gefunden haben mochten: er war ein religiöser Mensch, hatte sein Leben lang gebetet, seine Pflicht erfüllt, nach Kräften die Schwachen gegen die Mächtigen beschützt und ehrlich dem „Gesetz“ gedient. Der liebe Gott mußte dies alles anerkennen — und nun ging es ihm doch wohl gut ...

Nachmals kam mir dieser schlichte Glaube abhanden, und in meinen Gedanken sah ich oft das einsame Grab: da hatte er gelebt, gehofft, gestrebt, gelitten und war zuletzt gestorben in

Sorge und Pein um das Schicksal seiner Lieben. Was hat denn jetzt sein Leben, sein Streben und seine „vorzeitige" donquichottische Ehrlichkeit zu bedeuten? ...

„Ein wunderlicher Kauz war er doch," sagten oft die gutmütigen Spießer, „und was hat er damit erreicht? Daß er seine Familie am Bettelstabe zurückließ."

Die so sprachen, waren auch Menschen „schlichten Glaubens". Niemals hatten solche Zweifel in der Seele meiner Mutter oder eines von uns Kindern Raum gefunden.

Neue Strömungen.

„Die Neuen". 26

Ich mag in der fünften Klasse gewesen sein, als bei uns auf einmal mehrere neue Professoren auf der Bildfläche erschienen, die ihr eigenes Gymnasialstudium unter der Amtswaltung des Kurators Pirogow absolviert hatten und eben von der Universität kamen.

Als einer der ersten erschien Wladimir Wassiljewitsch Ignatowitsch, Professor der Chemie, auf dem Plan. Das war ein kleinwüchsiger Jüngling, frischweg von der Universitätsbank, mit schüchtern hervorsprießendem Bartwuchs, rosigen Pausbäckchen und einer goldenen Brille. Es gab unter uns Burschen, die erwachsener aussahen als dieser Herr Professor. Dazu hatte er ein dünnes Stimmchen, in dem mitunter fast noch knabenhafte Noten klangen. In der Klasse fühlte er sich ein wenig unsicher und errötete bei jeder Gelegenheit. Er behandelte uns freundlich, erteilte den Unterricht mit Sorgfalt, verhörte selten die Aufgaben, zeigte den Noten gegenüber die größte Geringschätzung und erläuterte seinen Gegenstand etwa in der Art, wie ein Universitätsprofessor Vorlesungen hält, was übrigens zu dem zarten Jünglingsorgan gar schlecht paßte. Man empfand unwillkürlich den Wunsch, daß er wenigstens um eine Note tiefer und kräftiger greifen möchte.

Das erste Ergebnis dieses pädagogischen Systems war, daß die Klasse fast zu lernen aufhörte, das zweite, daß sie anfing, mit dem Professor ein wenig grob zu werden. Der arme Jüngling, der voller idealer Erwartungen an uns herantrat, mußte für die Sünden des allgemeinen Schulsystems büßen, das in uns Grobheit und Zynismus großzog.

Das dauerte übrigens nicht lange. Einmal, als die Klasse besonders unverschämt lärmte, und Ignatowitsch vergeblich sein weiches Organ anstrengte, um sich Gehör zu verschaffen, wollte einer von den Schülern gehört haben, daß er uns eine Hammelherde genannt habe. Andere Professoren bedachten uns freilich gar nicht selten mit solchen und noch feineren Schmeicheleien, doch das waren eben andere. Es gehörte zum gewohnten Trott der Schule, daß die Professoren uns gegenüber grob waren, und daß wir uns dies ruhig gefallen ließen. Ignatowitsch hingegen hatte uns selbst durch anders geartete Behandlung verwöhnt. Einer der Schüler, Sarutzki, ein im Grunde braver, nur leicht erregbarer Bursche, erhob sich mitten in der lärmenden Klasse.

„Herr Professor," rief er mit puterrotem und frechem Gesicht, „Sie haben sich, glaub ich, dahin geäußert, daß wir eine Hammelherde seien ... Gestatten Sie, Ihnen darauf zu erwidern, daß alsdann ..."

In der Klasse wurde es plötzlich so still, daß man eine Stecknadel hätte fallen hören.

„Daß ... Sie alsdann ... selbst ein Hammel sind ..."

Das Reagenzgläschen, das Ignatowitsch zwischen den Fingern hielt, erzitterte kläglich und schlug an die Retorte an. Das Blut schoß ihm in die Wangen, und sein Gesicht zuckte vor Ärger und Kränkung zusammen. Im ersten Augenblick war er offenbar ganz verwirrt, dann sagte er mit einiger Fassung:

„Ich habe mich nicht so ausgedrückt. Sie irren sich."

Die einfache Antwort verblüffte uns. In der Klasse erhob sich ein Gemurmel, dessen Sinn zunächst unklar war, in diesem Augenblick ertönte aber die Glocke.

Der junge Professor verließ das Klassenzimmer, und die Schüler drängten sich aufgeregt um Sarutzki. Dieser stand da und blickte verstockt zu Boden. Er fühlte wohl, daß er die Stimmung der Klasse diesmal nicht auf seiner Seite hatte. Im allgemeinen galt es für eine Heldentat, dem Professor eine Impertinenz zu sagen, und hätte Sarutzki einen der „Alten", etwa den Krantz oder Samarewitsch oder Jegorow, ebenso dreist ins Gesicht einen Hammel genannt, so wäre er zwar vom pädagogischen Rat todsicher von der Schule verjagt, von der Klasse aber ebenso sicher als Märtyrer gefeiert worden. Jetzt fühlten sich alle unbehaglich.

„Eine Gemeinheit war's," sagte jemand.

„Mag er sich doch beim pädagogischen Rat beschweren," antwortete Sarutzki finster.

Für ihn war die Aussicht auf eine Beschwerde eine moralische Genugtuung. Durch einen solchen Schritt hätte sich der neue Professor sofort auf eine Stufe mit den alten gestellt und den rohen Exzeß nachträglich gerechtfertigt.

„Das tut er schon, paß auf . . ."

„Freilich tut er's. Meinst, er läßt sich's gefallen?"

„Nein, er tut's nicht!"

„Doch, doch, er tut's . . ."

Um dieses Hin- und Herraten drehten sich in den nächsten Tagen unsere Unterhaltungen. Zwei Tage vergingen jedoch, ohne daß man von einer Beschwerde zu hören bekam. Wäre eine solche erfolgt, dann hätte Sarutzki vor allem von dem Inspektor Ruschtschewitsch die obligate donnernde Strafpredigt über sich ergehen lassen müssen oder wäre sogar direkt bis zur Entscheidung des pädagogischen Rats heimgeschickt worden. Wir warteten ab. Der Tag der Ratssitzung verstrich, auf eine Beschwerde ließ nichts schließen.

Dann kam wieder der Chemieunterricht. Ignatowitsch erschien ein wenig aufgeregt, mit ernstem Gesicht, sein Blick senkte sich häufiger als sonst, und die Stimme versagte ihm mitunter. Er suchte sichtlich der peinlichen Situation Herr zu werden, ohne sicher zu sein, ob ihm dies gelingen würde. Aus dem Ernst des Professors blickte noch die frische Kränkung des Jünglings durch, und der Unterricht nahm inmitten einer drückenden Spannung seinen Fortgang.

Nach zehn Minuten erhob sich finster Sarutzki. Es war, als höbe er auf seinen Schultern eine Last, die die ganze Klasse bedrückte.

„Herr Professor," sagte er mit Anstrengung, inmitten allgemeinen Schweigens. Die Augenlider des Professors zuckten hinter seinen Brillengläsern, und brennende Röte schoß ihm ins Gesicht. Die Spannung in der Klasse erreichte ihren Höhepunkt.

„Ich habe das vorige Mal" . . . begann Sarutzki mit dumpfer Stimme, dann setzte er mit plötzlicher Schärfe hinzu:

„Ich bitte um Verzeihung." Worauf er sich mit einer Miene niedersetzte, als hätte er eine neue Impertinenz gesagt. Das Gesicht Ignatowitschs hellte sich auf, obwohl er über und über rot wurde. Er erwiderte einfach und ungezwungen:

„Ich habe ja bereits einmal gesagt, meine Herren, daß ich den Ausdruck Hammel gar nicht gebraucht habe."

Der Zwischenfall war erledigt. Zum ersten Mal geschah es, daß ein derartiger Konflikt in dieser Weise beigelegt ward. Der neue Professor hatte die Probe bestanden. Wir waren zufrieden sowohl mit ihm wie — fast unbewußt — mit uns selber, denn es begab sich gleichfalls zum ersten Mal, daß wir die Schwäche dieses Jünglings nicht mißbraucht hatten, wie wir dies einem der „Alten" gegenüber sicher getan haben würden. Die Episode selbst war bald vergessen, dafür war irgend ein unsichtbarer Faden eigenartiger Sympathie geblieben, der sich zwischen dem neuen Professor und der Klasse angesponnen hatte.

Bald darauf verreiste Ignatowitsch auf Urlaub und brachte vierzehn Tage später eine ganz junge Gattin mit heim. Im zweiten Hof des Gymnasiums stand ein einstöckiges Gebäude, dessen eine Hälfte das chemische Laboratorium einnahm. Die andere Hälfte stand leer und darin hauste der Pförtner, der sich selbst einen „Labrador" nannte (von „Labradorium", wie er das seiner Obhut anvertraute Institut getauft hatte). Jetzt wurde diese leere Hälfte instand gesetzt und dem Chemieprofessor als Dienstwohnung angewiesen. Hier schlug denn das junge Paar seine Zelte auf.

Frau Ignatowitsch, ein ganz schmächtiges Persönchen von matter Gesichtsfarbe, um einen Kopf größer als ihr Gatte, war nicht eigentlich hübsch zu nennen. Für uns Jungens hatte sie jedoch etwas ungemein Anziehendes, richtiger: es lag etwas sehr Anziehendes in ihnen beiden zusammen, auch in dem Umstand, daß sie ihr Nestchen gerade inmitten des Wirrwarrs und Lärms des Schulgetriebes errichtet hatten. In jeder Pause stürmten truppweise durch den Hof die Rangen, die sich an ein Örtchen begaben, wo man riskieren konnte, insgeheim ein paarmal an einer Zigarette zu saugen. Mit dem Glockenschlag stürmte die ganze Bande wieder zurück, prallte gegeneinander, stürzte zu Boden, johlte, veranstaltete schnell einmal eine Balgerei. Manchmal wurde während der großen Pause im zweiten Hof Ball gespielt, dann stießen die Pennäler einander mit den Ellbogen an, um auf das dunkle Gesichtchen zu weisen, das hin und wieder hinter den Fensterscheiben auftauchte. Einige der älteren Schüler waren sogar schon respektvoll in die Frau Professor verliebt, und aus dem gegenüberliegenden Schülerpensionat, dessen oberstes Stockwerk über die Hofmauer des Gymnasiums ragte, richteten sich mitunter auf das Laboratorium spähende Operngläser. Zuweilen passierte es, daß der brodelnde Pennälerstrom, der sich nach Schluß des Unterrichts in die Eingangspforte zu ergießen pflegte, plötzlich stockte, um eine schlanke Gestalt durchzulassen, die mit freundlichem Lächeln durch die Menge schritt, wobei diejenigen, denen sie wie Bekannten mit dem Köpfchen zunickte, sich geschmeichelt und beglückt fühlten. Manchmal lud Ignatowitsch diesen oder jenen von uns zu sich ins Haus. Dann erschien auch seine Frau, machte mit dem Gast Bekanntschaft, plauderte, fragte dies und jenes. Mit dem Unterricht hatte dies natürlich nichts zu tun, dennoch lag darin etwas Schönes und Warmes, was auf uns lose Bande schon dadurch wirkte, daß der jugendliche Professor für uns nicht lediglich eine Maschine zum Einpauken, sondern auch ein Mensch war, an dessen bescheidenem Glück wir gewissermaßen teilnehmen durften.

Ich hatte zuerst die Chemie ganz links liegen lassen, doch schon in den ersten Ferien ging ich mit solchem Eifer ans Ochsen, daß ich bald das ganze Lehrbuch von Würtz auswendig wußte. Ich pflegte nämlich von Zeit zu Zeit bei Ignatowitsch vorzusprechen, und ich mochte nicht riskieren, daß mich Maria Stepanowna etwa bei der Begegnung fragte:

„Sie lernen die Chemie nicht? Warum denn? Mögen Sie sie nicht? ja?"

Gleichzeitig mit Ignatowitsch war Komarow, ein „ukrainophylischer Ethnograph" auf der Bildfläche erschienen. Es war uns nicht sehr klar, was jene „ethnographischen Untersuchungen" eigentlich zu bedeuten hatten, wir vermuteten jedoch, daß es jedenfalls Bestrebungen höherer Art sein mochten, die über den Rahmen offizieller Paukerei hinausgingen.

Noch zwei drei junge Professoren waren da, die mir nicht näher bekannt waren. Im ganzen fühlte man, daß eine neue Generation in der Schule Fuß gefaßt hatte, wodurch sich der allgemeine Ton etwas hob. Dieser und jener von den besseren Alten, der sich bis dahin vereinsamt fühlte, lebte jetzt auf, und wir fingen von Zeit zu Zeit das Echo von Meinungsverschiedenheiten und Auseinandersetzungen im Schoße des pädagogischen Rates auf.

Dann trat ein Mann auf, bei dessen Erinnerung ich länger verweilen möchte.

Benjamin Wassiljewitsch Awdjew. 27

Unser früherer Literaturprofessor Mitrofan Alexandrowitsch Andrijewski hatte sich doch noch verheiratet und „aus Familienrücksichten" in eine andere Stadt versetzen lassen. Wir sahen ihn mit Bedauern ziehen, da wir den Mann mit seiner Gutmütigkeit, seinem sanften verträumten Lächeln und seiner rührenden Anhänglichkeit an die altslawische „Weise vom Igorschen Regiment" aufrichtig liebgewonnen hatten.

Eine Zeitlang blieb das Katheder für Literaturgeschichte unbesetzt, und in den fälligen Stunden pflegte Stepan Jakowlewitsch Ruschtschewitsch zu erscheinen, der den Einfall hatte, uns bei dieser Gelegenheit „ausdrucksvollen Vortrag" beibringen zu wollen. Er selbst rezitierte mit ziemlich plumper Grazie, mit massiver Stimme, mit allen vorschriftsmäßigen Betonungen und Pausen, und seine Ansprüche auf „ausdrucksvolle" Deklamation waren völlig unbegründet. Uns mutete er zu, alle seine Betonungen genau zu kopieren, was uns so gekünstelt und abgeschmackt vorkam, daß wir darüber eine innere Verlegenheit empfanden. Dabei galt der Literaturunterricht kraft irgendeiner Tradition als das interessanteste und „geistvollste" Lehrfach des ganzen Gymnasialkursus. Mit desto größerer Spannung erwarteten wir den neuen Professor.

Einmal verbreitete sich das Gerücht, er sei bereits angekommen, sei noch jung und heiße Awdjew. Einer der Schüler wollte ihn schon in der Stadt gesehen haben und begann gerade laut über die Begegnung zu erzählen, in der Annahme, daß auch diesmal noch der Inspektor einspringen würde. Doch da ging die Klassentür fast gleichzeitig mit dem Glockenschlag auf, und auf der Schwelle erschien der neue Professor. Er blieb für einen Augenblick stehen, betrachtete ruhig, wie wir in unserer Überraschung uns schnell in die Bänke drängten, ging dann aufs Katheder und nickte uns unterwegs kurz mit dem Kopfe zu. Da dies die erste Unterrichtsstunde des Tages war, so wartete er schweigend, bis der Primus das obligate Morgengebet vorsagte, setzte sich dann und schlug das Journal auf. Auf seinem Gesicht lag eine leichte Verstimmung, die Präsenzliste las er gleichsam mit unzufriedener Stimme herunter, hin und wieder verweilte er bei einem Namen länger und betrachtete den Betreffenden aufmerksam. Als er damit fertig war, stieg er vom Katheder herunter und schritt langsam die Bankreihen entlang, scheinbar in Gedanken versunken, die mit dem gegebenen Augenblick nichts zu tun hatten, und ohne zu beachten, daß ein halbes Hundert aufmerksamer neugieriger Augen auf ihn gerichtet waren und jede seiner Bewegungen musterten.

Er war ein junger Mann, vielleicht um drei Jahre älter als Ignatowitsch, aber bedeutend männlicher und reifer von Aussehen. Seine Physiognomie war keine gewöhnliche: regelmäßige Züge mit griechischem Profil, große ausdrucksvolle Augen, volle Lippen, ein feines Schnurrbärtchen und kleiner blonder Kinnbart. All das war ziemlich hübsch, wollte aber auf den ersten Blick der Klasse aus irgendeinem Grunde nicht gefallen. Überdies trug er enge Beinkleider und Schuhe mit niedrigen Absätzen, während bei uns ganz breite Hosen à la Cosaque und hohe Absätze als der Inbegriff des guten Geschmacks galten. Nur ganz raffinierte Stutzer der sechsten und siebenten Klasse wagten sich schon in engen Hosen zu zeigen.

All das bis zum letzten Knopf und den breiten Schößen des blauen Dienstfrackes hatten wir in Augenschein genommen und einer strengen Prüfung unterzogen, während der Professor im Klassenzimmer wandelte. Uns kam diese Ungezwungenheit und daß er so tat, als ob wir alle nicht auf der Welt wären, befremdend und ein wenig herausfordernd vor.

Nach einigen Touren blieb er endlich stehen, als ob er die ihn beschäftigenden Gedanken verscheuchte, und umfing die Klasse wieder mit einem aufmerksamen Blick.

„Womit haben Sie sich zuletzt beschäftigt?“ fragte er.

„In der letzten Zeit las uns Stepan Jakowlewitsch vor."

„Was?"

„Die Fabeln von Krylow."

Der neue Professor zog ein wenig die Augenbrauen in die Höhe.

„Wozu?"

Die Frage kam uns merkwürdig vor. Darüber müßte man doch wohl den Inspektor befragen. Einem fiel es endlich ein:

„Um die leeren Stunden auszufüllen."

„Ach so! Und ließ er auch Sie vorlesen?"

„Jawohl!"

„Schön. Wer von Ihnen kann gut vorlesen?"

Die Klasse schwieg. Wir alle konnten laut lesen, einige lasen fließend, aber „gut" hatten wir noch nicht vorlesen hören.

„Nun also?" sagte er mit einem ungeduldigen Achselzucken. „Warum schweigen Sie denn?"

„Wir alle lesen gleich," ließ ich ärgerlich fallen, hatte es aber zu leise gesagt. Awdjew wandte sich mir zu und fragte mich direkt:

„Können Sie gut vorlesen?"

„Nein," sagte ich errötend, „das habe ich nicht gesagt."

„Ich aber fragte gerade danach. Lesen Sie mal vor!" wandte er sich an einen der Schüler, der einen Band Krylow vor sich liegen hatte.

Jener erhob sich, schlug das Buch aufs Geratewohl auf und fing an vorzulesen. Awdjew verzog das Gesicht.

„Schlecht," sagte er. „Lesen Sie alle so? Und gibt es nicht einen, der richtig zu lesen versteht? . . . Nun, und was hatten Sie vorher getrieben?"

„Theorie der Literatur . . . Nach Minin," antworteten mehrere Stimmen.

„Und was ist Literatur?"

Schweigen.

„Stammt von ‚Literae'" . . .

„Nehmen wir an. Und was heißt ‚Literae'?"

„Ein schriftlicher Gedankenausdruck" . . .

„Nicht ganz. Man kann manches niederschreiben, was doch nur ein gedankenloses Zeug abgeben wird. Na, und was ist ein Gedanke?"

Er blickte uns mit einer drolligen Grimasse an und sagte:

„Überlegen Sie mal jeder für sich: haben Sie schon im Leben Gedanken im Kopfe gehabt?"

Das war eine offensichtliche Beleidigung. In der Klasse entstand leises Murren.

„Alle," sagte jemand.

„Was alle?"

„Alle denken wir, das heißt haben Gedanken im Kopf," riefen mehrere Stimmen keck. Der Professor fing an, uns auf die Nerven zu fallen.

„Sie ‚denken'," wiederholte er mit leichtem Achselzucken. „Sie denken eben: ob denn die Glocke wohl bald läuten wird? Und Sie ‚denken', dies heiße eben: Gedanken im Kopfe haben. Aber Sie irren. Gedanken im Kopf haben, verstehen Sie wohl: wirkliche Gedanken, das ist etwas ganz anderes. Nehmen Sie Ihre Hefte vor. Notieren Sie auf."

Und langsam im Klassenzimmer auf- und abwandelnd, begann er bei den einfachsten Definitionen. Anfangs lag in seinen Augen, in der Falte zwischen den Augenbrauen, noch dieselbe trübe Verstimmung. Die Entwicklung des Themas fesselte ihn aber sichtlich selber. In sein dunkles Gesicht trat eine tiefe Röte. Er sprach langsam, nachdenklich und frei. Die Vorlesung war offenbar nicht einstudiert: die Worte fielen ihm ein, und die Sätze formten sich eben in dem Augenblick, als er sie vortrug, sie flogen uns noch nicht erkaltet zu. Von Zeit zu Zeit blieb er stehen und machte Pausen, suchte nach dem schicklichsten Ausdruck, nach einem passenden Wort und wandelte dann weiter, immer zufriedener und heiterer. Das Aufnotieren war keine leichte Sache. Er sprach zwar langsam, wartete aber nicht, bis ihm unsere Federn folgten. Wir hatten aber Lust, alles festzuhalten. Der Rest der Stunde verstrich in dieser Beschäftigung. Als die Glocke ertönte, war ich überrascht, wie schnell die Stunde verstrichen war.

Awdjew machte Schluß, nahm das Journal, nickte uns mit dem Kopfe zu und verließ das Zimmer. In der Klasse erhob sich sofort ein lebhaftes Stimmengewirr. Der Eindruck war kein günstiger.

„'ne feine Nummer!“ sagte einer.

„Leute, mit dem muß man sich in acht nehmen . . .“

„Wo hat man bloß den Teufelskerl vorgeholt?“

„Hört mal, er hat uns doch aber beleidigt!“ . . .

Unter solchen Gesprächen überraschte uns die Glocke zur zweiten Stunde. Ich erinnere mich, daß darauf der Geschichtsprofessor Petrussow eintrat. Das war auch ein „Neuer“, der nur wenige Monate vor Awdjew sein Lehramt angetreten hatte, ein junger Herr von kleinem Wuchs, mit einer klugen und energischen Physiognomie. In der Klasse hielt er sich offiziell, etwas zugeknöpft, aber doch im ganzem sympathisch. Sein

Unterricht war jedesmal in zwei ungleiche Teile eingeteilt. Im ersten pflegte er die Aufgaben zu verhören und Noten zu stellen. Wenn er die Feder ins Tintenfaß tauchte, um eine Note zu stellen, wurde sein Gesicht jedesmal nachdenklich und ernst. Er erwog sichtlich mit Sorgfalt alle Für und Wider, und wenn er darauf mit seiner festen Schrift eine Note ins Journal eintrug, so fühlte man, daß sie mit Überlegung und gerecht gestellt war. Etwa zwanzig Minuten vor Schluß pflegte er das Lehrbuch vorzunehmen und es mit der unwandelbaren Phrase aufzuschlagen:

„Nun, also . . . Wir sind da und da stehen geblieben. Jetzt wollen wir fortfahren.“

Und, den Blick öfters ins Buch gerichtet, trug er den Inhalt der folgenden Aufgabe vor, gewissenhaft, gründlich und trocken. Es war uns bekannt, daß er im pädagogischen Rat ebenso gründlich seine Meinung über den und jenen Schüler vortrug, der sich etwa irgendwas hatte zuschulden kommen lassen. Sein Urteil war stets ebenso nachsichtig wie unerschütterlich. Wir achteten ihn als Menschen und präparierten für ihn gewissenhaft, die Geschichte erschien uns aber als ein Gegenstand von beträchtlicher Langeweile. Einige Zeit später hat derselbe Petrussow übrigens ebenso ehrlich und objektiv seine eigene pädagogische Befähigung abgewogen, sich selbst eine unbefriedigende Note gestellt und einen anderen Beruf ergriffen.

Jetzt betrachtete ich, wie immer, mit Vergnügen sein energisches breites Gesicht, durch seinen eintönigen Vortrag klang mir aber die Bruststimme des neuen Literaturprofessors und dessen boshafte Bemerkungen ins Ohr. „Denken“ und „Gedanken im Kopf haben“ . . . Ja, das stimmt. Der Unterschied ist einleuchtend. Und doch hat der Mann etwas an sich, was zum Widerspruch reizt. Wie mag die Sache weiter laufen?...

Ich zog verstohlen das Heft hervor und begann unter dem Pult die Notizen des vorigen Unterrichts zu lesen, auf die Gefahr hin, von Petrussow vermahnt zu werden. Die Vorlesung war formschön und fesselnd.

In den Schülerpensionaten unterhielt man sich gleichfalls über den neuen Literaturprofessor. Der Eindruck war auch in den anderen Klassen im großen und ganzen derselbe: Awdjew erschien allen rätselhaft und wenig sympathisch. Man beschäftigte sich immerhin mit seiner Person mehr, als dies den anderen neuen Herren gegenüber der Fall war.

Drei Tage später kam in die Schule eine Neuigkeit aus der Stadt: man hatte den neuen Professor betrunken gesehen ... Mir gab es einen Stich. Zur folgenden Unterrichtsstunde erschien er nicht. Die einen sagten boshaft: „des Katers wegen", andere meinten, er richte sich in der neuen Wohnung ein. Wie dem auch war, alle fühlten sich enttäuscht, als auf der Schwelle, das Journal unter dem Arm, wieder Stepan Jakowlewitsch zwecks „ausdrucksvollen Vortrags" erschien.

Zwei Tage später schlug eine neue sensationelle Nachricht wie eine Bombe ein. In unserer Klasse saß ein gewisser Domaniewitsch, ein Jüngling in reiferen Jahren, der in seiner Gymnasiallaufbahn stecken geblieben war und sich gegen uns Kroppzeug wie ein ganz Erwachsener ausnahm. Er war eigentlich ein netter Kerl und guter Kamerad, trug aber äußerlich einen Hochmut zur Schau, als wäre er mindestens ein Universitätsprofessor, der nur durch Zufall mit Knirpsen auf eine Bank zu sitzen kam.

An jenem Tage erschien er in der Klasse in ungewöhnliche Grandezza gehüllt. Mit nachlässiger Miene, durch die jedoch die geschmeichelte Eitelkeit deutlich zu merken war, berichtete er, daß er mit dem neuen Professor bereits „gut Freund“ sei. Die Bekanntschaft wurde unter eigentümlichen Umständen geschlossen. Am Abend zuvor ging Domaniewitsch bei Mondschein von einem Besuch heim. An der Ecke der Pappelstraße und der Chaussee bemerkte er einen Herrn, der auf einem Stapel Balken sitzend und seinen Oberkörper hin- und herwiegend mit den Passanten Scherzreden wechselte und ukrainische Lieder sang.

„Eine Stimme, sag' ich euch — großartig!“ fügte der Erzähler mit einem gewissen Stolz auf seinen neuen Freund hinzu.

Als Domaniewitsch, der den heiteren Herrn nicht erkannt hatte, eben vorbeigehen wollte, rief ihn jener heran.

„Herr Schüler, kommen Sie mal her!“

Dieser trat heran, erkannte seinen neuen Präzeptor und grüßte.

„Wie heißen Sie?“

Domaniewitsch bekam, „um euch die Wahrheit zu sagen,“ ein wenig Angst. Es war schon spät am Abend; den Schülern war es untersagt, die Wohnung um diese Zeit zu verlassen, und der neue Professor schien ein strenger Herr zu sein. Selber ist er betrunken, wird aber doch beim Direktor Anzeige machen, dachte Domaniewitsch bei sich. Nichtsdestoweniger faßte er sich ein Herz und nannte seinen Namen.

„Sehr angenehm,“ sagte höflich der Professor und gab ihm die Hand. „Ich bin Awdjew, Benjamin Wassiljewitsch, Professor der Literatur. Momentan, wie Sie sehen, ein wenig betrunken“ . . .

Dabei lachte er („ein merkwürdig helles und ansteckendes Lachen"). Und sich kräftig auf den Arm des Schülers aufstützend, erhob er sich und bat, ihn nach Hause zu geleiten, da er sich in der Stadt noch nicht auskenne.

„Weiß der Kuckuck," sagte er lachend, ihr habt da ganz komische Straßen, und der Wein von Papa Weintraub, der ist nicht von schlechten Eltern. Ich komme heraus, habe mich noch nicht recht umgeschaut, da stehe ich schon vor dem Schlagbaum . . . Nun kehr ich um . . . da laufen mir irgendso dumme Balken zwischen die Beine . . . Ha-ha-ha . . . Mein Kopf bleibt immer klar, aber die Beine, hol' sie der Kuckuck, die wollen halt nicht mit."

Domaniewitsch brachte den Professor in dessen Behausung hinter dem Teich, wobei er ihn die ganze Zeit freundschaftlich unter den Arm stützte. Zu Hause war Awdjew sehr nett, bot dem Schüler eine Zigarette und ein kleines Gläschen Rotwein an, ermahnte ihn jedoch dabei, sich niemals zu betrinken und sich nicht zu verlieben. Ersteres sei schädlich, letzteres — verlohne sich nicht . . .

Der Bericht machte großes Aufsehen. Was soll denn das alles bedeuten? dachte ich bei mir, mit einem stechenden Schmerz in der Seele, der um so unbegreiflicher war, als mir ja Awdjew jetzt nur noch unsympathischer erschien.

„Nun, Freundchen," machte einer die praktische Schlußfolgerung — „jetzt brauchst du das ganze Jahr die Literatur nicht zu ochsen . . ."

„Was soll ich sie ochsen," gab Domaniewitsch großartig zurück, „ich weiß schon vom vorigen Jahr her alles, was er diktierte . . . Ich, mein Lieber, ich habe schon von der ersten

Klasse an ‚Gedanken im Kopf'" ... Und er begab sich in der üblichen herablassenden Haltung auf seinen Platz. Jetzt hatte er einen neuen Vorsprung vor uns anderen: an einen von uns Stiften hätte sich der Professor kaum um einen derartigen Dienst gewandt.

Die Glocke läutete. Die Tür ging auf. Awdjew trat ein und stieg mit leichtem, sorglosem Schritt aufs Katheder. Alle Blicke bohrten sich in den Professor, von dem es hieß, daß er gestern betrunken war, und daß ihn Domaniewitsch am Arm nach Hause führen mußte. Auf dem hübschen Gesicht war jedoch nicht die geringste Verlegenheit zu lesen: er sah frisch aus, seine Augen glänzten, um seine Lippen spielte ein feines Lächeln. Wie ich dieses Gesicht jetzt aufmerksam betrachtete, wurde ich plötzlich inne, daß es durchaus nicht antipathisch, vielmehr schön und klug war. Und doch ... er war ja erst gestern betrunken ...

Awdjew schlug das Journal auf und begann die Präsenzliste zu lesen.

„Wardenski ... Gordiejew ... Domaniewitsch ..."

„Hier," antwortete Domaniewitsch lässig, wobei er sich kaum vom Platze zu erheben geruhte. Awdjew hielt einen Augenblick, blickte den Schüler mit glänzenden Augen an, wie wenn er sich an etwas erinnerte, und setzte dann den Namensaufruf fort. Dann schob er das Journal weg, stützte beide Arme aufs Katheder und fragte:

„Haben Sie das vorige Mal alles aufnotieren können, was ich vortrug?"

„Jawohl."

„Und Sie haben es natürlich auch gelernt? Ja? Nun denn ... Herr Domaniewitsch!"

Der Name zündete in der Klasse wie ein Funke. Alle Köpfe wandten sich nach dem Aufgerufenen. Der arme Kerl blickte sich erstaunt und hilflos um, als wenn er garnicht begriffe, worum es sich handelte. In den Bänken entstand unwillkürliches Kichern. Die Physiognomie des Lehrers blieb ernst.

„Alsdann . . . Herr Domaniewitsch wird uns den Inhalt der ersten Vorlesung erzählen . . . Wie waren wir an die Definition des Gegenstandes herangetreten? Hören wir zu."

Domaniewitsch erhob sich, blieb eine halbe Minute mit gesenktem Blick stehen und sagte dann verlegen:

„Herr Professor, ich . . ."

„Ja? Was denn?"

„Ich hatte heute keine Zeit zu präparieren."

„Heute? Na und gestern? Und vorgestern?"

„Überhaupt . . . ich . . ."

„Überhaupt? Das ist bedauerlich, Herr Domaniewitsch, sehr bedauerlich. Die Aufgaben werden zu dem Zwecke aufgegeben, damit man sie lernt. Sie hatten drei Tage Zeit. Haben Sie eine ernste Entschuldigung?"

Domaniewitsch schwieg.

„Es tut mir sehr leid, aber" . . . Er ergriff die Feder und schlug das Journal auf . . . „Zu meinem größten Bedauern bin ich gezwungen, Ihnen eine Eins zu stellen."

Nachdem der Strich im Journal eingetragen war, blickte Awdjew auf den armen Domaniewitsch. Unser Patriarch stand da mit einer derart fassungslosen und gekränkten Miene, daß Awdjew, den Kopf leicht zurückgebogen, laut auflachte. Sein perlendes Lachen war in der Tat eigentümlich hell und ansteckend, wobei die weißen Zähne unter dem feinen Schnurrbart ganz reizend hervorblitzten. Bei uns war im allgemeinen nicht Sitte, über das Ungemach eines Kameraden zu lachen, diesmal mußte aber Domaniewitsch selber mit einstimmen. Er zuckte mit drolliger Resignation die Achseln und setzte sich.

Der Casus war erledigt. Wir begriffen, daß sich aus dem gestrigen Vorgang für die Klasse gar keine Schlußfolgerungen ergaben, und daß die Autorität des neuen Professors fest begründet war. Zum Schluß dieser zweiten Stunde hatte er uns bereits ganz in seiner Gewalt. Nachdem er ebenso wie das erste Mal formschön und frei im Gehen den Gegenstand erläutert hatte, bestieg er zum Schluß das Katheder, schlug ein mitgebrachtes dickes Buch in elegantem Einband auf und sagte:

„Jetzt, meine Herren, wollen wir uns ein wenig erholen. Ich habe Ihnen bereits auseinandergesetzt, was es heißt, in geschlossenen Gedankenreihen zu denken. Jetzt werden Sie gleich sehen, wie manche Menschen in Bildern denken und die kompliziertesten Phänomene durch Bilder zu erläutern verstehen. Kennen Sie Turgenjew?"

Zu unserer Schande mußten wir gestehen, daß uns Turgenjew nur dem Namen nach bekannt war. Bücher zum Lesen bezogen wir damals entweder für bescheidene Leihgebühr beim jüdischen Antiquar, der uns mit arg zerzausten Bänden eines Dumas, Montépin oder Gaboriot versah, oder aber aus der Gymnasialbibliothek. Aus dieser verabfolgte uns bis dahin die Bücher Awdjews Vorgänger, Mitrofan Alexandrowitsch Andrjewski, und das spielte sich immer sehr lustig ab. Einmal in der Woche pflegten wir, die ganze Rotte, gegen Abend in die dunklen hallenden Korridore einzubrechen, die bei dem zweifelhaften Flackern eines Lichtstümpchens, das Andrjewski eigenhändig vorantrug, fremd und geheimnisvoll wirkten, und polterten unter Scherz und Geplauder mit dem gutmütigen Literaturprofessor die Treppen hinauf. Er suchte jedesmal lange nach dem richtigen Schlüssel zur Bibliothektür, drehte ihn dann endlich mit lautem Knall im Schloß herum und stieß die Tür in das große Gelaß auf, das an den Wänden mit riesigen schwarzen Schränken bestanden war. Damit war übrigens unsere Freude auch zu Ende, denn was die Schränke in ihrem Schoß bargen, war über die Maßen langweilig. Da waren hauptsächlich erbauliche Erzählungen frommen Inhalts, „die Sonntagsmuße", auch die „Soldatenzeitung" hatte sich aus unbekannten Gründen hierher verirrt, dann der „Weltreisende". Wir murrten laut, worauf Andrijewski mit Laune, manchmal mit sehr netten Witzen replizierte, so daß wir alle in lautes Lachen auszubrechen pflegten. Schließlich blieb nichts anderes übrig, als immer wieder Livingstones Reise zu erbitten, dann Cookes Reise, dann Aragos Reise, dann Baker Paschas Reise usw. Einmal hatte ich sogar die Reise auf den heiligen Berg Athon erwischt. Wenn ich nicht irre, waren das die „Episteln des frommen Einsiedlers", von denen mir übrigens, trotz meiner damaligen religiösen Geistesverfassung, nichts im Gedächtnis haften geblieben ist, als eine anmutige Schilderung des Sturmes und das Entzücken des Verfassers darüber, daß der heilige Nikolaus auf dem Konzil dem Ketzer Arius einen Backenstreich versetzt habe. Der fromme Eremit steht vor dem Heiligenbilde, das eben jenes schlagende Argument der kirchenväterlichen Disputation darstellt, und ihm ist, als ob „der Schall der gottgefälligen Handlung noch unter den Gewölben des stummen Gotteshauses vibriere" ...

Wie dem sei, es ist Tatsache, daß sogar ich, der ich verhältnismäßig viel, wenn auch unordentlich und planlos las, der ich bereits „Die drei Musketiere“, den „Grafen Montechristo“ und selbst den „Ewigen Juden“ von Eugen Sue (in polnischer Sprache) kannte, damals von Gogol, Turgenjew, Dostojewski, Gontscharow und Pissemski nur eine vage Vorstellung hatte. Meine Lektüre war in jener Periode überhaupt viel minderwertiger als ehedem in Schitomir. Sie war für mich lediglich eine Unterhaltung geworden und gewöhnte mich an die Auffassung, die schöne Literatur sei nur eine spannende Schilderung von Dingen, die es in Wirklichkeit gar nicht gebe. Zuweilen pflegte ich die Handlungen und Reden meiner Bücherhelden mit meiner Umgebung zu vergleichen und fand, daß kein Mensch je so spricht oder handelt wie jene Personen. Wie ein heller Punkt haftete in meinem Gedächtnis die Erinnerung an den „Thomas von Sandomir“ und noch zwei drei früher gelesene polnische Werke. Diese standen dem wirklichen Leben näher. Irgendwo, vielleicht gar nicht weit und in nicht allzu ferner Vergangenheit, konnten die Menschen wenigstens so reden und handeln, wie in jenen Büchern geschildert war ...

Ich ging einmal an einem hellen Herbstabend die stille Pappelstraße entlang und bog dann über einen öden Platz in ein enges Seitengäßchen ein. Die Straße lag im Schatten, hinter den Gärten aber ging zwischen zwei schwarzen Dächern der Mond auf, und auf seinem silbernen Hintergrunde zeichneten sich scharf die schwarzen Zweige des entlaubten Baumes. Frappiert durch die schlichte Schönheit dieser anspruchslosen Landschaft, blieb ich unwillkürlich stehen. Ich zeichnete gern, freilich meist nur sklavische Kopien verschiedener Bilder, jetzt aber ergriff mich der leidenschaftliche Wunsch, das Bild, das ich da vor mir sah, in seiner ganzen Einfachheit festzuhalten, — mit den beiden dunklen Giebeln, mit den Zaunpfählen, die sich in dem vom Mondschein erhellten Himmel scharf zeichneten, mit der feuchten Tiefe der schattigen Winkel, in denen man das Gewirr der drin verborgenen Gegenstände vermutete, und selbst mit dem Duft des kürzlich gefallenen Regens, den man atmen konnte ...

Dann gingen meine Gedanken zu den Büchern über, und mir kam etwas in den Sinn: wie, wenn man einfach einen Knaben schildern würde, etwa wie ich einer war, wenn man erzählen würde, wie er erst in Schitomir lebte, dann hierher nach Rowno übersiedelte, alles, was er dabei empfand, die Menschen, die ihn umgaben, und selbst diesen Augenblick, da er so in der menschenleeren Straße steht und sein geistiges Wachstum an der Vergangenheit und an der Gegenwart mißt. Drüben, in der dichten feuchten Finsternis, wo flimmernde Lichter unordentlich zerstreut sind, wohnen hinter den erhellten kleinen Fenstern Menschen ... Jetzt trinken sie wahrscheinlich Tee oder essen zur Nacht, unterhalten sich, streiten miteinander, lachen. Und nie besinnen sie sich auf sich selbst und die umgebende Natur, nie messen sie ihr eignes Ich an allem, was sie umgibt. Möglicherweise bin ich der Einzige in der ganzen Stadt, — dachte ich — der ich so dastehe in den Anblick der Lichter und Schatten verloren, der Einzige, der ich an sie denke und den Wunsch hege, diese Natur und die Menschen so wahrheitsgetreu zu schildern, daß jeder Einzelne und jedes Ding darin seinen Platz findet ...

Nicht in diesen Worten, doch ungefähr so, dachte ich damals bei mir. Und ich empfand darob ein klein wenig Stolz und eine große Niedergeschlagenheit. Ich dachte bloß, daß alles wohl in dieser Einfachheit und Naturwahrheit zu schildern sein mochte, wie ich es jetzt sah, und daß die einfache Geschichte eines Knaben, wie ich einer war, und der ihn umgebenden Menschen interessanter und wertvoller sein mochte als der Graf von Montechristo. Auszuführen verstand ich aber damals im Grunde genommen gar nichts. Professor Snachurski hielt mich für einen begabten Zeichner, verlangte aber sorgfältiges „Strafieren". Ich hatte im Strafieren eine große Fertigkeit erlangt, war jedoch bei all dieser Kunst nicht imstande, auch nur die einfachste Landschaft nach der Natur zu zeichnen. Mitunter machte ich unser Boot los, ruderte mich an die Insel heran, hielt mitten zwischen Wasserrosen und Linsen still und bemühte mich, vom Hafen aus das alte Schloß mit den leeren Fenstern, den hohen Pappeln und den moosumwachsenen steinernen Rittern zu zeichnen. Meine Skizzen machten zu Hause Furore, ich aber fühlte, daß das nur Striche, Konture, „Strafierung" war ... Nichts von der versonnenen Massivität der ehrwürdigen Ruine war drin, keine Tiefe in den gähnenden Fensteröffnungen, keine Höhe in den Pappeln mit ihren rauschenden Wipfeln, keine Luft in dem hohen Himmel, keine Durchsichtigkeit im Wasser. Mit dem Gefühl der Ohnmacht und Hoffnungslosigkeit legte ich jedesmal Bleistift und Album auf die Bank im Boot und blieb lange regungslos sitzen, in Betrachten versunken, wie um mich langbeinige Wassermücken in ihren weißen Pantoffelchen auf dem Teich herumschoben und das träge funkelnde Wasser in Bewegung setzten, wie im Schilf die verschmachtenden Frösche matt vorbeiruderten oder wie die Krebse mit ihren Schwänzen den trüben Grund pflügten.

Nach einiger Zeit fing die geistige Leere, die mich von der tödlichen Erstarrung des öden Städtchens anwehte, sich zu füllen an: vor mir stiegen Schatten der Vergangenheit auf. Die verlassene Insel bevölkerte sich, das Schloß erwachte zum Leben, die gähnenden Öffnungen wurden zu Fensterreihen, aus denen glänzende Kavaliere und Damen hinunterblickten. Auf dem breiten Balkon stand eine Gruppe schöner Frauen, eine von ihnen hielt einen Becher in der Hand, während ein junger Ritter (vielleicht war ich es gar selbst) die Treppe hinaufritt und den Becher aus der Hand der Schönen empfing ... Ringsumher ertönten Pistolenschüsse, Schlachtgetümmel, Sporenklirren, Pferdewiehern ...

Oder ein anderes Bild: das Schloß wird von Kosaken und Hajdamaken überfallen, die Insel ist in weißen Rauch gehüllt. Jetzt bin ich auf Seiten der Angreifer, mit dem „Pöbel", den Kosaken ... Überhaupt nahm die Romantik der alten Ukraine unter dem Einfluß der Legenden, die sich um die Schloßruine woben, sowie der flüchtigen Lektüre der „Hajdamaken" Schewtschenkos, die unter uns in Abschriften kursierten, wieder von mir Besitz und erfüllte meine Phantasie mit Gespenstern längst vergangener Kosakenherrlichkeit, Gespenstern, die ebenso tot waren wie die polnischen Ritter samt ihren Schönen ... Was kann es im Leben eines gewöhnlichen Knaben und seiner Nachbarn Interessantes geben? Interessant sind ja nur wilde Steppen, tolle Jagden, Überfälle, Abenteuer, Heldentaten, — versteht sich mit glücklichem Ausgang ...

Eine zeitlang faßte ich sogar ein lebhaftes Interesse für die Geographie und zwar unter dem speziellen Gesichtspunkt der Frage: wo wäre in unserer prosaischen Zeit ein Winkel zu finden, in dem das einstige Saporoger Kosakenlager wiederhergestellt werden könnte, und ich war hoch erfreut, als ich erfuhr, daß Sadyk Pascha Tschaikowski denselben romantischen Phantomen an der Donau, in Anatolien und in Syrien nachjage. Das kosakische Heerlager in der Art, wie es einst hinter den Stromschnellen des Dnjepr bestand, brauchte ich für meine mich tief bewegenden phantastischen Luftgebilde.

Das war eine Art feenhafter Dekoration, jenseits von Zeit und Raum und ohne Zusammenhang mit dem umgebenden Leben, ein gespenstischer Reigen spannender Erlebnisse, die ich jedoch weder zu packen noch zu gestalten vermochte. Die Träumereien erhitzten nur fruchtlos meine Einbildung und schwächten meine Willenskraft ...

Wurde es Zeit, von einem solchen mißlungenen künstlerischen Ausflug heimzukehren, dann ergriff ich, von der schwülen Luft wie von den phantastischen Träumen ganz ermattet, mit lässiger Hand das Ruder, und mein Boot zog langsam in seinem Kielwasser eine helle Spur nach, die sich dann still wieder mit Wasserlinsen, Tang und Schlamm überzog. Meine im Wachstum begriffene Seele suchte, wo sie den Überschuß an Kräften, der von den „Arithmetiken und Grammatiken" übrig blieb, anbringen könnte, und so wurde sie manchmal abwechselnd von glühenden historischen Gesichten und von religiöser Ekstase beherrscht. Auf dem Grunde meines Bewußtseins regten sich bereits allerlei religiöse Zweifel, ihnen entgegen erhob sich aber der Drang nach Märtyrertum, nach seelischen Hochflügen, nach Zuständen völliger Hingerissenheit.

Einmal ging ich des Morgens in solcher Stimmung in die Schule. Mein Weg führte mich über den Marktplatz, den Mittelpunkt des örtlichen Handels. Rings um den Platz gähnten die offenen Tore der Gasthäuser, in der Mitte drängten sich Bauernwagen, die Menge lärmte, Gänse schrien, Pferde wieherten, die Marktweiber priesen mit schriller Stimme ihre Waren an.

Da fiel mein Blick unversehens auf die Figur der Jungfrau, die auf ihrer Säule hoch in die Luft ragte. Das war ein örtliches Heiligtum, das der katholischen wie der orthodoxen Bevölkerung gleich teuer war. Jeden Abend pflegte der Nachtwächter, also eine Amtsperson, ein Stümpfchen Licht in die Laterne zu stellen und sie an dem Block in die Höhe zu ziehen. Das Lichtlein hing in dem dunklen Himmel gleich einem winzigen Stern, und über ihm schimmerte undeutlich, geheimnisvoll-schön die buntbemalte Figur.

Man sagte, daß der russische Schulgeistliche in seinem Russifizierungseifer bei den Behörden angeregt hatte, die „katholische Muttergottes" von ihrem Sockel zu entfernen ... Jetzt schwebte die geächtete Statue über dem bunten Lärm des Marktes in einer Strahlenglorie der Morgensonne.

Es lag in ihr etwas, was mich plötzlich stille stehen und einen Augenblick später entblößten Hauptes niederknien ließ; ich hob den Blick zu der Jungfrau und schlug eifrig mehrmals das Kreuz. Dann erhob ich mich und ging in die Schule, ohne die verwunderten Blicke um mich her zu beachten.

Das nächste Mal, als ich wieder an dieser Statue vorbeiging, erinnerte ich mich an mein Gebet vom gestrigen Tage. Meine Stimmung war eine andere, allein ... ich hörte plötzlich gleichsam eine Stimme, die mir vorwurfsvoll zuraunte: „Du schämst dich wohl zu beten, schämst dich, deinem frommen Glauben Zeugnis zu geben, und nur deshalb weil sich das nicht schickt ..." Ich legte sofort meine Bücher auf die Erde und kniete nieder.

Jetzt war der Marktplatz leer, und die Gestalt des knienden Schülers war deutlich zu sehen. Ich erregte bald die Aufmerksamkeit der jüdischen Makler, der Passanten, einiger Beamten, die sich in ihre Kanzleien begaben. In der Ferne tauchte auf dem Holztrottoir hie und da eine blaue Schüleruniform auf. Wie sehr wünschte ich im Innern, unbemerkt zu bleiben! ...

Seit jener Zeit beherrschte mich eine ganze Weile derselbe peinliche Zwiespalt. Richtig zu beten war ich nicht imstande, dazu fehlte mir die innere Andacht; allein der Gedanke, daß ich mich „schäme", verfolgte mich wie ein Vorwurf. Ich kniete also immer wieder mit innerem Mißmut hin, um mich ebenso unbefriedigt zu erheben. Meine Kameraden fingen an, sich über diese Wunderlichkeit aufzuhalten. Ich schwieg jedoch auf alle Fragen ... Der Seelenkampf im leeren Raume war qualvoll und unfruchtbar.

In dieser Stimmung befand ich mich, als der neue Professor auf der Bildfläche erschien ...

Nachdem Awdjew uns die Aufgabe für die nächste Stunde auseinandergesetzt hatte, schlug er ein Buch in einem neuen eleganten Einband auf und las so einfach, als setzte er die gewöhnlichste Unterhaltung fort:

„Mardarij Apollonowitsch Stegunow ist ein kleines altes Männlein, kugelrund, mit einer Glatze, einem Doppelkinn, fleischigen Händchen und einem ansehnlichen Bäuchlein. Er ist sehr gastfrei und jovial ... Sommers und Winters hat er denselben wattierten Schlafrock aus gestreiftem Stoff an ... Sein Haus ist von ganz altertümlicher Fasson; im Flur riecht es, wie sich's gehört, nach Kwas, Talgkerzen und Häuten ..."

Das sind die „Zwei Gutsherren" aus Turgenjews „Tagebuch eines Jägers". Der Erzähler, ein junger Mann, der bereits von den „neuen Ideen" angehaucht ist, weilt bei Mardarij Apollonowitsch zu Besuch. Sie haben beide zu Mittag gespeist und nehmen nun auf dem Balkon den Tee. Die Abendluft ist still. Nur hin und wieder kommen leichte Windböen daher; die letzte, die neben dem Hause erstarb, hat den Schall gleichmäßiger häufiger Schläge mitgebracht, der aus der Richtung kam, wo sich die Pferdeställe befinden. Mardarij Apollonowitsch, der eben die Untertasse an den Mund führen wollte, um seinen Tee zu schlürfen, hält inne, nickt mit dem Kopfe und fängt an, die Schläge mit gütigem Lächeln zu begleiten:

„Tschuki tschuki tschuk! Tschuki tschuk! Tschuki tschuk!"

Es stellt sich heraus, daß im Stall der „Tunichtgut" Kammerdiener Prügel bekommt, ein Mann mit großem Backenbart, der eben erst im Rock mit langen Schößen bei Tisch servierte ...

Mardarij Apollonowitschs Physiognomie atmet vollendete Güte. „Die schäumendste Entrüstung hätte vor diesem hellen und sanften Blick nicht standgehalten ..." Beim Verlassen des Gutes begegnet der Erzähler dem „Tunichtgut" selber: er schlendert seelenvergnügt auf der Dorfstraße, knabbert Sonnenblumenkerne und antwortet auf die Frage, weshalb er bestraft worden sei, einfach:

„Ganz mit Recht, Väterchen, ganz mit Recht! Bei uns wird keiner um Lappalien geprügelt ... Unser Herr ... solch einen Herrn gibt es im ganzen Gouvernement nicht wieder ..."

Inmitten tiefster Stille las Awdjew den Schlußsatz zu Ende: „Da habt ihr's — das alte Rußland, wie es leibt und lebt! ..." Dann fügte er noch einige ganz einfache Worte über die Leibeigenschaft hinzu und über das Ungeheuerliche einer Gesellschaftsordnung, bei der dieser beiderseitige Gleichmut möglich war. Die Glocke des Pförtners Ssaweli ertönte für uns zum ersten Mal unerwartet und unangenehm.

An jenem Tage nahm ich aus der Schule ein gewaltiges neues Erlebnis mit heim. Ich war wie vom Blitz erleuchtet. Das sind sie also — jene „einfachen" Worte, die nichts als die reine ungeschminkte Wahrheit aussprechen, uns aber doch mit einem Mal hoch über den grauen Alltag emporheben und neue breite Horizonte zeigen. Und auf diesem breiten offenen Plan erstehen plötzlich und drängen sich bekannte Gestalten, alltägliche Erlebnisse, gewöhnliche Bilder, von einem ganz neuen Lichte erhellt.

Während ich aus der Schule nach Hause ging, erstand vor meinen Augen Onkel Hauptmann, Harnyj Lug, die „Wohlgeborenen", der Karol, der Toni ... Das Widerspruchsvolle, Sinn- und Zusammenhangslose jener Erscheinungen, das mich einst peinigte, war mit einem Mal verschwunden ... „Tschuki, tschuki, tschuk! ..." „Was haben Sie denn, junger Mann, was haben Sie denn? Bin ich etwa ein Ungeheuer, daß Sie mich so anstarren? ..." Mir wurde plötzlich die elementare Naivität dieser Frage begreiflich. Onkel Hauptmann ist auch kein Ungeheuer, er ist sogar bedeutend feiner und sympathischer als Mardarij. Und doch ... Es steht fest, daß er den Karol bei grimmiger Kälte mit Wasser begießen ließ. Und Karol selber hatte sich damit abgefunden ... In mir stieg eine kochende Empörung auf, die sich zum ersten Male nicht gegen Personen richtete, sondern gegen eine Gesellschaftsordnung, die solche Verhältnisse gebar. Meine Empörung bezog sich freilich zunächst auf die Leibeigenschaft, die damals auch in Rußland bereits der Vergangenheit angehörte. Immerhin traten die Sittlichkeit sozialer Einrichtungen und die Sittlichkeit der Einzelmenschen zum ersten Male als zwei verschiedene Begriffe in meinem Bewußtsein einander gegenüber.

Seit jenem Tage hörte die schöne Literatur für mich auf, ein bloßer Zeitvertreib zu sein, sie wurde zur ernsten Beschäftigung, der ich mich mit Leib und Seele ergab. Awdjew verstand es, diese geistigen Regungen in uns wachzurufen und zur hellen Flamme anzufachen. Er besaß den sicheren inneren Takt der Jugend und Talent. Alles, was er vorlas, sprach oder tat, erhielt in unseren Augen eine besondere Bedeutung. Die Geschichte der russischen Literatur mitsamt den ehedem so langweiligen und trockenen „Lehren Monomachs" und den „Episteln des Einsiedlers" trat für uns aus der nebligen Ferne heraus und wurde zum bedeutenden und wichtigen Wissensgebiet, das für die künftigen Erleuchtungen das Fundament bereitete. Die kurzen Erholungspausen zum Schluß der Stunde, wenn Awdjew das mitgebrachte Buch aufschlug, um irgendeinen Abschnitt, eine Szene, ein Gedicht vorzulesen, wurden für uns ein Bedürfnis.

Seine Art zu lesen hatte nichts Gekünsteltes. Er begann stets ganz einfach, und wir merkten gar nicht, wie und wo er zum Pathos überging, das uns wie eine Reihe elektrischer Schläge erschütterte, oder zur Komik, die in der Klasse Kaskaden sonnigster Heiterkeit entfesselte. Er hatte uns eine Szene aus den „Toten Seelen" vorgelesen, und wir stürzten uns auf Gogol. Ganz besonders liebte er Nekrassow, und ich habe nie wieder diesen Dichter so schön vorlesen hören.

Sehr bald bildeten sich zwischen Awdjew und uns einfache und innige Beziehungen heraus. Er lud uns zu sich ein, bewirtete uns an seinem Junggesellentisch mit Tee und war stets natürlich, nett und heiter. Nie ließ er uns etwa die Absicht merken, uns zu beeinflussen, nie war er lehrhaft. Ein leichter

Scherz, eine hingeworfene Frage über eine eben gelesene Erzählung von Turgenjew, Pissemskij, Gontscharow, über ein Gedicht von Nekrassow, Nikitin oder Schewtschenko, all das flocht sich unmerklich, ungezwungen in die Unterhaltung. Wie Blumenduft ist mir heute noch die besondere Empfindung gegenwärtig, die ich von jedem Besuche bei Awdjew mitnahm: ein Gemisch von Liebe, Verehrung, Freude des sich entfaltenden jungen Geistes und Dankbarkeit für diese Freude ...

Als ich einmal, von solchen Eindrücken überwältigt, etwa um 9 Uhr abends heimging, stieß ich auf unsern Inspektor, der mir plötzlich im Seitengäßchen mit seiner Blendlaterne ins Gesicht leuchtete. Mir wurde, als hätte man mich mit kaltem Wasser begossen. Ich erschrak jedoch nicht, machte auch keinen Versuch zu entfliehen, obwohl ich es gut hätte können, da ich von weitem schon in der Dunkelheit die lange Gestalt erkannt hatte, die sich wie ein Holzpfahl steif auf mich zu bewegte. Ich erinnere mich, daß mich die Begegnung seltsam und peinlich berührte, als hätte ich mich bis zu dem Moment immer noch in einem hellen Zimmer befunden und käme nun unerwartet im dunklen schmutzigen Gäßchen Auge in Auge mit dem lästigen Gast aus einer andern Welt zur Besinnung. Es muß in meinem Ausdruck etwas gewesen sein, was den Inspektor betroffen machte. Er brachte die Laterne näher an mein Gesicht, betrachtete mich aufmerksam und fragte:

„Was haben Sie?"

„Nichts, Stepan Jakowlewitsch."

„Woher?"

„Von Benjamin Wassilewitsch. Ich habe ihm Bücher zurückgebracht."

„So!"

Und er schob weiter, wie ein flüchtiges Traumgesicht meinen Blicken entschwindend.

Nie hatten wir von Awdjew auch nur eine abfällige Bemerkung über unser pädagogisches „System" oder über das Abnorme unseres ganzen Schulregimes gehört. Er hatte in uns aber eine ganz neue geistige Stimmung wachgerufen, die unabsichtlich und natürlich von dem sonst auf dem Gymnasium vorherrschenden Geiste abstach. Das wirkte stärker als alle Kritik.

Zuweilen ergab er sich wieder dem Trunk. Einmal mußte er sogar aus dem Klub herausgeführt werden. Er hatte den anwesenden Gästen verschiedene, allerdings sehr lustige Impertinenzen zu sagen begonnen, das rief Empörung hervor und er wurde aus dem Saal gewiesen. Doch auch dabei benahm er sich, wie man erzählte, so amüsant, daß sowohl der Vorstand wie das Publikum lachen mußten, und am andern Tage flatterten seine Charakteristiken und Wortspiele im Städtchen herum wie eine Schar loser Vögel. Am nächsten Klubabend erschien er wieder, wie wenn nichts geschehen wäre, elegant, klug, ernst, und niemand wagte an den neulichen Skandal zu erinnern... Auf Promenaden, bei schönem Wetter, wenn „die ganze Stadt" auf die Chaussee strömte, um sich mit gutem Anstand „vor dem Schlagbaum" zu ergehen, pflegte Awdjew von einer Gruppe zur andern zu wandern und wurde als allgemeiner Liebling überall freundlich begrüßt. Die Damen zumal waren von ihm ganz begeistert, — ihnen gegenüber vergaß er sich selbst im trunkenen Zustand nie. Die Männer ihrerseits suchten seine Exzesse zu vergessen.

„Was wollen Sie tun! Er ist nun einmal ein Mensch mit einer satirischen Ader," hatte der kommandierende General gesagt, mit dessen Frau Awdjew intim befreundet war. Das ganze Provinzstädtchen nahm diesen Spruch als eine Art Patent hin, wodurch das Betragen des interessanten Gymnasialprofessors legitimiert wurde. Anderen hätte man das, was man Awdjew hingehen ließ, natürlich nicht so glatt hingehen lassen. Kein anderer hätte aber auch all dies so keck, so lustig und witzig anzubringen gewußt. Ein Mensch „mit einer satirischen Ader" durfte sich das schon leisten.

All dies kam selbstverständlich auch den Schülern zu Ohren. Sie erzählten einander über die Skandalaffären aus dem Klub nach Berichten von Augenzeugen und wiederholten mit Entzücken Witze und Wortspiele ihres Lieblings. Manchmal erschien all das auch mir interessant und schön. Ich träumte zuweilen davon, selbst einmal solch ein Provinzsatiriker zu werden, der von den einen gefürchtet, von den anderen geliebt, von allen im Grunde geachtet wird, weil er seinerseits niemanden fürchtet und mit seinen Streichen wenigstens den starren Sumpf des gesellschaftlichen Lebens einigermaßen aufpeitscht. Ich konnte mich aber doch mit dem Gedanken nicht aussöhnen, daß man Awdjew „aus dem Klub hinausgeführt" habe, und daß viele sich befugt hielten, ihn einen Trunkenbold zu nennen.

Einmal gab er mir Pissemskij zu lesen. Es gibt einen Roman dieses Schriftstellers, der weniger als seine anderen Werke von der Kritik geschätzt, beim lesenden Publikum fast in Vergessenheit geraten ist. Er ist betitelt: „Monsieur Batmanow" und schildert einen Mann von „weitherziger Natur", der schön, exzentrisch, witzig, über alle konventionellen Rücksichten erhaben ist. Dieser Held wird vom Schicksal aus Petersburg in eine kleine Gouvernementsstadt verschlagen, bezaubert hier die ganze

Gesellschaft, für die er seinerseits offene Verachtung zur Schau trägt, sagt den Magnaten der Gegend Impertinenzen ins Gesicht und führt mehr oder weniger ergötzliche Skandale auf. Er gewinnt die Liebe einer geistreichen und schönen Frau und scheint ihr Gefühl auch zu erwidern, die beiden gehen aber dennoch schließlich für immer auseinander, denn Monsieur Batmanow kann an eine gesetzliche Ehe und an Liebe aus Pflichtgefühl nicht ohne Schaudern denken.

Ich weiß noch, wie sich mein Herz zusammenkrampfte, als ich die letzte Auseinandersetzung Batmanows mit der geliebten Frau las, die, glaube ich, in einer Theaterloge stattfand. Es war mir eigentlich nicht klar, was dieses Menschenpaar zu dem Bruch veranlaßt hatte, ich nahm aber an, daß das, weswegen ein so geistvoller Mann auf Liebe und Glück verzichtet, wohl sicher auch sehr geistvoll, erhaben und bedeutsam sein müsse. Hinter dem Bilde Batmanows stellte ich mir in Gedanken die originelle Erscheinung Awdjews vor, mit seinem reizenden Lächeln, seiner hinreißenden Lustigkeit und seinem manchmal beißenden, häufiger aber gutmütigen und feinen Witz. Genau wie Batmanow stach er scharf von dem trüben Milieu der Provinzstadt ab, das er um eines Hauptes Länge überragte. Wie Batmanow fürchtete er sich nicht vor der öffentlichen Meinung, wie bei Batmanow endlich mußte hinter all dem — so bildete ich mir wenigstens damals ein — irgend ein Seelendrama stecken, ein verborgener Schmerz, ein rätselhafter Verzicht auf Glück, unklarer, aber natürlich erhabener Motive halber ...

Der Roman Pissemskijs endet mit einer unerwarteten Szene. In einem kleinen Städtchen Sibiriens ist ein Herr von der Obrigkeit aus Petersburg eingetroffen, und die örtlichen Besitzer der

Goldbergwerke schicken sich an, ihn würdig zu empfangen. An der Spitze der Deputation steht, das obligate Tablett mit Brot und Salz in der Hand, ein wohlbeleibter, schöner Mann mit breitem Bart, in einer sibirischen Jacke von feinstem Tuch und in hohen Schaftstiefeln. Mit einiger Verwunderung erkennt der hohe Herr aus der Residenz in ihm seinen alten Bekannten, eben den „Monsieur Batmanow", wieder. „Ja ja, auch so ging schon manchmal der russische Weltschmerz vor Anker!" bemerkt zum Schlusse der Verfasser. Mein unerfahrener Geist war indessen von der Persönlichkeit Batmanows derart bezaubert, daß ich die beißende Schlußbemerkung gar nicht beachtete.

Als ich das ausgelesene Buch bei Awdjew ablieferte, forderte er mich auf, zu bleiben, und wir kamen diesmal in eine besonders trauliche Unterhaltung. Ich war damals überhaupt bereits einer seiner Lieblingsschüler, und unsere Beziehungen hatten die Färbung einer eigenartigen Freundschaft zwischen einem erwachsenen Manne und einem Jüngling, fast Knaben, angenommen. Er fragte mich, ob es mir nicht passiere, in der Literatur bekannten Personen zu begegnen. Ich erzählte, wie mich Mardarij Apollonowitsch Stogunow an meinen Onkel Hauptmann erinnerte, obwohl sie im Grunde genommen einander nicht ähnlich seien. Er hörte mit Interesse zu und stellte dann plötzlich die Frage:

„Nun, und ich ähnele auch irgend einem dieser Herren?"

„Sie ..." erwiderte ich schüchtern, „Sie sind der Monsieur Batmanow von Pissemskij."

Awdjew drehte sich überrascht auf seinem Sitz herum und rief mit Erstaunen:

„Bat—ma—now? Seltsam. Wo ist denn da die Ähnlichkeit?"

Ich wurde verlegen. Was sollte ich in der Tat antworten: im Skandalmachen und in witzigen Wortspielen? Awdjew gewahrte meine Verwirrung und lachte.

„Na, und dieser Batmanow gefällt Ihnen?“

„Ja.“

Er langte das Buch vom Tisch, schlug es auf und fragte:

„Ja, haben Sie es denn zu Ende gelesen?“

„Gewiß. Der Schluß freilich ... Ich finde, die Sache konnte auch anders ausgehen.“

„Sie meinen? O nein! Hier liegt eben die künstlerische Wahrheit. „Anders“ wäre doch wieder im Grunde dasselbe.“

Er las die Schlußszene samt dem ironischen Ausruf über den russischen Weltschmerz und sagte:

„Begreife nicht, was Ihnen da gefallen hat. Ein adliger Taugenichts, der sich à la Petschorin drapiert*) — nichts mehr. Die Petschorins aber, Freundchen, haben längst ausgespielt. Aus der literarischen Garde sind sie bereits zu den Invaliden degradiert, und heute kann höchstens noch ein Leutnant auf Provinzbackfische mit seinem Weltschmerz à la Petschorin Eindruck machen. Der Schluß, der hat Ihnen mißfallen ... Das beweist bloß, daß auch ihr, ihr Herren Gymnasiasten, noch ein wenig ... Backfischgeschmack habt“ ...

Ich war total verwirrt und wahrscheinlich über und über rot geworden. Awdjew bemerkte dies und brach plötzlich, mit zurückgebogenem Kopf, in sein perlendes Lachen aus.

---

*) So heißt die Hauptperson des bekannten Romans von Lermontow: „Held unserer Tage“, der in Rußland eine ganze Generation tragisch-pessimistischer Poseure unter der Jugend der höheren Gesellschaft zur Welt gebracht hatte. D. Ü.

„Ach so! Jetzt verstehe ich," sagte er. „Nun, nun, macht nichts, Sie brauchen nicht rot zu werden! Das ist doch aber eine ganz oberflächliche Ähnlichkeit. Batmanow ist doch vor allem ein gutsituiertes Herrchen, das sich vor Nichtstun langweilt, ich aber bin ein Deklassierter und ein Mann der Arbeit. Und, soviel ich weiß ..."

Er blickte mich wieder an und setzte ernst hinzu:

„Einer, der seine Arbeit nicht übel versteht."

Er schaukelte sich darauf eine Weile schweigend in seinem Stuhl, den Blick vor sich hin gerichtet. Dann streckte er wieder die Hand nach dem Bücherregal.

„Kennen Sie den ‚Stillen Winkel'?" fragte er mich.

„Ja, ich kenne ihn."

Er schlug den Band Turgenjew auf, blätterte ein wenig darin und las dann laut:

Maria Pawlowna blickte ihn wieder an.

„Sie versichern immer, daß Sie auf mich hören."

„Freilich höre ich auf Sie."

„Sie hören auf mich? Nun, wie oft habe ich Sie schon gebeten ... das Weintrinken sein zu lassen."

Er lachte.

„Ach, Mascha, Mascha! Nun fangen auch Sie dasselbe Lied an ... Aber erstens bin ich doch kein eigentlicher Trunkenbold, und zweitens, wissen Sie, wozu ich trinke? Schauen Sie sich mal diese Schwalbe an. Sehen Sie, wie frei sie ihr winziges Körperchen regiert? Wohin sie will, stürzt sie sich hin ... Jetzt schießt sie in die Höhe, jetzt stürzt sie in die Tiefe, jetzt jauchzt sie sogar schrill vor Lust, hören Sie? Da haben Sie's, wozu ich trinke, Mascha ... um dasselbe auszukosten, was diese

Schwalbe empfindet ... Frei in der Luft schweben, soviel ich Lust habe, fliegen, wohin mir einfällt, das heiß' ich leben ..."

„Das ist Weretjew!" rief ich freudig. Dieser Weretjew gefiel mir nämlich auch ausnehmend und erinnerte mich auch zum Teil an Awdjew: rezitierte er doch vortrefflich Gedichte, sagte dem widerwärtigen Astachow bittere Wahrheiten ins Gesicht und — verstand es so schön, „frei in der Luft zu schweben, wie eine Schwalbe". Diesmal fiel mir aber sofort der Schluß ein, und ich fügte etwas gedrückt hinzu:

„Er nimmt aber auch ein übles Ende ..."

„Sogar ein sehr übles. Schwalbe hin, Schwalbe her, und zum Schluß ... ein Herr in abgetragenem spanischem Mantel, mit trüben Augen und gefärbtem Schnurrbart ... Wissen Sie was: trinken Sie niemals, und vor allem — fangen Sie gar nicht erst an. Weder aus Renommisterei, noch zu dem Zwecke, um wie eine Schwalbe zu leben. Werden Sie auch diesen meinen Rat beherzigen, wenn Sie Student geworden sind?"

„Ja, Benjamin Wassiljewitsch, ich werde ihn beherzigen," antwortete ich erregt. Dann erhob ich den Blick auf ihn, konnte mich aber nicht entschließen, ihm eine Frage zu stellen, die mir auf der Zunge schwebte. Er verstand mich wohl, streckte sich im Stuhl aus, erhob sich dann rasch und ging durchs Zimmer.

„Ja", sagte er, „das mit der ‚Schwalbe' ist bei Turgenjew merkwürdig richtig beobachtet; aber der gefärbte Schnurrbart ... brr ... Und überhaupt ist das eine widerwärtige Sache. Solche Neigungen muß man rechtzeitig zu bändigen wissen" ...

Das war eine indirekte Antwort auf meine unausgesprochene Frage. Er wandelte noch einmal durchs Zimmer, setzte sich dann hin und fing an, sich wieder zu schaukeln. Ich aber entschloß mich, ermuntert, noch eine Frage zu stellen:

„Ist es wahr ... Sie heiraten?"

Er blickte mich lächelnd von der Seite an und erwiderte durch eine Frage:

„Wen?"

„Die L..."

„Na, und Sie möchten mir das wünschen?"

„Ja, sehr ..."

„Aufrichtig?"

„Aufrichtig," antwortete ich mit Überzeugung.

Er brach in ein Lachen aus, ganz wie ein Kind, und sagte dann:

„Bin sehr gerührt ... allein ... Nun hören Sie aber auf zu erröten! Nein, ich heirate nicht ..."

Ich war in der Tat wohl bis an die Haarwurzel rot geworden. In der Stadt hatte man angefangen, als Awdjews vermutliche Braut das nämliche Mädchen anzusprechen, in das unter anderen auch ich verliebt war. Diese Kunde verwundete zuerst schmerzlich mein Herz, dann söhnte ich mich mit dem Gedanken aus, daß sie Awdjews Frau werden und er dann aufhören würde zu trinken. Meine ziemlich lebhafte Phantasie malte mir auf diesem Hintergrund mehr oder minder hübsche Bilder vor. Nach vielen Jahren besuche ich, als einsamer bejahrter Mann — denn ich bleibe meinem Gefühl natürlich treu — nach mannigfachen Stürmen und Irrgängen des Lebens, ihr glückliches Familienheim. Erst dann erfährt er das Geheimnis meiner Liebe und meiner Entsagung, erfährt, ein wie großes Opfer ihm ein ihn tief verehrender Schüler gebracht hatte ...

Das perlende Lachen Awdjews verscheuchte meine Phantasiebilder. Diesmal errötete ich, weil ich ihre Kinderei selbst empfand und ... weil ich plötzlich einsah, daß meine Großmut von etwas billiger Sorte war, sintemal meine Aussichten auch ohne Awdjew ziemlich geringe waren ... Die Realität verscheuchte das sentimental-phantastische Seelendrama ...

Ich nahm seit jener Zeit bei Awdjew einen russischen Schriftsteller nach dem andern und verschlang sie wie im Rausch. Häufig war es mir, als enthülle und beleuchte all dies im Grunde nur Gedanken und Bilder, die sich schon längst in undeutlichen Umrissen auf dem Grunde meines Bewußtseins drängten. Jede Unterrichtsstunde der Literaturgeschichte war für mich ein heller Fleck auf dem trüben Hintergrund der tödlichen Schulroutine, eine Erholung, ein Labsal, ein Strauß frischer leuchtendfarbiger Eindrücke. Manchmal erwachte ich schon in der Frühe mit einer unklaren Empfindung der Freude in der Brust. Ach so, heute ist ja Literaturgeschichte! Über den ganzen pädagogischen Chor mit den mittleren Registern und den maniakalischen Schreien einzelner Automaten siegte jetzt die wohlklingende Stimme des jungen Professors ob, so daß auch der Chor im ganzen gleichsam einen neuen bedeutsamen Ausdruck gewann.

Einmal begegnete ich Awdjew abends auf der Straße. Er ging Arm in Arm mit einem Jüngling von südrussischem Typus, mit schwarzem lockigen Haar, der etwas älter war als ich. Ich hatte ihn schon einmal gesehen. Das war Gawrilo Kajdanow, nachmals mein Freund, der eben erst in unsere Stadt gekommenwar, um in eine der oberen Klassen des Gymnasiums zu treten. Er war ein Verwandter unseres Professors

Typ und benahm sich den Professoren gegenüber ganz ungezwungen. Das ließ ihn in meinen Augen als eine Art höheren Wesens erscheinen im Vergleich mit uns armen Pennälern in peinlich zugeknöpften Uniformröcken, die wir in ewiger Angst vor der Obrigkeit lebten. Jetzt, als wir uns unter der einsamen Laterne an der Straßenecke begegneten, hielt mich Awdjew an und sagte:

„Ach, das sind Sie ja! Wollen Sie zu mir zum Tee? Bei dieser Gelegenheit lassen Sie sich hier meinen Kajdanoff vorstellen: Ihr künftiger Kollege, dafern er nicht bei der Prüfung mit Glanz durchfällt, was jedoch sehr wahrscheinlich. Wir wollen Ihnen ein ukrainisches Lied vorsingen. Oder mögen Sie vielleicht unsere Volkslieder gar nicht?" setzte er in ukrainischer Mundart hinzu. „Doch? Nun dann — vorwärts, meine Herren!"

Der ganze Abend verging uns damals im Singen. Awdjew besaß einen tiefen schönen Bariton. Kajdanoff begleitete ihn mit einer nicht umfangreichen, aber angenehmen Baßstimme. Ich saß am offenen Fenster und hörte zu. Vom Fenster aus war der Teich zu sehen, die Insel, die Pappeln und das Schloß. Über dem fernen Schilfrohr stieg im Nebel, fast noch lichtlos, ein verträumter roter Vollmond auf und das kleine Zimmer, das in weiches Lampenlicht getaucht war, vibrierte von der süßen Schwermut des ukrainischen Volksliedes. Niemals hat auf mich später Gesang so tief gewirkt, wie an jenem Abend. Nach zwei drei bekannten Liedern sagte Awdjew:

„Nun, Kajdanow, jetzt wollen wir mal das neue anstimmen . . ."

Er gab den Ton an und begann

„Das Lied vom armen Knecht."

Der Knecht, der plagt sich spät und früh
Und bringt den Reichtum ein,
Sein Herr, der zecht und schlemmt vergnügt,
Lebt in den Tag hinein.
Hü! Hü!
Mit Lasten tief durch Schluchten ziehn,
Mit Ochsen hoch auf Bergeshöh' ...
Wie bitter ist das Leben doch
In feindlich-böser Menschen Näh' ...

Das Lied als Kunstform hat zweifellos seine eigentümlichen Farben und Wirkungsmittel. Es braucht nur im Mittelpunkt ein deutliches Bild zu enthalten, damit es aus den nebligen Tiefen der Einbildung, aus der endlosen Ferne des Unbekannten und Unerkannten in der Natur und im Leben ein starkes Echo in unserer Brust weckt, das den angegebenen Ton nachzittert, bald hell erklingt, bald leise schluchzt, bald still verweht. Ich erinnere mich lebhaft, wie ich an jenem Abend in den ersterbenden Noten der tiefen Stimme Awdjews, wenn ich die Augen schloß oder auf das undeutlich schimmernde Schilfrohr am Teichufer draußen richtete, die ukrainische Steppe vor mir lebendig zu sehen meinte, mit ihrer träumerischen Beleuchtung, mit dem hohen im Winde sich sanft wiegenden Gras, mit den schweigsamen steilen Schluchten. Die gedämpfte Baßstimme Kajdanoffs schmiegte sich an den hellen Bariton, wie sich die dichten Nachtschatten an jene Schluchten und Täler schmiegen ... Und inmitten dieser Steppe sah ich vor mir den armen Knecht stehen, der sich ratlos umschaut und einmal übers andere Hei-hei! ruft, — ob in Verzweiflung über seine Ochsen, die sich in der Steppe verlaufen haben oder über sein einsames bitteres Los ...

Dieses Lied hat mich damals stärker gepackt als alle anderen.

Awdjew hatte in mir freilich durch seine Vorlesungen wie durch seine Lieder aufs neue die ukrainische Romantik geweckt, und ich fühlte mich abermals in der Gewalt jener poetischen Ferne der Steppen und der Zeiten.

Ihr Hetmans, ihr Hetmans!
Könnt ihr auferstehen und Tschigirin sehen,
Das ihr einst erbaut, verschanzt,
Wo ihr einst geherrscht im Glanz . . .

Und nach diesem traurigen Seufzer eine Reihe Bilder:

Die Marktplätze, wo das Heer
Einst wie rotes Meer
Wogte vor dem Hetmannsstabe . . .
Auf dem rabenschwarzen Rosse
Winkt der Hetmann mit dem Stabe,
Da erbraust das Meer . . .
Die Trompeten schmettern hell
Und die Glocken läuten schnell,
Dumpf erdröhnen die Kanonen,
Senkt euch, Stäbe, senkt euch, Fahnen,
Deckt den Hetman zu . . .

Ich trauerte oft, daß all dies vorbei sei, daß man all dem auf dieser langweilen Welt nicht mehr begegnen könne:

Wo bist du hin, Kosakenherrlichkeit,
Verändert ist der Zeiten Lauf,
Die alten Hetmans ruhn im Grab,
Sie stehen nicht mehr auf.
Verschwunden des Kosaken Zier,
Das rote Schupan-Kleid,
Es leuchtet nicht mehr stolz wie einst
In der Ukraine weit und breit . . .

Jetzt unter der Einwirkung des Gesanges Awdjews und Gawrilos hätte diese ukrainisch-nationale Stimmung anscheinend noch stärker in mir herworklingen müssen. Allein . . . sie kam im Grunde genommen nicht auf und zwar deshalb, weil dieselbe Hand, die mir jene gespenstige Welt der ukrainischen Romantik erschloß, noch kräftiger und breiter vor mir das Fenster der eigenen russischen Literatur aufgerissen hatte, aus der mir eine frische Brise einfacher klarer Bilder und Gedanken entgegenwehte. Ohne daß ich mir dessen bewußt war, spielte sich damals in meiner Seele ein ganz elementarer Kampf zweier verschiedener Strömungen ab: der romantisch-nationalistischen und der realistisch-sozialen. Und jetzt, als mich Awdjew fragte, ob mir das Lied „vom armen Knecht" gefallen hätte, sagte ich, daß es mir besser als alle anderen gefalle. Auf diese Frage, weshalb denn besser als alle, wurde ich um eine Antwort verlegen.

„Weil es . . . an Nekrassoff erinnert . . ." Und ich errötete wieder, da ich selbst fühlte, daß eine Ähnlichkeit gar nicht vorhanden war, wenngleich in meiner Erklärung doch irgend ein wahrer Kern lag.

„Sie wollen wohl sagen, daß auch hier nicht von der Vergangenheit, sondern von der Gegenwart die Rede ist?" half mir Awdjew, „daß hier ein Knecht und ein Ausbeuter geschildert sind, wie sie heute leben? Solche Motive finden Sie bei Schewtschenko auch . . ."

Und er las uns einige Fragmente aus dem ukrainischen Nationaldichter vor. Ich gab ihm damals recht, in der Tiefe meines Bewußtseins regte sich dennoch ein Zweifel. Gewiß gab es solche sozialen Motive auch bei Schwetschenko, man konnte sogar direkte Verwünschungen an die Adresse jener dekorativen romantischen Vergangenheit bei ihm finden, die er sonst so farbenprächtig schilderte

> Warschauer Unrat sind sie nur,
> Die Hetmans, die Erlauchten —

Der Grundton der ganzen Poesie Schwetschenkos war aber doch die tiefe Trauer um jene Vergangenheit, eine Trauer, die sich in eine vage Träumerei über etwas Unerreichbares und Verworrenes verlor, wie das Raunen des Steppenwindes über einem alten Kosakengrabe.

So klar kommt mir der Gegensatz natürlich nur jetzt zum Bewußtsein. Damals lebten vielmehr die beiden Stimmungen in meiner Seele noch friedlich nebeneinander, nur daß die eine immer stärker und lauter hervorklang. Um jene Zeit war ich überhaupt vollkommen im Banne der russischen Literatur, und ich konnte manchmal vor zwei, drei willigen Zuhörern — selbst mit einem war ich schon zufrieden — stundenlang Nekrassoff, Nikitin, Turgenjew oder die Lustspiele Ostrowskijs vorlesen. Eines Sonntags lockte ich einen jüdischen Schulkameraden, Simcha, zu mir. Er war ein Junge mit künstlerischen Neigungen, und ich hörte ihn gern auf der Geige spielen. Meinerseits versetzte ich ihm einen Vortrag aus den „Hajdamaken" von Schewtschenko. Ich las diesmal nicht übel, meine Stimme war biegsam, tief und ausdrucksvoll geworden. Allein bald fühlte ich, ohne auf meinen Zuhörer zu blicken, daß jenes lebendige Band, das manchmal zwischen dem Vorlesenden und dem Zuhörer vorhanden ist, zerrissen war und sich nicht wieder anknüpfen wollte. Ich hörte auf und blickte in das sympathische Gesicht meines Freundes und begriff: ich las ja einem J u d e n vor, wie der Held des Poems, Halajda, bei dem Blutbad in der Lißjanka ruft: „Her mit Polackeh, her mit Juden! Noch mehr von der Sorte! ...“ Ich las ihm vor, wie Hajdamaken das Blut „jüdischer Weibchen“ ins Wasser fließen ließen usw. Das war freilich nur eine „Geschichte“, meinem Freunde tat aber diese poetische „Geschichte“ weh. Schließlich trat hie und da aus dem schönen Übel, in den die geniale Hand des ukrainischen Dichters die erschütternden Bilder eines unmenschlichen Kampfes eingestreut hatte, ein Etwas hervor, das auch mich versönlich verletzte. Gonta, der früher in dem Schloß von Uman als Hauptman der Registerkosaken gedient hatte, war mit einer Polin verheiratet, die ihm zwei Kinder gebar. Als nachmals die Hajdamaken unter der Führung desselben Gonta das Schloß erstürmten, führte ihm der dortige Jesuitenpater seine katholisch aufgezogenen Kinder zu. Gonta ergriff darauf seine beiden Buben, trug sie fort und — schlachtete sie „mit geweihtem Messer“ eigenhändig ab. Seine Leute begruben indes bei lebendigem Leibe die Schüler desselben katholischen Seminars, in dem auch Gontas Knaben Unterricht genossen hatten.

In einem Buche Dobroluboffs, das mir Awdjew gegeben hatte, las ich ein begeistertes Urteil über dieses Poem des ukrainischen Dichters. Es hieß da, Schewtschenko, ein Kind der Ukraine und selber Nachkomme der Hajdamaken, gebe hier die Stimmung seines Volkes mit vollendeter Objektivität und tiefem Verständnis wieder. Ich nahm damals dies Urteil an, dennoch regte sich bei mir tief im Innern irgend ein leiser Widerspruch. In dem Poem wird über das Schicksal der Mutter jener abgeschlachteten Kinder nichts erwähnt. Nur soviel lesen wir, daß Gonta ihr nachruft:

Fluch der Mutter-Katholikin,
Daß sie euch zur Welt gebracht,
Daß sie euch, noch eh' es tagte,
Nicht hat selber umgebracht.

Aber, dachte ich bei mir, er hat sie ja, wohlwissend, daß sie katholisch sei, zur Frau genommen, genau so wie mein Vater meine Mutter geheiratet hat ... Und bei diesem Gedanken wurde es mir unmöglich, in die bittere Klage des Dichters einzustimmen:

Heut wird sein leiblich Kind
Kein Vater schlachten mehr
Um Kameraden-Treu' und Ruhm,
Um der Ukraine Ehr' ...

Diese vier Zeilen sind mir tief in der Seele haften geblieben. Wahrscheinlich gerade deshalb, weil der Einfluß der nationalistischen Romantik in meinem Innern bereits einer anderen Strömung zu weichen begann, die meiner Natur besser entsprach.

Eimal las uns Awdjew, um bei uns Interesse für Dobrolubow zu wecken, dessen „Betrachtungen eines Gymnasiasten" vor. Ich vernahm plötzlich zu meiner Überraschung das mir längst wohlbekannte Gedicht, das wir Pennäler einst mit solcher Begeisterung einer vom anderen in unsere Albums abschrieben ... Dies war also der unbekannte Verfasser! Er war es also, der mich und meine Schulkameraden, einen Jankiewitsch, einen Kryschtanowitsch, einen Olschanski so lebendig zu schildern verstand. Was in uns heranwachsender Jugend vorging, was uns im Innersten bewegte und uns wehetat, das alles verstand die damalige russische Literatur klar und deutlich zum Ausdruck zu bringen, und sie begleitete sodann jeden weiteren Schritt unserer Lebensbahn.

Dies war es, was zwischen ihr und uns von Anbeginn jenes starke unzerreißbare Band geknüpft hat. Dobrolubows Aufsätze, Nekrassows Gedichte, Turgenjews Erzählungen atmeten den Hauch lebendigster Wirklichkeit, die uns unwiderstehlich packte. Die Schewtschenko'schen Kosaken und Hajdamaken hingegen, seine Dorfburschen und Mädchen blieben für mich wenigstens eine poetische Abstraktion. Auch den Nekrassow'schen Bauer hatte ich ja nie gesehen gehabt, und doch fühlte ich ihn lebendiger. Bei Nekrassow blickte eben durch die Bilder aus dem Volksleben stets der russische Intellektuelle mit seinen Gewissensqualen und seinem Herzensdrang hervor, richtiger: mit m e i n e n Gewissensqualen und m e i n e n Herzensdrang...

Diese soziale Note in der damaligen schönen Literatur, dieser ihr besonderer Doppelklang eroberte meine Seele von dreierlei nationaler Abstammung. Ich fand endlich meine geistige Heimat: es war dies vor allem die russische Literatur*).

....

Einmal kam Awdjew in die Klasse mit ernstem und unzufriedenem Gesicht.

---

*) Dieser Teil der Geschichte meines Zeitgenossen hat in einigen Organen der ukrainischen Presse lebhaften Widerspruch geweckt. Ich gestatte mir daran zu erinnern, daß ich keinen kritischen Artikel und keine literarische Abhandlung schreibe, sondern nur den Eindruck wiederzugeben versuche, den die populärsten Werke Schewtschenkos auf die Jugend meiner Generation machten. Ob ich diesen Eindruck wahrheitsgetreu wiedergebe? Ich glaube, ja. Wir lasen den großen ukrainischen Nationaldichter gewiß alle mit Verehrung und Entzücken. Und doch... Man braucht nur an die Hunderte von Namen aus der ukrainischen Jugend zu denken, die mit der sozialistischen, von allem Nationalismus

„Es werden von uns die Semesteraufsätze zur Prüfung durch die Bezirksdirektion eingefordert, sagte er mit besonderer Betonung. Danach soll nicht nur über Ihren Stil, sondern auch über Ihre Denkweise geurteilt werden. Ich möchte Sie daran erinnern, daß unser Schulprogramm mit Puschkin schließt. Alles, was ich Ihnen aus Lermontow, Turgenjew und namentlich aus Nekrassow vorlas, von Schewtschenko garnicht zu sprechen, gehört nicht zum Programm. Jetzt fahren wir im Unterricht fort: . ."

Nichts mehr sagte er, und wir fragten nicht. Er las uns nach wie vor aus neuen Schriftstellern vor, wir begriffen aber, daß irgend jemand uns all das zu entreißen trachte, was soviel neue Empfindungen und Gedanken in uns weckte, daß es irgend jemandem daran gelegen sei, das Fenster zu schließen, durch das in die muffige Schulatmosphäre soviel Licht und Luft hereinströmte.

„Nun, ich werde Sie wohl bald verlassen müssen," sagte mir bald darauf Awdjew wit weicher Trauer, als ich ihn besuchte.

„Warum?" fragte ich beklommen.

„Das wäre lang zu erzählen, und es verlohnt sich auch kaum," entgegnete er. „Kurz gesagt: ich passe hier nicht in den Kram . . ."

Wir hatten um jene Zeit einen neuen Direktor bekommen, denselben Dolgonogow, von dem ich schon einmal gesprochen

---

freien Bewegung der 70er Jahre in Rußland verknüpft sind, um einzusehen, welcher Idee die größere Macht über die Geister innewohnte. Der Bewegung „in der Richtung des geringsten Widerstandes" — so bezeichnet ein ukrainischer Kritiker den russischen Sozialismus — sind Hunderte junger Leute aus der Ukraine begeistert in den Kerker, nach Sibirien und sogar — wie z. B. der junge Lisogub — auf den Galgen gefolgt . . . W. K.

habe. Von dem überlebensgroßen Inspektor bis zum Pedell Ditjatkiewitsch herunter bekamen alle sofort eine feste Hand über sich zu fühlen. Dolgonogow wurde von allen gefürchtet und — besonders nach dem Zwischenfall mit dem General Bösack — auch geachtet, niemand kannte ihn aber eigentlich näher. Uns Schülern erschien er schon durch seine amtliche Stellung gleichsam stets nur in großer Entfernung.

Es war leicht vorauszusehen, daß Awdjew mit diesem unbeugsamen Bureaukraten keinen leichten Stand haben würde. Dabei änderte er jedoch seine Haltung nicht im geringsten. Nach wie vor las er uns in den Unterrichtsstunden die modernste russische Literatur vor, nach wie vor empfing er uns zu ganzen Haufen in seinem Heim, und nach wie vor zirkulierten in der Stadt von Zeit zu Zeit Geschichten über seine Streiche . . .

Ich fühlte auch ohne nähere Erklärung Awdjews heraus, worum es sich handelte, und die aufrechte Gestalt Dolgonogows wurde mir von nun an unangenehm. Einmal, als ich ihm auf der Holzbrücke begegnete, trat ich zur Seite, grüßte aber mit einiger Verspätung und Lässigkeit. Er blickte sich nach mir um, ging jedoch, als er sah, daß ich immerhin gegrüßt hatte, sofort seinen festen gemessenen Schritt weiter. Er war nicht kleinlich und beachtete keine Nüancen.

Bald darauf kam in unsere Stadt der Kijewer Schulkurator Antonowitsch auf Inspektion. Das war ein bescheidener alter Herr, in der Uniform eines Militärs a. D., einfach und nett in der Haltung. Er war ohne jeden offiziellen Pomp in der Stadt angelangt, in die Schule kam er zu Fuß, mit dem Glockenschlag, zusammen mit den Lehrern. In der Klasse stellte er sich auch jedesmal gleich zu Beginn des Unterrichts ein und blieb ruhig bis zum Schluß der Stunde sitzen, so daß man seine Anwesenheit beinahe vergaß. Es wurde erzählt, dieser alte Herr wäre einst wegen Beteiligung an einer politischen Affäre mit Kostomarow und Schewtschenko zum Gemeinen degradiert gewesen und erst unter Alexander II. wieder in die Höhe gekommen.

Die Unterrichtsmethode Awdjews hatte den Kurator sehr befriedigt. Während seiner Inspektion in unserer Stadt, die mehrere Tage dauerte, verbreitete sich die Nachricht, daß er in den Schulbezirk im Kaukasus versetzt werden würde.

Als ich an einem jener Tage nach Schluß des Unterrichts mit meinem Bündel Bücher in der Hand die Gymnasiumstraße entlang ging, holte mich Awdjew ein.

„Was ist denn das für ein Watschelgang, Verehrtester?“ ... rief er lachend, „halten Sie sich doch mal ein bißchen strammer, ja? Aber was ich noch Betrübenderes sagen wollte: warum kommen Sie denn eigentlich in der Mathematik nicht recht vorwärts?“

„Ich bin unbegabt, Benjamin Wassiljewitsch.“

„Ach Unsinn. Niemand will von Ihnen mathematische Offenbarungen, für das bißchen, was das Schulprogramm verlangt, ist jeder begabt genug. Ohne mathematische Disziplin gibt es eben keine Bildung.“

In diesem Augenblick trat aus dem Hause des Direktors auf dem anderen Trottoir der Kurator Antonowitsch. Er verabschiedete sich von dem ihn bis zum Ausgang geleitenden Direktor, kam quer auf unsere Seite herüber und ging einige Schritte vor uns weiter.

„Sieh da,“ sagte Awdjew leise, „meine Sache wird gleich entschieden werden.“ Und mit einem freundlichen Kopfnicken sich verabschiedend, holte er rasch den alten Herrn ein, lüftete den Hut und sagte mit seiner hellen angenehmen Stimme:

„Ich hätte eine große Bitte, Exzellenz. Awdjew, Professor der Literaturgeschichte . . ."

„Ich weiß," sagte der alte General mit einem unbestimmten Ausdruck in der Stimme. „Was für eine Bitte?"

„Man sagt, Sie übersiedeln nach dem Kaukasus. Falls das stimmt . . . nehmen Sie mich doch mit."

„Und weshalb dies?"

Awdjew lächelte.

„Da Sie mich wiedererkannt haben," sagte er, „gestatten Sie mir zu glauben, daß Ihnen auch die Gründe nicht unbekannt sein dürften, weshalb ich hier . . . nicht ganz hereinpasse."

Der alte Herr blieb einen Augenblick stehen und blickte dem jungen Lehrer, der sich so freimütig an ihn wendete, ins Gesicht. Dann setzte er seinen Gang fort, und ich hörte noch, wie er mit gewöhnlicher, ruhiger Stimme sagte:

„Nun wohl. Wir wollen sehen."

Es wurde mir peinlich zu lauschen, und ich blieb absichtlich zurück. Als aber am Ende der Straße Antonowitsch grüßte und nach rechts abbog, holte ich rasch Awdjew ein, der lustig vor sich hinpfiff.

„Also die Sache ist abgemacht," sagte er.

„Ich wußte, daß man mit ihm menschlich reden kann. In Tiflis, heißt es, kommen die Burschen mit einem Dolch am Gürtel in die Schule. Um so weniger dürfte man dort an Kleinigkeiten herumnörgeln. Nun, bewahren Sie mir ein freundliches Andenken!"

„Ist denn das . . . so bald?" fragte ich.

„Ja, etwa in drei Wochen . . .“

Drei Wochen später reiste er ab. In der ersten Zeit war mir, als sei es in der Schule plötzlich dunkel geworden . . . In der Erinnerung an unser Gespräch auf der Straße holte ich, so gut ich konnte, das Versäumte in der Mathematik nach und . . . suchte mir einen strammen Gang anzugewöhnen.

Balmaschewski. 28

An Stelle Awdjews wurde Sergius Timofejewitsch Balmaschewski bestimmt. Dies war ein langstieliger schmächtiger junger Mann, mit ein wenig eingesunkener Brust und krummem Rücken. Er hatte ein sympathisches, gutmütiges lächelndes Gesicht, das jedoch durch kurzsichtige, rotgeränderte und geschwollene Augen entstellt war. Man sagte, er habe während seiner Studienzeit furchtbar viel gearbeitet, davon wäre sein Rücken gebeugt, die Brust eingesunken und die Augen von Gerstenkörnern befallen, die nicht mehr schwinden wollten.

Der neue Professor war ohne jeden Glanz. Die Gedanken, die während der Unterrichtsstunden Awdjews in uns fortwährend aufleuchteten, waren nunmehr erloschen. Balmaschewski erläuterte gewissenhaft: das Werk soundso zerfalle in soundsoviele Teile; im ersten Teil oder Vorwort werde das und das behandelt, wobei der Verfasser den und den bemerkenswerten Vergleich heranziehe usw. Die „Literatur“ wurde für uns bloß wieder — ein Lehrgegenstand. Das Licht, das von ihr erst vor kurzem nach allen Seiten ausstrahlte, war ausgegangen. Der Brennpunkt, um den sich die Empfindungen und Gedanken der Jugend im Realgymnasium von Rowno sammeln konnten, war nicht mehr. Wieder vernahm man über dem Stimmenchor der mittleren Register nur die schrillen Schreie des rotgelben Papageies.

Bald ereignete sich übrigens ein Zwischenfall, der den neuen Literaturprofessor in unseren Augend bedeutend hob.

Gawrilo Kajdanow, der nach Awdjews Abgang schließlich doch aufs Gymnasium getreten war, besuchte mich oft, und wir führten in der langen winterlichen Abenddämmerung, auf meinem Bett ausgestreckt, mit leiser Stimme unendliche Unterhaltungen. Zuweilen summte er mir Lieder vor, die er mit Awdjew gesungen hatte. In der Dunkelheit tönte neben mir nur die gedämpfte Baßstimme, in meiner Einbildung jedoch klang hoch über ihr der samtene Bariton mit, der so frei die hohen Noten erklimmen konnte. Und die Dämmerung füllte sich für mich mit Bildern, die zum Greifen lebendig waren . . .

Einmal wurden bei uns zwei oder drei mittellose Schüler wegen Nichtentrichtung des Schulgeldes ausgeschlossen. Gawrilo und ich gingen gerade sorglos in die Schule, als wir einem der Ausgestoßenen begegneten, der eben heimgeschickt worden war, Auf unsere Frage, weshalb er knapp vor dem Unterricht den Heimweg antrete, wendete er sich finster ab. In seinen Augen standen Tränen . . .

Am gleichen Tage kam Gawrilo nach der Schule zu mir, und wir arbeiteten nach reiflicher Überlegung einen Plan aus: es wurde beschlossen, den täglichen Verzehr der Schüler an Backwerk in der großen Pause mit einer Steuer zu belegen. Wir machten einen ungefähren Überschlag und fanden, daß bei einiger Energie im Eintreiben der Steuer die erforderliche Summe sehr bald zusammengebracht werden konnte. Ich verfaßte eine Art kurzen Aufruf, den wir beide in mehreren Exemplaren abschrieben und in den verschiedenen Klassen zirkulieren ließen. Der Aufruf hatte Erfolg, und am nächsten Tage bereits installierte sich Gawrilo in der großen Pause mit ernstester Miene vor dem Eingang, neben der Jüdin Sura und den anderen Verkäufern von Backwerk, Wurst und Äpfeln und meldete bei jedem Einkauf seine Forderungen.

„Zwei Stück Kuchen ...“ „gib eine Kopeke.“ „Was hast du da?“ „Wurst für drei Kopeken,“ „du gibst auch eine Kopeke ...“

Die Sache kam in Fluß. Manche kauften sich gleich für mehrere Tage los, und wir überlegten schon, ob wir nicht eine ordentliche Buchführung über die Einnahmen anlegen sollten, als unsere Finanzoperationen das Augenmerk des Pedells Ditjatkiewitsch auf sich zogen.

„Was ist das? Was treibt ihr da?“

Im Bewußtsein unseres guten Gewissens setzten wir ihm offen unseren Plan und dessen Zweck auseinander. Der etwas verdutzte Didonus humpelte schnurstracks zum Direktor.

Dolgonogow war damals nicht mehr bei uns. Er wurde bald nach Awdjews Abgang versetzt, und auf den Posten des Direktors war der frühere Inspektor Stepan Jakowlewitsch befördert.

Nach einigen Minuten erschien der Didonus mit aufgeregter, triumphierender und schadenfroher Miene wieder. Das ganze Sinnen und Trachten des Mannes war längst und restlos in einen Schnüfflerinstinkten aufgegangen. Als er uns bei unserem so ungewöhnlichen Treiben ertappte, litt er im ersten Moment unter der Ungewißheit, ob dies Treiben verbrecherischer Natur sei oder nicht, und denunzierte uns auf jeden Fall eiligst dem Direktor. Nun ihm von diesem die Erleuchtung ward, daß wir uns eines höchst verwerflichen Tuns schuldig gemacht hätten, schleppte er uns durch die lärmende Schülermenge, die er nach rechts und links auseinanderstieß, frohlockend ins Bureau.

Stepan Jakowlewitsch, der steif mit vorgestreckter Brust auf seinem Stuhle dasaß, maß uns erst von Kopf bis Fuß mit dem Blick, ließ uns eine halbe Minute in banger Erwartung der kommenden Explosion zappeln und stieß dann mit tiefer, heiserer Stimme hervor:

„Was habt ihr angezettelt? Proklamationen? ... Geheime, gesetzwidrige Sammlungen zu unbekannten Zwecken? ..."

„Stepan Jakowlewitsch, wir ..." begann der erstaunte Gawrilo, aber der Direktor warf ihm einen vernichtenden Blick zu und rief:

„Schweigen! ... Ich sage: gehei — me Sammlungen, denn ihr habt darüber mir, eurem Direktor, keine Mitteilung gemacht ... Ich sage: gesetzwidrige Sammlungen, denn ..."

Er reckte sich auf seinem Stuhl in die Höhe und fuhr feierlich fort:

„denn die Be — steuer — ung der Bevölkerung gehört ausschließlich zur Kompetenz des Staatsrats ... Wißt ihr, daß, wenn ich diese Affäre auf den Instanzenweg verweisen wollte, man Euch beide nicht allein vom Gymnasium verjagen, sondern auch ... den Gerichten überantworten würde?"

Die hübschen Augen Gawrilos erstarrten in grenzenlosem, fast übernatürlichem Staunen. Auch ich war über diese unerwartete

Wendung perplex, obwohl ich dunkel fühlte, daß die Steuerhoheit des Staatsrates mit unserer Unternehmung nichts zu schaffen hatte.

In diesem Moment fiel mein Blick zufällig auf den gleichfalls im Bureau anwesenden Balmaschewski, der gleich zu Anfang der Szene nähergetreten war und jetzt am Tisch stehend in einer Revue blätterte. Auf seinen Lippen spielte ein feines Lächeln, die Augen waren, wie immer, von den schweren geschwollenen Lidern halb verdeckt, ich konnte aber in seinem Gesicht deutlich die Sympathie und Ermunterung für uns lesen. Stepan Jakowlewitsch ließ denn auch in seinem Ton nach und schloß:

„Einstweilen — marsch in die Klasse!"

Am gleichen Tage rief mich Balmaschewski am Ausgang der Schule heran und sagte lächelnd:

„Na, schöne Kopfwäsche abgekriegt? Nun, nun, macht nichts! Die Sache wird natürlich gar keine Folgen haben. Ihr habt das Ding aber wirklich nicht richtig angefaßt, Herrschaften. Kommt mal beide heute zu mir ..."

Abends gingen Gawrilo und ich zu ihm hin. Er nahm uns in seinem bescheidenen Junggesellenheim schlicht und freundlich auf und setzte uns seinen Plan auseinander. Wir sollten Tatsachen und Fälle äußerster Bedürftigkeit unter unseren Kameraden sammeln und eine Eingabe an den pädagogischen Rat entwerfen. Er, Balmaschewski, wollte sie in seinem Namen einreichen, worauf die Professoren das Statut für einen „Unterstützungsverein der Schuljugend der Stadt Rowno" ausarbeiten würden.

Wir verließen ihn an jenem Abend gerührten und dankbaren Herzens.

„Ein Awdjew ist er nicht, aber doch ein lieber Kerl," meinte auf der Straße mein Freund. „Und weißt du, er singt auch gar nicht übel. Ich habe ihn am Geburtstage bei Tyß gehört."

Die Eingabe wurde ausgefertigt. Diese erste literarische Frucht in amtlicher Sprache hat mich sauren Schweiß gekostet, und Balmaschewski mußte seine bessernde Hand anlegen. Die jungen Professoren nahmen sich der Sache an, und der Entwurf des Statutes wurde ans Ministerium abgesandt, inzwischen aber kam eine einmalige Sammlung zustande und das Schulgeld für die Relegierten wurde bezahlt. Infolge der üblichen Verschleppungen war das Statut glücklich nach drei Jahren genehmigt, als weder Gawrilo noch ich, noch auch Balmaschewski mehr in Rowno waren. Doch habe ich nach Beendigung des Gymnasiums dem jungen glanzlosen Professor mit der eingefallenen Brust und vor Überarbeitung geschwollenen Augen ein gutes, warmes Andenken bewahrt.

Es vergingen noch zehn Jahre. Das „System" des reaktionären Kurses hatte sich endgültig herauskristallisiert. Im Jahre 1888 oder 1889 erschien das berüchtigte Zirkular des Unterrichtsministeriums über die „Kinder von Köchinnen und dergleichen", für die auf dem Gymnasium kein Platz sei. Von den Schuldirektoren wurde eine spezielle Statistik über den Vermögensstand der Eltern der lernenden Jugend eingefordert, über die Zahl der von ihnen bewohnten Stuben, die Zahl der Dienstboten usw. Selbst in jener finsteren und gedrückten Zeit rief dieses Zirkular des übergeschnappten altersschwachen Deljanow, der sich gar zu eifrig bei irgendwem lieb Kind machen wollte und durch seine Tapsigkeit das ganze „System" aufs schwerste bloßstellte, allgemeine Entrüstung hervor. Nicht einmal alle Direktoren kamen dem Befehl betreffend statistische Ermittelungen nach. Das Publikum aber fiel, wo es konnte, über die Beamten her, die den verhaßten Uniformrock des Unterrichtsministeriums trugen; selbst auf der Straße bekamen sie häufig die allgemeine Empörung zu fühlen …

Um jene Zeit hatte ich einmal in einer Stadt Südrußlands zu tun. Plötzlich hörte ich im Gespräch zufällig einen mir wohlbekannten Namen nennen. Es zeigte sich, daß Balmaschewski in der nämlichen Stadt Direktor des Gymnasiums war. Mir stiegen sofort Erinnerungen an Gawrilos und meinen einstigen Eingriff in die Steuerhoheit des Staatsrats auf, an die sympathische Einmischung Balmaschewskis, und ich bekam Lust, ihn aufzusuchen. Allein meine Bekannten, denen ich jene Episode erzählte, äußerten Zweifel: „Nein, unmöglich! Das ist sicher ein anderer!"

Es erwies sich, daß dies doch derselbe Balmaschewski war, der aber jetzt … das berüchtigte Zirkular nicht bloß formell befolgte, sondern dabei den größten Feuereifer entwickelte. Er zitierte die Schulkinder vor sich, fragte sie aus, notierte gewissenhaft „die Zahl der Wohnstuben" auf, die Zahl der Dienstboten usw. Die Buben gingen aus solchen Verhören ganz verstört, mit Tränen in den Augen und bösen Ahnungen im Herzen heim. Der dienstbeflissene Direktor zitierte darauf auch die mittellosen Eltern zu sich und suchte ihnen in Gemäßheit des genauen Textes des ministeriellen Zirkulars klar zu machen, daß die Erziehung ihrer Kinder in den Mittelschulen für sie beschwerlich und unzweckmäßig sei … In der Stadt war auch der folgende bezeichnende Ausspruch desselben Balmaschewski im Umlauf:

„Ja, was wollen Sie denn von mir? Ich bin Beamter. Befiehlt man mir, jeden zehnten Schüler zu hängen, so tu ich's,

Sie können darauf Gift nehmen. Wie erlegte Hasen werden sie alle hübsch in der Reihe bammeln. Paßt Ihnen das nicht, dann wenden Sie sich gefälligst an die Obrigkeit ..."

Mir kam wieder der Turgenjew'sche Mardarij in den Sinn.

Die Leute vom Typus Balmaschewskis sind natürlich auch keine Ungeheuer. Auch sie haben ihren Lebensweg sicher mit warmfühlenden Herzen in der Brust begonnen. Wäre die Herzenswärme amtlich erforderlich, wäre sie ermuntert oder auch nur geduldet worden, dann hätten sie sie sorgfältig in ihrem Innern gehegt und gepflegt. Doch die grausame finstere Schulzucht jener Zeit erforderte von den Erziehern der Jugend eine ganz andere geistige Veranlagung, ja, sie trieb jahrzehntelang eine systematische Zuchtwahl ...

Der diensteifrige Balmaschewski hat Karriere gemacht, während Awdjew irgendwo in der Grenzmark als unbekannter Gymnasialprofessor gestorben ist ...

29 Mein ältester Bruder wird Schriftsteller.

Mein ältester Bruder war etwa um zwei Jahre älter als ich. Er schien einige Charakterzüge meines Vaters geerbt zu haben. Wie dieser war er jähzornig und rasch wieder besänftigt, gleich dem Vater hatte auch er immer irgend eine Liebhaberei, der er mit Feuereifer nachhing, um sie nach einiger Zeit zugunsten eines neuen Einfalls aufzugeben. So verfertigte er eine Zeitlang Häuschen aus Papier, dann Schiffe, in welcher nutzlosen Bauerei er sogar eine ziemliche Fertigkeit erlangt hatte. Seine Miniaturfregatten waren nach allen Kunstregeln ausgerüstet: mit Masten, Raaen, sogar mit winzigen Geschützen, die zu ebenso winzigen Luken herausguckten. Dann war es plötzlich mit der Baukunst aus und ein neues Steckenpferd kam an die Reihe.

Besonders leidenschaftlich ergab er sich dem Bücherlesen. Häufig konnte man ihn auf einem Sofa oder Bett in der unbekümmertsten Stellung: auf allen Vieren, auf beide Ellbogen gestützt, die Augen in ein Buch gebohrt, liegen sehen, daneben einen Stuhl mit einem Glas Wasser darauf, nebst einem dick mit Salz bestreuten Stück Brot. So verbrachte er ganze Tage, in völliger Vergessenheit der Mittags- und Abendmahlzeiten, von den Schularbeiten ganz zu schweigen.

Erst war dies ein ganz planloses Herumschmökern. Der ewige Jude, Die drei Musketiere, Nach fünfundzwanzig Jahren, Die Königin Margot, Der Graf von Montechristo, Die Geheimnisse des Hofes von Madrid, Rocambole und dergleichen: das war seine geistige Nahrung. Er bezog sie von kleinen jüdischen Buchhändlern, zu denen er mich manchmal schickte, um die Bücher umzutauschen. Unterwegs pflegte ich das Buch aufzuschlagen und gierig Seite um Seite zu verschlingen. Mein Bruder ließ mich aber nie ein Buch zu Ende lesen, da ich „für Romane noch zu klein" wäre. So ist mir vieles aus jener Literatur bis auf den heutigen Tag in Gestalt greller zusammenhangloser Fetzen im Gedächtnis haften geblieben.

Einmal — mein Bruder war damals in der fünften Klasse des Gymnasiums von Rowno — stellte der alte Kauz Lumpi die Frage, wer von den Schülern wohl Lust hätte, ein französisches Gedicht im Versmaß ins Russische zu übertragen:

De ta tige détachée,
Pauvre feuille dessechée,
Où vas-tu? je ne sais rien. . .
usw.

Die ganze Klasse lehnte ab. Nur zwei Liebhaber fanden sich: ein gewisser Sudelewski und mein Bruder. Dieser stürzte sich auf das Gedicht ebenso leidenschaftlich wie kurz vorher auf die Verfertigung von Papierfregatten, und es gelang ihm schließlich, die schwermütige Betrachtung über die Schicksale eines vom Bach hinweggetragenen Blättchens in ganz anständigen russischen Reimen wiederzugeben. Das Gedicht machte sowohl unter den Kameraden wie unter den Professoren einiges Aufsehen. Mein Bruder kam plötzlich in den Ruf eines „Dichters" und verbrachte seitdem ganze Tage damit, Verse zu schmieden. Wir andern Geschwister lachten gewöhnlich, wenn er mit der linken Hand auf dem Tisch das Versmaß fingerte, während er mit der rechten auf dem Papier eifrig kritzelte, durchstrich und wieder kritzelte. Wurde er unsere Heiterkeit gewahr, dann riß er sich wohl für einen Augenblick von seiner Muse los, um uns mit geballter Faust zu drohen, worauf er sich gleich wieder in seine Beschäftigung vertiefte.

Da auch der Schüler Sudelewski die Übersetzung des französischen Gedichts fertig gebracht hatte, so wollte man zuerst in der Klasse zwei Dichter auf einmal entdeckt haben. Sudelewski, der Sohn einer mittellosen Witwe, die ein Schülerpensionat hielt, war ein Jüngling in achtbarem Alter, mit Finnen im Gesicht, breitknochig und von bärenartiger Plumpheit. Seine Übersetzung war herzlich schlecht, wurde aber dennoch mit ermunterndem Wohlwollen aufgenommen. Daraufhin legte sich Sudelewski einen ganz anderen Gang bei, trug auf neue Art seinen Kopf, indem er ihn zwischen den hochgezogenen Schultern zurückbog, und fing an, beim Reden sehr vornehm seine Worte zwischen den Zähnen zu kauen.

Der Erfolg meines Bruders ließ ihn nicht schlafen. Er beschloß, den Nebenbuhler in den Schatten zu stellen, zu welchem Behufe er auf einmal mit einem „Originalpoem“ und mit einer „Satire“ hervortrat. Die Satire führte den Titel: „Ein Sendschreiben an den Bruder in Apoll“ und spritzte, unter der Form einer erheuchelten Huldigung an die Vorzüge des Nebenbuhlers, Gift und Galle. Das Poem hinwiederum schilderte die Leiden einer jungen Griechin, die sich anschickt, sich von wegen einer hoffnungslosen Liebe zu einem jungen Italiener vom Felsen ins Meer zu stürzen. Der Dichter ruft vergeblich die Vernunft der Unglücklichen an und redet ihr zu, ihr junges Leben zu sparen. Sie führt ihr unseliges Vorhaben aus und stürzt sich in die Fluten. Aber auch der hartherzige italienische Jüngling entgeht seinem Verhängnis nicht: „Die Wogen spülten den griechischen Leib ans felsige Ufer“ — just an der Stelle wo der junge Italiener wohnte. Das Poem schloß mit dem ergreifenden Vers:

Dies Gespenst vermochte er nicht zu vertreiben
Und war gezwungen, sich selbst zu entleiben.

Darauf ließ mein Bruder eine Fabel in Versen: „Der Volkspoet Sudeler“ vom Stapel. Der Spitzname blieb denn auch an Sudelewski hängen.

Dieses kleine Zwischenspiel rüttelte immerhin die literarischen Interessen in den Schülerkreisen auf und hätte in weiterer Folge unter Umständen auch in eine ernstere Strömung ausmünden können, etwa in der Art, wie sie einst auf dem Lyzeum von Zarskoje Sselo oder auf dem Gymnasium von Njeschin zu Gogols Zeiten herrschte. Unser damaliger Literaturprofessor Andrijewski hatte jedoch für dergleichen nicht den geringsten Sinn, sodann aber erschienen alsbald Zirkulare des Ministeriums, die jegliche Zusammenkünfte und Vorträge der Schuljugend außerhalb der Schule untersagten. Minister Tolstoj trug Sorge, daß die geistigen Interessen der Zöglinge der russischen Mittelschule nicht etwa wie ein frischer Quell kräftig hervorsprudelten: sie sollten zahm und gleichgültig im Bett des offiziellen Schulprogramms dahinsickern.

Sudelewski nahm indes die Pose des verkannten Genies an. Mit dem Siegel des Märtyrers auf der Stirn fuhr er fort, lange und langweilige Erzeugnisse zu produzieren. Als ihn Andrijewski einmal in der Stunde etwas aus der Theorie der Literatur fragte, erhob er sich und erklärte halb spöttisch halb majestätisch:

„Für einen Menschen mit der kastalischen Quelle im Busen sind tote Theorien unnütz."

Andrijewski machte darauf nur sein übliches verwundertes „O — oh! . . ." und stellte dem Dichter eine Eins.

Gegen Jahresschluß sagte Sudelewski dem Gymnasium ein Lebewohl und trat bei der Telegraphie ein. Mein Bruder fuhr indes fort, einsam und führerlos, auf dunklen und verschlungenen Pfaden den Parnassus zu erklimmen. Stundenlang trommelte er mit den Fingern Versmaße auf dem Tisch, machte Übersetzungen, verfaßte Originalgedichte, suchte nach Reimen, legte sich sogar eine Art Reimwörterbuch an . . . Die Schulaufgabem litten darunter mehr und mehr. Auch hatte er es sich zum großen Kummer der Mutter zur Gewohnheit gemacht, den Unterricht zu schwänzen.

Einmal kam ihm die Anzeige einer kurzlebigen kleinen Revue zu Gesicht, und er sandte ihr eines seiner Gedichte ein. Das

Gedicht wurde angenommen, wenn ich nicht irre, sogar gedruckt, allein die Revue tauchte wieder unter, ohne dem Dichter sein Honorar oder auch nur ein Belegexemplar zu schicken. Durch diesen fragwürdigen Erfolg immerhin ermuntert, wählte mein Bruder einige seiner poetischen Erzeugnisse aus, ließ mich sie sauber abschreiben und sandte sie . . . an die Redaktion der berühmten „Vaterländischen Denkwürdigkeiten", zu Händen Nekrassows selber.

Nach zwei — drei Wochen traf in unserem weltentlegenen Provinznest die Antwort von „Nekrassow selber" ein, — freilich keine besonders tröstliche. Der große Dichter schrieb, die Gedichte meines Bruders seien gewiß glatt, anständig, nicht ohne literarischen Schliff, man würde sie wahrscheinlich hin und wieder zum Druck annehmen, aber . . . dies sei doch bloß Reimschmiedekunst, keine Dichtkunst. Dem Verfasser müsse dringend geraten werden, fleißig zu lernen, viel zu lesen und später einmal etwa auf anderen Gebieten der Literatur seine Feder zu versuchen.

Mein Bruder nahm sich die Belehrung anfangs sehr zu Herzen Er gab es auf, Versmaße auf dem Tisch zu trommeln, und wandte sich ernsten Büchern zu. Jetzt verschlang er Ssjetschenow, Moleschott, Schlosser, Dobroljubow, Buckle und Darwin, immer mit dem ihm eigenen leidenschaftlichen Ungestüm. Er machte ausführliche Auszüge aus den Büchern und warf mir mitunter — ganz wie einst Vater — im Vorbeigehen irgend einen Gedanken, der ihm aufgefallen war, einen charakteristischen Spruch, einen schönen Vers, noch ganz warm, frisch aus dem Buche, hin. Seinen Lesestoff bezog er jetzt aus der Bibliothek des Bataillons, die alle modernen Werke enthielt.

„Oho! Merkt euch, was ich sage: dieser Bursche wird mal ein Gelehrter oder ein Schriftsteller," prophezeite tiefsinnig Onkel Hauptmann.

Der Ruf des angehenden „Schriftstellers" verbreitete sich übrigens auch in der Stadt, sozusagen auf Vorschuß. Nekrassows Brief wurde auf irgend eine Weise ruchbar und gab meinem Bruder ein besonderes Ansehen.

Das Gymnasium mußte er indes verlassen. Es war geplant, daß er nach genügender Vorbereitung zu Hause später doch das Abiturium machen solle, er aber fuhr fort, statt sich für die Prüfung vorzubereiten, ein Buch nach dem andern zu verschlingen, Auszüge zu machen und Pläne für irgendwelche litarische Arbeiten zu schmieden. Manchmal las er mir, mangels eines würdigeren Hörerkreises, Bruchstücke aus seinen Machwerken vor, und ich war jedesmal von der Klarheit und Eleganz seines Stils entzückt. Da kam über ihn eine neue Schrulle.

Diesmal war der damals in Rußland wohlbekannte Verleger Trubnikow der Schuldige. Eben erst hatte dieser betriebsame Geschäftsmann die „Börsennachrichten" gegründet, die er zum Sprachrohr der Provinz zu gestalten versprach, und seine grellen anreißerischen Anzeigen machten auf die Provinzler nicht geringen Eindruck. „Wissen Sie, ich habe auf das Trubnikowsche Blatt abonniert": so konnte man jetzt häufig die Schildbürger reden hören. Die „Börsennachrichten" tauchten auch in unserem Städtchen auf, wo sie bald den althergebrachten „Sohn des Vaterlandes" verdrängten und auch dem „Golos" erfolgreiche Konkurrenz bereiteten.

Einmal brachte man meinem Bruder einen Brief mit der Firma der „Börsennachrichten" auf dem Umschlag. Er öffnete ihn, und auf seinem Gesicht malte sich freudiges Erstaunen. Der Brief war von Trubnikow selber. Freilich war es nur ein gedrucktes Formular, die Anrede jedoch war ausdrücklich an meinen Bruder gerichtet. Wie die Kunde von seiner Existenz und seinen schriftstellerischen Neigungen zu dem betriebsamen Verleger gedrungen, ist schwer zu sagen. Der Brief betonte die wichtigen Aufgaben der Presse „in unserer Zeit", und forderte meinen Bruder auf, durch Einsendung von Berichten, Notizen und Artikeln über verschiedene Fragen von örtlicher Bedeutung an der geistigen Aufrüttelung der Provinz tätig mitzuwirken.

Mein Bruder ließ für eine Zeitlang sogar das Bücherlesen im Stich. Er verschaffte sich einige Nummern des Trubnikowschen Blattes, las sie von Anfang bis zu Ende durch, bewaffnete sich sodann mit Briefpapier, vertiefte sich in Gedanken, kritzelte, strich wieder durch, zählte Zeilen und Buchstaben, um das Niedergeschriebene in den Rahmen eines Zeitungsberichtes zu pressen, und nach einigen Tagen so angestrengter Arbeit durfte ich das neue Erzeugnis meines Bruders ins Reine schreiben. Es begann mit den Worten

Aus Rowno (Eig. Ber.).

Darauf folgte eine keck hingeworfene Charakteristik des kleinen Provinznestes mit seiner geistigen Öde, dem Klatsch und den kleinlichen Interessen. In allgemeinen flüchtigen Umrissen waren die Provinztypen geschildert, hie und da hoben sich vorteilhaft stilistische Wendungen und Zitate hervor, sprechende Zeugnisse für die Belesenheit des Verfassers. Mir schien bloß, daß bei alledem von irgendeinem abstrakten Städtchen im allgemeinen, nicht von unserem Rowno, die Rede war, und die Typen eher aus Büchern, denn aus unseren Kreisen stammten. Meine Bemerkung in diesem Sinne machte jedoch den Verfasser keineswegs irre. Gerade so gehöre sich das, meinte er. Das sei eben „Literatur". Darin gehe es stets ein wenig anders zu als im Leben.

Der Bericht wurde abgesandt. Etwa zehn Tage später brachte unser alter Briefträger, wie immer von bellenden Hunden begleitet, deren er sich mit seinem kurzen Säbelchen zu erwehren suchte, eine Zeitungsnummer und einen neuen Redaktionsbrief für meinen Bruder. Der ergriff sofort das Blatt und strahlte: auf der dritten Seite stand in deutlichem Halbfett zu lesen:

Aus Rowno (Eig. Ber.).

Mir erschien das fast wie ein Wunder. Eben hatte ich doch erst diese selben Worte mit meiner gleichgültigen Handschrift auf gleichgültiges Briefpapier hingemalt, und nun kehren sie, von einer unbekannten geheimnisvollen „Redaktion" auf ein Zeitungsblatt gedruckt, zurück, haben auf einmal in mehrere Häuser Eingang gefunden, wo man sie in dieser selben Stunde immer wieder liest, bespricht, einander aus der Hand reißt . . . Ich las den Bericht durch, und es kam mir vor, als steche er von dem riesigen grauen Papierbogen beinahe mit feurigen Lettern ab. Vor dem gedruckten Worte verstummten meine Zweifel ehrerbietig. Das war also in der Tat „Literatur", d. h. etwas unendlich Anziehenderes als unser trübseliges Städtchen mit seinen schlammüberzogenen Teichen und schläfrigen Katen. Das Blatt mit der Spalte kecker Zeilen aus der Feder meines Bruders platzte wie ein Stein in stehendes Gewässer hinein, als hätte sich plötzlich über der verschlafenen Stadt eine geheimnisvolle und majestätische Gestalt geneigt: Herr Trubnikow selber blickte aus seiner erhabenen Ferne mit klugem und spöttischem Auge hinein.

Das Städtchen kam in der Tat in Bewegung, wie ein aufgestörter Ameisenhaufen. Die Zeitungsnummer wanderte von Hand zu Hand, über die Person des ungenannten Berichterstatters wurden Mutmaßungen geäußert, in den allgemeinen Charakteristiken suchte man bestimmte Personen zu erraten, machte einander auf die Anspielungen aufmerksam. Und da der Berichterstatter zum Schluß versprach, auf dem geschilderten allgemeinen Hintergrund späterhin über „verschiedene einzelne Vorfälle aus dem gesegneten Dämmerleben der Schildbürger" zu melden, so konnte Trubnikow bald in unserer Stadt einige neue Abonnenten zählen.

Dieses Ereignis schwächte leider beträchtlich die heilsame Wirkung des Nekrassowschen Briefes auf meinen Bruder ab. Er kam sich plötzlich wie eine Art Atlas vor, auf dessen Schultern der Himmel der Stadt Rowno ruhte. Während man in der Stadt den Verfasser zu erraten suchte, saß dieser am Tisch, schaukelte, unter ständiger Gefahr, hintenüber zu kippen, auf dem Stuhl und suchte, den Blick auf die Zimmerdecke geheftet, nach neuen Stoffen für seine Berichte. Er ging wieder völlig in diesem Treiben auf. Eine Korrespondenz nach der anderen flog nach Petersburg, und wurden auch nicht alle gedruckt, so doch manche, mit dem Ergebnis, daß der Briefträger einmal eine Postanweisung auf 18 Rubel und 70 Kopeken ins Haus brachte. Diese Summe schien zur damaligen Zeit, wo festangestellte Gerichtsbeamte Gehälter von 3 und 5 Rubel monatlich bezogen, ein ganzes Vermögen. Das schläfrige Nest lieferte freilich wenig Stoff, doch mein Bruder war in dieser Hinsicht erfinderisch. Die größte Aufregung hatte sein Bericht über eine Abendunterhaltung im örtlichen Klub verursacht, zu der auch Schüler des

Gymnasiums geladen gewesen waren. Die Erfolge dieser waren nämlich in dem Bericht etwas dick aufgetragen, So hieß es da, die Jünger der Minerva (d. h. die Gymnasiasten), hätten die Marssöhne (d. h. die Offiziere der Garnison und des Schützenbataillons) entschieden in den Schatten gestellt, und die reizende Liebesgöttin, die bis dahin ihre Huld an die Achselstücke und den schneidigen Schnurrbart allein verschwendet habe, sei nunmehr gesonnen, ihr Händchen mit verschämtem Ermunterungslächeln den bartlosen Jünglingen im blauen Uniformrock hinzustrecken. Die Offiziere der Stadt Rowno fühlten sich durch diese Darstellung tief gekränkt und erblickten in dem Bericht eine „Beleidigung des Heeres und seiner Standesehre". Der Hauptmann wurde beim Direktor des Gymnasiums vorstellig. Lange konnte sich das Städtchen nicht beruhigen. Das praktische Ergebnis der Geschichte war, daß den Schülern der Besuch von Tanzvergnügungen im Klub untersagt wurde.

Mein Bruder gab indes jede Mühe um seine Vorbereitung zu der geplanten Prüfung auf. Er ließ sich ein Schnurrbärtchen und ein Zwickelbärtchen wachsen, verzierte sein Antlitz mit einem Zwicker und entwickelte plötzlich die Neigungen eines Stutzers. Der frühere Bärenhäuter, der ganze Tage lang über den Büchern gehockt hatte, verwandelte sich in eine Art Weltmann in steifen Manschetten und Lackschuhen. „Ich muß in der Welt verkehren," meinte er, „das ist für meine Arbeit notwendig." Er wurde regelmäßiger Klubbesucher, vortrefflicher Tänzer und hatte Erfolg „in der Welt" ... Es war auch mittlerweile allgemein bekannt, daß er „der Mitarbeiter Trubnikows" und „Schriftsteller" sei.

Einmal unterlief es ihm, einen „ernsteren" Stoff anzuschneiden. In der Stadt war nämlich gerade ein braver Bürger bestohlen worden, und mein Bruder schilderte sehr eindrucksvoll die hilflose Lage der Einwohner des Städtchens bei dunklen Herbstnächten, ohne Straßenbeleuchtung, mit Nachtwächtern, die sich an ihren Straßenecken einem gesegneten Schlummer ergaben. Der Gehilfe des Polizeihauptmanns, der angesichts der vollendeten Greisenhaftigkeit seines derzeitigen Chefs Gotz tatsächlich die oberste Polizeigewalt der Stadt Rowno verkörperte, ließ daraufhin meinen Bruder „behufs einer gewissen vertraulichen Unterredung" zu sich bitten. Er bot seinem Gast zunächst höflich eine Zigarette an und begann sodann die diplomatische Eröffnung. Einleitend erzählte er meinem Bruder, er habe unseren verstorbenen Vater sehr gut gekannt und aufrichtig verehrt, außerdem nähre er eine große Hochachtung für die Literatur. Er wolle zugeben, daß die Schilderung des bewußten Tanzabends im Klub sehr witzig und liebenswürdig gewesen sei. In der letzten Zeit jedoch habe das Trubnikowsche Blatt angefangen, seine Angriffe gewissermaßen gegen „die Tätigkeit der Regierung" zu richten.

Mein Bruder gab seiner Verwunderung Ausdruck: von der Regierung hätte er ja seines Wissens kein Sterbenswort geschrieben. Ja, hieß es darauf, unmittelbar freilich nicht. Aber es sei doch von den schlummernden Nachtwächtern und so gewissermaßen von der Untätigkeit der Obrigkeit die Rede gewesen. Der Korrespondent hätte ja behauptet, daß die Raubüberfälle häufiger geworden wären. „Wer aber, gestatten Sie die Frage, wer hat die Pflicht darauf acht zu geben? Die Polizei! Da haben wir's." Die Polizei sei aber ein Regierungsorgan. Sollten demnach die Zeitungsberichte auch künftighin die Tätigkeit der Regierung in den Bereich ihrer Erörterungen einbeziehen, so würde er, der Gehilfe des Polizeihauptmanns bei aller Hochachtung für den seligen Herrn Papa und für die Literatur, sich veranlaßt sehen, vertrauliche Ermittelungen über die staatsgefährliche Tätigkeit des Herrn Berichterstatters anzuordnen und sogar . . . — es sei ihm wirklich höchst peinlich, dies sagen zu müssen — sogar beim Generalgouverneur die Entfernung des Herrn Literators aus der Stadt Rowno anzuregen . . .

Darauf verabschiedete er liebenswürdig seinen Gast, versicherte nochmals, daß er für die Presse eine große Hochachtung hege, von der spitzen Feder des ihm eigentlich unbekannten Berichterstatters sehr entzückt sei und gegen die öffentliche Brandmarkung gesellschaftlicher Unsitten nicht das geringste einzuwenden habe. Nur dürfe dabei an der Autorität der Staatsgewalt nicht gerüttelt werden . . .

Mein Bruder kam von der Unterredung ein wenig besorgt und zugleich nicht wenig geschmeichelt nach Hause. Er wäre also bereits eine Macht, mit der „die Regierung" rechnen mußte! Am gleichen Abend, als wir uns beide in unserem Gärtlein bei Mondlicht ergingen, gab er mir das Gespräch in allen Einzelheiten wieder und fügte hinzu:

„Ja, da haben wir die Kehrseite der Berühmtheit . . . Aber sag einmal, hast du je gedacht, daß dein Bruder so schnell zum Führer der öffentlichen Meinung würde?"

„Nu — hn," gab ich gedehnt zurück, „das ist doch wohl den Mund etwas zu voll genommen."

Er blieb in der von Mondlicht durchwirkten Allee stehen und sagte mit einiger Gereiztheit, da mein Zweifel in seine gehobene Stimmung einen Mißklang brachte:

„Du bist noch dumm. Ich will dir nach allen Regeln der Logik beweisen, daß das stimmt. Voraussetzung: die Presse führt die öffentliche Meinung. Sprich: ja oder nein?"

„Nun, sagen wir: ja."

„Bin ich jetzt ein Schriftsteller?"

„Nna — ja," gab ich etwas zögernd zu.

„Zweifellos bin ich einer, denn ein Mensch, dessen Artikel gedruckt werden, ist ein Schriftsteller. Daraus der Schluß: auch ich bin Führer der öffentlichen Meinung. Ich rate dir, die „Logik" von John Stuart Mill zu lesen, dann wirst du keine albernen Einwände machen."

Ich widersprach nicht mehr, worauf er sich besänftigte und weiter im Auf- und Abwandeln in der Allee seine Pläne entwickelte.

Die Leser werden die kleinen Übertreibungen meines Bruders mit Nachsicht beurteilen, wenn sie in Betracht ziehen, daß er damals im siebzehnten oder achtzehnten Jahre stand, daß er eben erst die langweilige Zuchtrute der Schule losgeworden war, und daß er im Grunde genommen alle Merkmale des sogenannten literarischen Ruhmes aufweisen konnte.

Was ist in der Tat literarischer Ruhm? Zola erzählt in seinen Erinnerungen ein ergötzliches kleines Erlebnis. Als er bereits „Schriftsteller von Weltruf" war, wurde er einmal von einem seiner Verehrer ersucht, bei der Vermählung seiner Tochter als Trauzeuge aufzutreten. Die Sache spielte sich in einer kleinen Dorfgemeinde bei Paris ab. Während der Eintragung der Zeugen hob der Bürgermeister, ein Kaufmann des Ortes, bei Zolas Namen den Kopf vom Buch und fragte mit lebhaftem Interesse:

„Monsieur Zola? Hutmagazin in der Straße soundso?"

„Nein, Schriftsteller."

„So!" sagte der Bürgermeister gleichgültig und schrieb den Namen ein.

Dem Schriftsteller folgte ein Monsieur Michel. Der Bürgermeister hob wieder den Kopf:

„Monsieur Michel ... Wäschemagazin Straße soundso"?

„Jawohl."

Das Gemeindeoberhaupt kam in Bewegung. „Pst, einen Stuhl her für Monsieur Michel ... bitte sehr, gefälligst Platz zu nehmen ... Freut mich außerordendlich, Monsieur Michel."

Diese kleine Episode, die ich aus dem Gedächtnis wiedergebe, zeigt ziemlich richtig die Grenzen auch der größten „Weltberühmtheit" auf. Berühmtheit bedeutet, daß der Name eines Menschen sich in der weiten Welt auf bestimmten Pfaden verbreitet. Man kennt ihn — dies im besten Falle — wo das gedruckte Wort gelesen wird. Gelesen wird aber auf dieser Welt insgemein furchtbar wenig. Die lesende Menschheit, das ist ungefähr die Oberfläche der Flüsse im Vergleich zu der gesamten Bodenfläche der Festländer. Ein Schiffskapitän, der auf einem gewissen Teil des Flusses seinen regelmäßigen Kurs hält, ist auf dieser Strecke sehr bekannt. Er braucht sich aber nur einige Meilen vom Ufer ins Land hinein zu entfernen, und er steht vor einer anderen Welt. Hier gibt es breite Täler, Wälder, zerstreute Dörfer. Darüber ziehen Luftströme und Gewitter dahin, ein eigenes Leben geht hier seinen Weg, und in die gewohnte Musik dieses Lebens hat sich noch nie der Klang des Namens unseres Kapitäns oder „weltberühmten" Schriftstellers gemischt. Das ändert freilich nicht, daß er in seinem bestimmten

Kreise, auf seinem vertrauten Pfade auch wirklich allgemein bekannt ist.

Mit meinem Bruder rechnete die „Regierung", ihn kannte „die gebildete Gesellschaft" der Stadt Rowno, Beamte, jüdische Händler, alle die Kreise, die vor jeder geistigen Betätigung großen Respekt haben.

Bei schönem Wetter pflegte „die ganze Stadt" ins Freie hinauszuströmen und in bunten Wellen auf der Strecke zwischen dem Gefängnisgebäude und dem Postgebäude hin- und herzuwogen. Die Schildbürger lustwandelten mit ihren Familien ehrbar, wirbelten mit Füßen Staubwolken auf, begrüßten einander, tauschten Neuigkeiten aus, die spärlich in die Stadt gelangten. Hin und wieder tauchte in dem alltäglichen Bilde ein benachbarter Magnat, ein Graf Platter, ein Fürst Wischnewecki oder ein Beamter aus der Residenz auf, der zufällig als geheimer „Revisor" auf der Dienstreise in unserem Städtchen Rast machte. Solchen ungewohnten Gästen folgten alle Blicke, die Menge drängte sich um sie. Zuweilen erschien auf der Promenade der Direktor des Gymnasiums, der Kreisrichter, der Polizeigehilfe, der Kreisrentmeister ... Das war schon eine Art Aristokratie. Es gab aber auch nichtamtliche Notabilitäten. So ein Beamter Michalowski, der kürzlich aus Petersburg eingetroffen war. Der Mann hatte eine besondere Vorliebe für grelle Jacken und Schlipse und außerordentlich enge Beinkleider. Man erzählte, daß er des Morgens, wie der Prinz d'Artoi nach Carlyles Bericht, in seine Unaussprechlichen vom Tisch hineinspringe, des Abends aber von einem kräftigen Diener daraus direkt ins Bett herausgeschüttelt werde. All das war komisch, aber ... der Name und Vorname des Mannes entsprachen genau denjenigen des in Rußland allgemein bekannten Dichters und Übersetzers Michalowski. Wenn daher in dem goldigen Staub, den das spazierende Publikum aufwirbelte, das Quecksilbermännlein in der bunten Aufmachung auftauchte, blickten sich alle nach ihm um und flüsterten:

„Herr Michalowski ... der Dichter ... wissen sie? Schreibt im „Djelo“....

„Freilich, freilich ... ich habe gelesen“! ...

Und erst als die Verwechselung aufgeklärt war, schwand der Glanz des neuen Ankömmlings, nur die engen Beinkleider und die komischen Anekdoten blieben übrig.

Einmal erschien auf der Promenade ein stutzerhafter Jüngling, der sich in der Menge sehr ungezwungen und lebhaft bewegte, rechts und links Händedrücke und Scherze tauschte. Hinter ihm drein lief das Gemurmel:

„Arepa, Arepa ... Mitarbeiter der „Iskra“ ... Hat den Gouverneur Bässe gestürzt ...“

Arepa hatte unser Gymnasium absolviert und war nun, wenn ich nicht irre, Bureauvorsteher bei einem Rechtsanwalt in Shitomir. Einmal war in der „Iskra“ ein Feuilleton unter dem Titel „Eine Unterhaltung zwischen Koffer Iwanowitsch und Samowar Nikiforowitsch“ erschienen. In dem Koffer Iwanowitsch wollte man den Chef des Gouvernements, in dem Samowar Nikiforowitsch einen Shitomirer Kaufmann Schurawlew erkennen. Die Unterhaltung der beiden drehte sich um ein ansehnliches Schmiergeld, das dem Gouverneur für die Verpachtung des Postbetriebes an den Kaufmann in Aussicht gestellt war. Die Sache wurde zum Stadtgespräch und die Position des Gouverneurs war ernstlich erschüttert. Eines Tages bemerkte der also bloßgestellte Würdenträger im Billardsaal des Klubs den Arepa und ging, wohl in der

Hoffnung, durch Überrumpelung einen reumütigen Widerruf des Geschriebenen zu erzielen, kurz entschlossen auf ihn zu:

„Sie, junger Mann ... Wie ich höre, haben Sie ... äh ... eine schmutzige Verleumdung in die Welt gesetzt ..."

Arepa stellte sich erschrocken, blickte zu dem Chef des Gouvernements zitternd hinauf und stotterte:

„Gestatte mir gehorsamst die Frage ... was nämlich, Exzellenz?"

Der General bekam Mut. Bei dem Gespräch waren mehrere Klubbesucher und Beamte zugegen, sogar eine blaue Gendarmenuniform tauchte in der Nähe auf.

„Nun, äh, was weiß ich" ..., fuhr er mit majestätischer Nachlässigkeit fort, „über angebliche fünf Tausend ... äh ... von dem Schurawlew ..."

„Verleumdung, Exzellenz"! stotterte Arepa, dessen Gestalt die kläglichste Unterwürfigkeit ausdrückte, „mich wollen wohl Feinde in Ihren Augen zugrunde richten, Exzellenz!"

Und plötzlich rief er, stramm aufgerichtet:

„Zehntausend, Exzellenz ... ich habe gesagt: zehntausend!" ...

Der Gouverneur hat beinahe den Schlag gekriegt und reichte kurz darauf „aus Familienrücksichten" seinen Abschied ein.

So wurde die Geschichte in den Kreisen der Spießbürger erzählt. Tatsache war jedenfalls, daß der Gouverneur nach der Veröffentlichung des bewußten Feuilletons gegangen war, während der Entlarver am Leben blieb und jetzt, zu Besuch bei seinen Eltern, in der Vaterstadt seinen jungen Ruhm genoß.

Er tauchte an unserem Horizont auf und verschwand wieder wie ein Meteor, ließ aber einen großen Respekt vor dem Beruf des Zeitungskorrespondenten zurück. Einen Gouverneur stürzen war keine Kleinigkeit. Mein Bruder war auch Zeitungskorrespondent. Und hatte er auch noch keinen Gouverneur gestürzt, so wußten doch alle, daß seine Feder es war, die in unser Nest von Zeit zu Zeit Bewegung brachte, indem sie bald das Beamtentum, bald das Offizierkorps, bald die Nachtwächter in Aufregung brachte. Er wurde beachtet, zu Abendunterhaltungen eingeladen, der und jener solide Bürger faßte ihn unter den Arm, führte ihn beiseite und erging sich in Komplimenten für sein „Talent", worauf zum Schluß die Bitte folgte, den oder jenen von den lieben Mitbürgern ein bißchen aufs Korn zu nehmen ... Ist es da ein Wunder, daß mein Bruder eine Zeitlang in seinem „Ruhm" schwelgte, ohne zu merken, daß er sich in leerer Luft drehte, und daß seine erschütternden Zeitungsberichte im Grunde genommen nichts und niemand vorwärts bewegten.

Auf mich übten diese „literarischen Erfolge" meines Bruders eine eigene Wirkung aus. Sie waren es, die für mich zum ersten Mal zwischen der Literatur und dem alltäglichen Leben eine Brücke geschlagen hatten: kehrten doch Worte, die vor meinen Augen aufs Papier geworfen waren, aus der Hauptstadt als eine Äußerung der Presse zurück.

Früher schon hatte ich die Gepflogenheit, wenn ich ein Buch las, das Gelesene mit den Eindrücken des wirklichen Lebens zu vergleichen und über die Frage nachzudenken: wie es denn komme, daß im Buch meist alles „anders" aussehe, als im Leben. Bei meinem Bruder sah gleichfalls alles anders aus. Sobald meine anfängliche Ehrfurcht vor dem gedruckten Worte gewichen war, empfand ich diesen Zwiespalt wieder als einen Mangel und ich begann für alle möglichen Dinge nach Ausdrücken zu suchen, die der Wirklichkeit möglichst nahe kämen. Alles, was mir auffiel, bemühte ich mich in Worte zu kleiden, die den Kern der Erscheinung träfen. In unserer Hauptstraße stand eine kleine Baracke, deren Grundbalken angefault und verschoben, die Wände vor Alter unter Mannshöhe hinabgerückt waren. Ging ich an ihr vorüber, dann sagte ich mir: sie sieht verstimmt, zusammengekauert, verkniffen, gekränkt, traurig aus ... Und wenn aus diesem hinfälligen Gebäude der Gerichtsbeamte Krassuski in angeheitertem Zustand herauswankte, so suchte ich nach passenden Ausdrücken für den Beamten.

Das wurde bei mir zur Gewohnheit. Als ich aber nach Turgenjew und anderen russischen Schriftstellern zum erstenmal Dickens und die Saltykowsche „Geschichte einer Stadt" kennen gelernt hatte, fand ich, daß es Aufgabe der satirischen Literatur sei, sowohl die sinnenfällige Oberfläche der Lebenserscheinungen wie ihr inneres Wesen zu packen. Ich fing nun an, mir die Beamten, die Professoren, Stepan Jakowlewitsch, den Didonus bald als Dickenssche, bald als Saltykowsche Helden zu denken.

Es kam dabei nichts Rechtes heraus. Doch merkwürdig genug! Manchmal, wenn ich keine absichtlichen Anstrengungen machte, tauchten in meinem Hirn Gedichte und Reime, schön fließende Satzfolgen auf ... Sie kamen von selbst und verschwanden wieder, ohne sich mit irgendeinem greifbaren Inhalt zu füllen. Die literarische Form entstand in meiner Phantasie gleichsam unabhängig und losgelöst vom Stoffe, ja, sie verflüchtigte sich, sobald ich den Versuch machte, sie festzuhalten und an irgendetwas Greifbares zu fesseln.

Nur in nächtlichen Träumen war es mir manchmal gegeben, meine eigenen Gedichte und Erzählungen zu lesen. Sie lagen bereits gedruckt vor mir da, und darin war alles beisammen, was mir als packender Stoff für die Darstellung vorschwebte: unser Städtchen, der Schlagbaum, die Straße mitsamt den Läden, die Beamten, Professoren und Händler, das abendliche Lustwandeln der Bürgerschaft auf der Promenade. Alles war so lebendig geschildert, und über allem lag noch irgendein Duft, der nicht dem wirklichen Leben entlehnt schien und den alltäglichen Bildern einen eigentümlichen Reiz verlieh . . . Entzückt las ich eine Seite meiner Werke nach der andern. Wachte ich aber auf, dann war alles plötzlich wie eine Schar aufgescheuchter Vögel verflogen, und die paar Fetzen, die es mir allenfalls im Gedächtnis festzuhalten gelang, erwiesen sich jedesmal als ein ganz tolles Zeug: die Verse waren ohne Maß, die Prosa ohne vernünftigen Sinn, und die Worte grinsten mich fratzenhaft an.

Das war wieder ein Tasten im leeren Raume, ein Rufen ohne Wiederhall. Den Anstoß zu den literarischen Träumereien hatte ich von Awdjew und zum Teil von der Schriftstellerei meines Bruders erhalten. Awdjew hatte uns aber bald verlassen, und die Korrespondenzen meines Bruders hatte ich auf die Dauer satt bekommen. Jenes Verbot an die Gymnasialschüler, an den Klubunterhaltungen teilzunehmen, blieb, glaube ich, ihr einziges praktisches Ergebnis. Doch nein: einmal war mitten im Zentrum der Stadt, an der Brücke, die Laterne in Stand gesetzt worden. Mehrmals brannte in ihr an dunklen Abenden, als sichtbarer Triumph der öffentlichen Kritik, ein Lichtstümpfchen. Ein Triumph war es immerhin. Jeder Spießer, der bei nachtschlafender Zeit an dieser Laterne vorbeistapfte, dachte gewiß bei sich: „Aha, der Trubnikowsche Korrespondent hat sie also doch nicht umsonst am Ohr gezaust!" . . .

Bald erlosch jedoch auch dieses einsame Lichtlein . . .

Der Zeitgeist in Harnyj Lug. 30

Zerstreute Tatsachen des Einzellebens vermögen an und für sich das geistige Wachstum eines Menschen bei weitem nicht zu bestimmen oder zu erklären. Was ringsumher flutet, was jeweilig den vielstimmigen Chor des Lebens auf einen vorherrschenden Ton stimmt, dringt unmerklich in jede Menschenseele, überflutet, erfaßt und reißt sie mit sich fort. Blickt man zurück, so ist nur der Anfang der Flut durch eine Signalstange bezeichnet. Weiterhin ist es nunmehr eine ruhige breite Flut, in der die einzelnen Ströme längst verschwunden sind.

Die neue Stimmung der 60er Jahre oder, wie man damals zu sagen pflegte, der Zeitgeist, der in alle Winkel drang, hatte auch in Harnyj Lug Eingang gefunden. Eines Sommers fand sich hier eine Gruppe junger Leute zusammen. Da war zunächst des Hauptmanns Sohn, ein junger Artillerieoffizier. Wir hatten ihn erst als Kadetten, dann als Junker der Artillerieschule gekannt. Zwei Jahre lang kam er gar nicht mehr heim, dann tauchte er als frischgebackener Leutnant auf, in funkelnagelneuer Uniform, mit glänzenden Achselstücken und selber frisch wie ein Apfel, im Vollgefühl seiner neuen Lage, von unbestimmten Ahnungen und Erwartungen an der Schwelle des Lebens freudig strahlend. Sodann war mein Bruder da, vor kurzem noch ein hoffnungsloser Pennäler, jetzt bereits „Schriftsteller". Onkel Hauptmann nannte ihn, sei es im Scherz oder aus Unkenntnis der literarischen Beziehungen, „Redakteur" und stellte ihn auch so, nicht ohne Stolz, seinen Nachbarn vor. Noch mehr aber imponierte dem alten Herrn ein Student aus Kiew, Bronislaw Jankowski, dessen

Vater vor kurzem als Pächter benachbarter adeliger Güter nach Harnyj Lug zugezogen war. Das war ein Mann von altem Schlag, ein vortrefflicher Landwirt und strenger Familienvater. Der fortschrittlich gesinnte Sohn harmonierte mit dem altmodischen Vater nicht sonderlich und fühlte sich wohler im Hause meines Onkels. Jeden Tag kam er beinahe schon in der Frühe, mit einer Brille auf der Nase, einem Buch und einem Schirm unter dem Arm, und blieb bis zum Abend, stets ernst, nachdenklich und schweigsam. Nur wenn Meinungsverschiedenheiten ausgefochten wurden, pflegte er sich zu beleben.

Diese kleine Gruppe junger Leute nahm sofort im Hause des Onkels eine tonangebende Stellung ein. Wenn ich mir jetzt die damaligen Eindrücke vergegenwärtige, so ist mir, als wären jene Jünglinge, die mir bis dahin ganz uninteressant vorkamen, mit einem Mal von einem gewissen Glanz bedeckt, gleichsam frisch gefirnißt worden.

Mein Vetter war erst vor kurzem einfach ein lustiges Bürschlein in knapper unschöner Junkeruniform. Jetzt, als Artillerieoffizier, wußte er von gelehrten Büchern und weisen Männern zu reden, die er als „hervorragende Persönlichkeiten" bezeichnete; er hatte auch eine Ordonnanz, mit der er besondere „nicht herkömmlich-obrigkeitliche" Beziehungen pflegte. Jankowski war zwar Primus in unserem Gymnasium gewesen, uns imponierten aber die „besten Schüler" und Empfänger von Auszeichnungen seit jeher wenig. Jetzt war er ein Student „mit glänzenden Ansichten". „Ein solider Kopf", pflegte der Hauptmann von ihm respektvoll zu sagen, „ein künftiger Pirogow, zum mindesten."

Der Hauptmann hatte drei Töchter, von denen zwei bereits verlobt waren. Die älteste, ein hübsches, lustiges Mädchen, spielte recht gut Klavier, lachte gern und tanzte ebenso gern. Die mittlere war nicht so hübsch, hatte aber große verträumte, schwermütige Augen. Mädchengymnasien gab es damals in Rußland fast noch keine, und die Basen hatten zu Hause bei Gouvernanten mehr schlecht als recht Unterricht genossen. Jetzt gingen die jungen Leute daran, sie „geistig aufzuwecken". An der älteren war die Mühe nicht sonderlich lohnend, die mittlere aber stürzte sich auf die neuen Bücher mit Heißhunger. Bei ihrer mangelhaften Vorbildung faßte die Ärmste allerdings das meiste nur mit Mühe. Doch der Student würdigte sie seiner besonderen Aufmerksamkeit, und man konnte die beiden oft zusammen sehen. Der Student belehrte, das Mädchen aber horchte andächtig. Manchmal wandelte der Student um die Blumenbeete vor dem Fenster und setzte, eine frisch gepflückte Blume in der Hand, ihren Bau mit dem tiefen Ernst eines jungen Universitätsprofessors auseinander. Hätte sich jemand anders beifallen lassen, Blumen von den Beeten zu pflücken, dann hätte es sicher den größten Sturm gegeben. Der Student aber durfte die schönsten Stauden mit der Wurzel herausziehen, und der Hauptmann wagte den Frevel nur mit stillen Seufzern zu begleiten. Einmal mußte man einer Schnitterin im Dorf eine vernachlässigte Wunde am Arm verbinden. Der Student wusch die Wunde aus und legte den Verband an, das Mädchen aber reichte andächtig Charpie und Binde. Wenn der Dorfbarbierer, der es wahrscheinlich viel besser verstand, dasselbe machte, so war es bei weitem nicht so interessant. Bei dem Studenten nahm sich das sehr interessant, schier wie ein Hochamt, aus.

Der Hauptmann hatte seit jeher eine Schwäche für die „Wissenschaft" und „Literatur". Jetzt war er stolz, daß unter seinem

Strohdach sowohl die Literatur (nämlich mein Bruder) wie auch die Wissenschaft (der Student) vertreten waren, und hatte überhaupt an der aufgeweckten Jugend und ihren neumodischen Ideen seine Freude. Es betrübte ihn nur, daß diese Jugend ihn, den Hauptmann, gleichsam unbeachtet ließ und ein eigenes Leben lebte, an dem er keinen Anteil hatte.

Freilich erfreuten sich seine Erzählungen aus alten Zeiten, namentlich über die Wohlgeborenen von Harnyj Lug auch in diesem Kreise eines unbestrittenen Erfolges und lieferten Stoff zu allerlei Bemerkungen über die „abgelebte Adelsherrschaft". Einmal aber gab der Onkel nach verschiedenen Anekdoten über die Herrschaften auch eine lustige Geschichte vom Bauern zum besten.

Sie bezog sich auf die Zeit der „Befreiung". Die Leibeigenschaft war eben erst abgeschafft worden. Es war an einem Feiertag. Die Bauernmenge strömte im Sonntagsstaat aus der Kirche und vom Markt her, wobei es viele Betrunkene gab. Der Hauptmann fuhr mit Frau und Kindern in seiner Kalesche vom Gottesdienst heim. Plötzlich blieben die Pferde stehen. Was gibt's? Es stellte sich heraus, daß einer der neugebackenen „freien Bürger" in der sorglosesten Stellung mitten auf dem Wege querüber ausgestreckt lag. Der Kutscher schreit: „Mach, daß du wegkommst, dieser und jener! Die Herrschaft will weiter!" Der freie Bürger hebt den trunkenen Kopf und erwiedert, daß jetzt Freiheit sei, daß es ihm beliebe, just so auf dem Wege zu liegen, und daß er auf die Herrschaft ... Hier folgte ein gar dreistes Zeitwort.

Der Hauptmann fuhr natürlich auf, plötzlich nahmen jedoch seine Gedanken eine humoristische Wendung. Soso, der Weg sei für alle? Jetzt sei Freiheit? Nu warte mal! ... Er hieß seine Frau und seine Töchter sich abwenden, stellte sich an den Betrunkenen hin und — vollführte dasselbe, was Gulliver einst den Liliputanern angetan ... Der „herrschaftliche Spaß" rief in der feiertäglich gestimmten Menge, die sich um den Auftritt gesammelt hatte, um zuzusehen, wie sich der „Wohlgeborene" aus der peinlichen Lage herausmachen würde, laute Heiterkeit hervor. Der „freie Bürger" indes wendete nur, fassungslos und gekränkt, sein Gesicht hin und her, spuckte und lallte vorwurfsvoll:

„Ei, Herr, Herr! Laß den Unfug ..."

Dann sammelte er plötzlich seine Kräfte und kroch unter allgemeiner Heiterkeit eilig vom Wege in den Graben.

Diese Erzählung hatten wir in der Familie schon oft gehört, und jedesmal war sie uns sehr lustig vorgekommen. Diesmal jedoch fühlte der Hauptmann, noch ehe er fertig war, daß er die Stimmung des Hörerkreises nicht auf seiner Seite hatte, und er schloß auch schon in sichtlicher Verstimmung. Alle schwiegen. Sein Sohn blickte, über und über rot, den Studenten schuldbewußt an und sagte:

„Papa ... Das heißt doch aber ... einen Menschen mit Füßen treten."

„Ja, ja, "bestätigte der „Redakteur", „das ist eine Beschimpfung der persönlichen Menschenwürde."

Der Student, der mit seinem üblichen Ernst und festgeschlossenen Lippen durch die blaue Brille dreinblickte, sagte kein Wort, erhob sich aber und verließ das Zimmer.

Das war stärker als alle Mißbilligung. Im Zimmer trat peinliches Schweigen ein. Die Tante blickte erschrocken ihren Gatten an, die Töchter saßen in der Erwartung eines Gewitters mit gesenkten Blicken. Der Hauptmann erhob sich seinerseits, schlug hinter sich die Türe zu, und nach einer Weile hörten wir vom Hof her seine laute Stimme: er schalt wie ein Rasender über den ersten Knecht, der ihm unter die Augen gekommen war.

Bald jedoch fand der schlaue alte Herr ein Mittel, mit der „neuen Richtung" Frieden zu schließen. Um jene Zeit weckten Streitigkeiten über religiöse Fragen allgemeines Interesse, und auch im Hauptmannschen Hause gab es zwei schroff einander gegenüberstehende Parteien. Auf der einen Seite standen die Frauen: meine Mutter und des Hauptmanns Gattin, auf der anderen mein älterer Bruder, der Offizier und der Student. Ich schloß mich entschieden den Frauen an, die jüngeren Brüder aber und die Mädchen bildeten das Publikum.

Ich erinnere mich besonders einer solchen Redeschlacht. Die Rede war auf den seinerzeit berühmten Streit zwischen Pouchet und Pasteur gekommen. Jener vertrat bekanntlich die Theorie von der Urzeugung der kleinsten Lebewesen, dieser kritisierte und widerlegte jene Lehre. Der russische Kampfhahn des naturwissenschaftlichen Materialismus Pissarew fiel mit seinem jugendlichen Ungestüm über Pasteur her. Die Urzeugung wollte man nämlich in materialistischen Kreisen nicht preisgeben: schlug sie doch anscheinend eine Brücke zwischen der organischen und der unorganischen Natur, erweiterte die Schranken der Entwicklungslehre und sicherte so, wie man damals vermeinte, dem Materialismus den Sieg.

Ich hatte dazumal von Pissarew noch nichts gelesen. Auch von Darwin hatte ich in Wahrheit nur die Vorstellung, die mir von den einstigen Gesprächen mit dem Vater in der Erinnerung geblieben war: ein wunderlicher alter Kauz, der sich Gott weiß weshalb darauf versteife, zu beweisen, daß der Mensch vom

Affen abstamme. Jetzt pochten beide, Darwin wie Pissarew, an jene Tür, die ich noch als Knabe mit dem Gelübde fest zugeschlossen hatte: niemals dem religiösen Glauben untreu zu werden!

Der Streit wurde laut und mit Leidenschaft geführt. Schön: die Mikroorganismen entstehen im Wasser oder — nach Häckel — in den unermeßlichen Tiefen des Ozeans. Na, und das Wasser, der Ozean, wie sind sie entstanden? Aus Wolken. Na, und die Wolken? Aus Wasserstoff und Sauerstoff. Und woher gibt es Sauerstoff und Wasserstoff?...

Mitten im Streit trat der Hauptmann in die Stube. Eine Zeitlang hörte er schweigend zu, dann schwenkte er zur Überraschung beider Parteien — zu den „Materialisten".

„Ha," rief er entschlossen, „ich sage ja längst, daß es an der Zeit ist, diese Altweibermärchen in die Rumpelkammer zu werfen. Die Philosophie und die Wissenschaft sind doch kein Pappenstiel. Die heilige Schrift? Die ist von Männern geschrieben, die von der Wissenschaft keine blasse Ahnung hatten. Man nehme z. B. diese Geschichte von Josua: „Sonne, stehe stille zu Gibeon und Mond im Tale Ajalon!"...

Mir stieg plötzlich ein ferner Tag meiner Kindheit in der Erinnerung auf. Der Hauptmann stand wieder in der Mitte des Zimmers, groß, weißhaarig, schön in seiner Begeisterung, und entwickelte dieselben Ansichten über die Welten, Sonnen, Planeten, über den „Kreislauf der Natur", das Stäubchen Josua, das, ohne von der Astronomie etwas zu verstehen, den ganzen Weltenlauf aufzuhalten sich vermaß ... Auch die Erinnerung an meinen Vater, an seine Unerschütterlichkeit und sein überlegenes Lächeln stieg in mir auf.

Die Jugend begrüßte freudig den neuen Verbündeten. Der Artillerist fügte hinzu, daß eine im Lauf aufgehaltene Kanonenkugel eine enorme Wärme entwickele. Beim plötzlichen Stillhalten der Erdkugel würden sich sogar die Diamanten augenblicklich in Gas verwandelt und verflüchtigt haben. Die Erde würde mit Krach im Weltraum zerstoben sein. Und all das auf das Geheiß eines Menschen hin, der irgendwo auf einem Fleck der Erde seine Hand ausstreckte!

Der Abend schloß mit dem vollen Triumph des „Materialismus". Der Hauptmann hatte die Einbildungskraft ins Feld geführt. Wir andern fühlten uns aus dem Sattel gehoben und schwiegen. Der alte Herr aber genoß seine Anerkennung durch die „Philosophie und Wissenschaft" und konnte sich nicht genug tun in Lästerungen und Anekdoten ...

Es war spät geworden, als der Student sich zum Aufbruch erhob. Die beiden anderen jungen Leute und die Mädchen gaben ihm das Geleit. Sie entfernten sich in heiterem Häuflein durch das Dorfgäßchen, lachten, fielen einander ins Wort, brachten neue Argumente vor und warfen keck den lieben Gott und die Unsterblichkeit zum alten Eisen. Noch lange hörte man die lustige Schar sich durch das schlafende Dorf entfernen, unter dem gereizten Gebell der Dorfhunde.

Ich war nicht mitgegangen. Meine Eigenliebe war tief verletzt: man behandelte mich wie einen Knaben. Außerdem war ich durch den Streit selbst erregt und aufgewühlt. Allein geblieben, wandelte ich langsam um die Beete, auf denen die Blumen des frühen Herbstes im Dunkeln undeutlich schimmerten, rief mir die Argumente des Vaters ins Gedächtnis zurück und suchte nach neuen.

Die Nacht war still, der Himmel von Sternen besät. Der Mond war noch nicht hinter dem alten „Magazin" hervorgekommen, aber die Umrisse des spitzen Dachgiebels und die Silhouetten der Pappeln schienen von leuchtendem Silber eingefaßt. Mein jüngerer Bruder und Vetter Sanja schliefen bereits auf dem Heuboden. Ich begab mich dorthin, fand im Dunkeln die Leiter und kletterte zu ihnen hinauf, wobei ich mich bemühte, so wenig wie möglich in dem duftenden Heu zu rascheln.

Auf dem Heuboden war es dunkel, nur auf einer Stelle drang durch eine Lücke im Strohdach etwas Licht herein. Ich legte mich gerade darunter hin und richtete meine Blicke durch die Lücke auf den sternbestickten Fetzen Himmel, der zu sehen war. Ein großer Stern, den ich ins Auge faßte, verschob sich, während ich meinen Gedanken nachhing, sachte von einer Seite der Öffnung auf die andere, als schwimme er auf einem dunkelblauen Weiher dahin. Ich stellte mir deutlich das ganze Firmament vor, das in ebensolcher Kreisbewegung begriffen war ... Richtiger: es ist ja die Erde, die sich bewegt ... Natürlich ist es leichter, die eine Erdkugel im Lauf zu hemmen, als das ganze Himmelsgewölbe. Dennoch ... auch das scheint schwer. Allerdings, Gott ist allmächtig. Es stand ja bei ihm, der Erde ein Halt zu gebieten und zugleich zu befehlen, daß sich daran keine üblen Folgen knüpften ... Oder noch anders. Die Sonne war untergegangen, in der Höhe spielten aber noch ihre letzten Strahlen. Wenn eine helle Wolke wie ein Lichtschirm diese Strahlen auf die Erde zurückwarf, dann konnte Josua noch eine oder zwei Stunden lang genug sehen ... So war der Zweck seines Gebets erfüllt ...

Indessen tauchten in der Dachlücke immer neue Sterne auf und schwammen wie auf einer dunkelblauen Flut vorüber. Mir kam die Mondnacht in den Sinn, worin ich um ein paar Flügel betete! ... Auch der feste Glaube meines Vaters entstand vor mir ... An diesem Abend blieb meine Welt noch auf ihren Grundfesten stehen, und doch war mein Sternhimmel nicht mehr derselbe wie damals. Meine Einbildung erlebte ihn jetzt anders. Die Einbildung aber ist es zumeist, die, stärker als die Logik, den Glauben erzeugt und ihn wieder zerstört.

Trotzdem stürzte ich mich am anderen Tag schon mit kosmographischen Argumenten in den Streit, und die Geister platzten aufs neue aufeinander.

So ging es bis zum Schluß der Sommerferien. Der Hauptmann blieb ein treuer Bundesgenosse der „Materialisten" und seine Spöttereien waren mitunter ziemlich gewagter Art. In dem Maße jedoch, wie die Abende länger und dunkler wurden, fing seine Keckheit merklich an zu schwinden.

Einmal waren wir bis spät am Abend sitzen geblieben. Von draußen blickte durch offene Fenster eine finstere neblige Nacht herein, in der man das Laub der Sträucher rauschen hörte und die Bewegung formlosen Gewölks am Himmel ahnen konnte. In der Stube zirpte beharrlich mit ängstlicher Klage eine unsichtbare Grille.

An diesem Abend hatte der Hauptmann in seinen Sticheleien auf den lieben Gott des Guten etwas zu viel getan. Seine Frau war mit ihm unzufrieden, auch schien er selber mit sich unzufrieden zu sein.

Er saß da gleichsam mit zusammengesunkenem Gesicht, sein Schnurrbart hing trübselig herunter.

„Nun ist's genug," erklärte die Tante. „Es ist Zeit schlafen zu gehen."

Der Hauptmann erhob sich schwerfällig, blickte seine Bundesgenossen an und sagte plötzlich:

„Ach, ja ja, alles gut und schön. Die Wissenschaft und all das ... Und doch, wissen Sie, wenn ich mich ins Bett lege, pflege ich mich auf alle Fälle zu bekreuzen ... Weiß der Himmel, man ist doch ruhiger. Daß es da droben nichts gibt, das stimmt natürlich schon ... Wie aber, wenn es dennoch etwas gäbe? ...“

Zum Schluß merkte er wohl seine Entgleisung und suchte, seiner Stimme einen halbscherzhaften Ton zu geben. Seine Frau setzte aber naiv hinzu:

„Ach Alterchen! Den ganzen Abend spottet er, und nachher im Bett bekreuzt er sich, seufzt, fürchtet sich vor der Dunkelheit und weckt mich, damit ich über ihn das Kreuz schlage ...“

„Na na!“ schnitt ihr der Mann unzufrieden ab.

Dieser kleine Zwischenfall verschaffte mir einen Augenblick ironischer Genugtuung, weil er mir das Bild der ruhigen Glaubensfestigkeit meines Vaters und des leichtsinnigen Wankelmuts des Onkels deutlich vor die Augen führte. Und doch begannen die Fundamente meiner eigenen Weltanschauung bereits zu wanken. Nicht sowohl unter der unmittelbaren Einwirkung der Streitereien, als unter dem eigentümlichen Hauch, der mich von der ganzen neuen Geistesströmung der damaligen Zeit anwehte.

Ich kannte damals, wie gesagt, immer noch weder Pissarew noch Darwin, noch verstand ich etwas von der Physiologie. Ich fing nur einzelne Gedankensplitter auf, die wie Funken bei den Streitigkeiten der älteren Jugend aufflogen.

Da hieß es z. B.: der Freiheitskampf der Irländer gegen die Engländer sei erfolglos gewesen, weil die Irländer sich von Kartoffeln, die Engländer hingegen von Rostbeaf nährten. Das war aus Buckle. Ein Sack Kartoffeln erzeuge weniger Blut als ein Pfund Fleisch. Das war, glaube ich, aus Ludwig Büchner. Hyppolite Taine erklärte die starken Leidenschaften der Sheakespeareschen Helden, ihre flammenden Reden und sackgroben Schimpfereien damit, daß Sheakespeares angelsächsische Ahnen sich mit rohen Rostbeafs und mit Bier vollstopften ... Der Gedanke, lehrte Karl Vogt, ist eine Ausscheidung des Hirns, wie die Galle eine Ausscheidung der Leber ist. Stoff und Kraft, das heißt einfach: das Atom und dessen mechanische Eigenschaften erzeugen durch ihre Zusammenwirkung all das, was wir als seelische Vorgänge empfinden. Man zerlege eine dichterische Schöpfung in ihre Bestandteile, und man werde die und die Anzahl von Atomen nebst deren Schwingungen finden, nichts mehr. Der Mensch sei eine Maschine und ein chemisches Präparat, und er müsse auch als solches studiert werden. Untersuchen Sie mal, sagt der Turgenjewsche Basarow in dem Roman „Väter und Söhne", untersuchen Sie die Anatomie des menschlichen Auges: Sie finden die Hornhaut, die Netzhaut, die Iris, die Linse ... Wo bleibt denn da der sogenannte „göttliche Ausdruck"?

Dies alles wirkte auf mich, wie wenn glitzernde kalte Schneekristalle auf den nackten Körper fielen. Ich fühlte jedenfalls, daß von diesen losen Funken, die zufällig in der Hitze der Polemik aufflogen, irgendein besonderes blendendes Leuchten ausging, das aus einer und derselben Quelle strömte ...

Der verlorene Beweisgrund. 31

Wir kehrten nach Rowno zurück. In der Schule war der Unterricht längst im Gange, für mich jedoch trat das Schulleben diesmal auf den zweiten Plan; auf dem ersten standen zwei andere wichtige Ereignisse: ich war verliebt und kämpfte um meinen Glauben. Wenn ich mich schlafen legte, füllte ich jetzt die Übergangsstunden vor dem Einschlummern, die ich früher kühnen Phantasieflügen ins Land des Rittertums und der Kosaken zu widmen pflegte, mit Erinnerungen an die geliebten Züge oder ich setzte in Gedanken die Debatten von Harnyj Lug fort, wobei ich neue Argumente zugunsten der Unsterblichkeit der Seele ausfindig zu machen suchte. Josua und die dogmatische Seite der Religion hatten für mich mittlerweile ihre frühere Bedeutung verloren.

Die jugendliche Person, die zum ersten Mal mein Herz bezaubert hatte, pflegte sich jeden Tag mit Schwester und Bruder in einem kleinen Karriol zum Unterricht zu begeben. Ich hatte die Stunde, in der sie vorbeifuhren, sowie das Rattern ihrer Wagenräder auf der Chaussee und das Schellengeläute des Gefährts ausgezeichnet zu unterscheiden gelernt. Jedesmal, wenn sie zurückkehren mußten, ging ich wie zufällig vors Haus oder auf die Brücke hinaus. Gelang es mir, das rosige Gesichtchen mit der kastanienbraunen Locke, die sich unter dem Hütchen hervorstahl, zu erspähen, einen Blick, ein holdes Lächeln zu erhaschen, dann war mein ganzer übriger Tag von freudigem Leuchten verklärt.

Einmal erklang das Schellengeläute zu ungewohnter Zeit. Das Karriol schoß vor unserem Hause so schnell dahin, daß ich nicht

Zeit hatte, seine Insassen ins Auge zu fassen, doch sagte mir das wohlbekannte wonnige Schwächegefühl, das ich momentan im Herzen verspürte, mit voller Sicherheit, sie sei es gewesen, die da vorbeigefahren war. Alsbald kehrte das Gefährt leer zurück. Das bedeutete, daß die beiden Schwestern irgendwo zum Abend geblieben waren und gegen zehn Uhr heimkehren würden.

Als neun vorbei war, verließ ich das Haus und ging spazieren. Es war Spätherbst. In den Teichen stand das Wasser dunkel und schwer und wartete gleichsam auf den ersten Frost, um zu erstarren. Die Nacht war hell und frisch, die kühle Luft dünn und klingend. Ich ging vor mich hin, ganz von meinem Gefühl und meinen Gedanken in Anspruch genommen. Das Gefühl flog dem vertrauten kleinen Gefährt entgegen, der Gedanke suchte indes nach Beweisen für die Existenz Gottes und die Unsterblichkeit der Seele.

Die Zeit verstrich, ich wurde allmählich etwas müde. Die letzten Läden wurden geschlossen, der Straßenverkehr verstummte nach und nach. Das Karriol mit dem langbeinigen Kutscher war längst in der Richtung nach der Vorstadt hinausgefahren, kehrte aber noch nicht zurück. Ich wandelte längs des Flüßchens, ohne mich von der Brücke, die es auf der Rückfahrt passieren mußte, weit zu entfernen. Dann blieb ich stehen und blickte auf die dunkle Flut. Irgendwelche weißen Vögel — Gänse oder junge Schwäne — mögen es gewesen sein, schwammen undeutlich schimmernd mit vorsichtig gedämpftem Geschnatter hinunter. Auch meine Gedanken flossen dahin, wie jener dunkle Strom mit den weißen Vögeln darauf. Mir war, als sei ich ganz dicht daran, das Gesuchte zu finden.

Plötzlich drang ein ferner kaum vernehmbarer Ton zu meinem

Bewußtsein, als hätte man ganz weit ein silbernes Löffelchen an ein Kristallglas angeschlagen. Ich wußte sofort: das war das bekannte Schellengeläute, und das hieß: sie war schon unterwegs, aber noch in weiter Ferne, das Wägelchen lavierte erst im Netz der engen Gäßchen der Vorstadt. Ich hatte also noch reichlich Zeit, zur Brücke zurückzukehren, auf die andere Seite hinüberzugehen und mich an dem Eckladen in den Schatten zu stellen. Vorläufig konnte ich also noch ruhig meine Sache zu Ende denken.

Mein Gedanke begann nun plötzlich, wie unter einem Anstoß, klar und kräftig zu arbeiten. Ich blieb stehen und lauschte auf die innere Arbeit meines Gehirns. Kein Zweifel: ich bin offenbar dicht daran, den „unwiderleglichen" Beweis für die Unsterblichkeit der Seele zu finden. Die Argumente stiegen vor mir Glied für Glied in geschlossener Kette auf. Noch ein wenig, und der Materialismus (wie ich ihn in unseren Streitigkeiten kennen gelernt hatte) geht in Stücke ...

Ich wurde von der ersten Schaffens- und Entdeckerfreude ergriffen. Ich fühlte: es war nur noch nötig, daß ich irgendwohin abseits ging, etwa dorthin, wo die weißen Vögel fortschwammen, die man an der Biegung des Flusses zwischen den Weiden noch schimmern sah, um meinen Gedanken zu Ende zu denken. Allein meine Beine trugen mich eilig von selbst nach der entgegengesetzten Richtung zur Brücke und zur Chaussee hin. Das Schellengeklingel hatte sich bereits auf die Chaussee ergossen und kam mit unerwarteter Eile immer näher, indem es die dünne Nachtluft mit seinem Geplauder erfüllte ... Komme ich noch zurecht oder nicht?

Ich eilte, mit dem Ohr nach dem Rattern der Räder und mit dem Gedanken gleichzeitig nach dem „letzten Argument" spähend ... Eine Minute später war ich auf der Brücke, während das Karriol schon auf den Holzplanken donnerte. Die beiden Schwestern blickten sich verwundert nach der einsamen und wahrscheinlich dumm genug aussehenden Gestalt um, die Gott weiß wozu im Mondschein mitten auf der Brücke sich aufgepflanzt hatte. Sie konnten nicht umhin, mich zu erkennen, ich aber kam nicht einmal dazu zu grüßen, da ich gerade in jenem Augenblick in Gedanken fieberhaft die Fetzen meines auseinanderstiebenden Syllogismus zusammensuchte. Die geschlossene Kette der Prämissen und des „beinahe" fertigen Schlusses erhob sich wie eine Schar aufgescheuchter Vögel in die Luft und flatterte in der durchleuchteten Dämmerung dem kleinen Gefährt nach.

Das Schellengeklingel entfernte sich rasch die Straße entlang und verstummte plötzlich an ihrem Ende. Zwei zierliche Silhouetten huschten wie Schatten ins Haus, und alles war aus. Ich blieb da mit einer Leere vor den Augen, mit Leere im Hirn: der „unwiderlegliche Beweis" war spurlos zerronnen.

Nun kehrte ich auf meinen früheren Platz zurück, blickte auf das Wasser, suchte die Schwäne mit den Augen, aber auch sie waren, wie meine Gedanken, irgendwo im Schatten verschwunden ... Ich hatte die Empfindung unwiederbringlichen Verlustes und schmerzlicher Reue. Trübe und hoffnungslos sah es in mir aus, ganz wie auf der Straße, auf der an jenem Abend nichts mehr zu erwarten war.

In der Nacht suchte ich noch lange nach dem abhandengekommenen Gedanken, er stellte sich aber nicht wieder ein.

Wahrscheinlich war es in derselben Periode, daß ich auf dem Marktplatz vor der Jungfrau betete. Ich lebte im Glauben, daß ich meinem einstigen Gelübde immer noch treu sei, während es in Wirklichkeit bereits gründlich erschüttert war, wenn auch zumeist nicht durch die Einwände, die man mir direkt in der Polemik entgegenhielt. Viel tiefer, wenn auch unmerklich, wirkte auf mich die allgemeine Erweiterung meines geistigen Horizonts, der Schritt für Schritt von neuen Tatsachen, Bildern, Gedankengängen eingenommen wurde. Die Einbildungskraft trat hinzu, umfing all dies Neue und gab meiner Weltanschauung eine neue Färbung. Mein naives Schaudern vor Darwin verflüchtigte sich allmählich, die Entwicklungslehre nahm ebenso unmerklich von meiner Denkweise Besitz.

Zufällig kam mir gerade um jene Zeit der Roman des nunmehr vergessenen Schriftstellers Awdejew „Die Klippe" in die Hände. Aus irgendeinem Grunde habe ich das Buch nicht zu Ende gelesen und erinnere mich seines Inhaltes nur noch dunkel. Eine Stelle aber ist mir im Gedächtnis haften geblieben.

Die Frau eines vortrefflichen Mannes nimmt lebhaftes Interesse an dessen Freund, einem Atheisten. Sowohl sie wie ihr Gatte sind religiöse Menschen. Ein schlichter Glaube erhellt den beiden ihren Lebensweg, gewährt ihnen Trost und macht sie dem Guten geneigt. Doch auch der Atheist ist ein vortrefflicher, der Selbstaufopferung fähiger Mensch, einer, der den harten Pfad des Lebenskampfes ohne Hoffnung auf Lohn im Jenseits, ohne sich auf eine höhere Macht zu stützen, ohne Trost von jener Seite zu erwarten, nur mit seinem stolzen Selbstvertrauen gewappnet, geht. Die Frau gesteht, daß in ihren Augen auch dieser ihr fremden Weltanschauung eine eigene Schönheit und Größe innewohnt.

Diese Stelle des Romans fiel mir auf. Man kann also, dachte ich mir, auch auf andere Art als Onkel Hauptmann, der des

Abends spöttelt, um sich nachts „auf alle Fälle" zu bekreuzen, Atheist sein. Wie, wenn mein Vater einem solchen Menschen begegnet wäre! Hätte er auch für ihn nur ein überlegenes Lächeln übrig gehabt?

In dieser Stimmung lernte ich Awdjew kennen. Er berührte nie religiöse Fragen, aber ein Jahr geistigen Verkehrs mit ihm schob in meine Begriffswelt eine Menge neuer Bilder und Ideen hinein. Nach dem Helden der „Klippe" lernte ich den Turgenjewschen Basaroff kennen. In seiner „Verneinung" erkannte ich schon dieselbe überlegene Aufrichtigkeit und Festigkeit wieder, die der Religion meines Vaters eigen war.

Und wieder bezeichnete ein Meilenstein eine neue Strecke meines inneren Werdens ...

32 Das abgelehnte Abendmahl.

Ich war etwa in der vorletzten Klasse, als in unserer Schule irgendein Streich ausgeführt wurde und zwar ein ziemlich häßlicher, wenn ich mich recht entsinne. Niemand von uns hatte für die verübte Schandtat etwas übrig, die Schuldigen wurden jedoch von den Kollegen wie üblich der Obrigkeit gegenüber gedeckt. Gerade rückte die Zeit der österlichen Fasten und der Beichte heran, als uns plötzlich eröffnet wurde, daß die Schüler der oberen Klassen nur bei dem Schulgeistlichen zur Beichte gehen dürften. Die Neuerung ward mit Befremden und Bedauern aufgenommen. Gewöhnlich wurde nämlich um diese Zeit, zur Entlastung des Schulpopen, der Stadtgeistliche Baranowitsch herangezogen, ein aufrichtig religiöser Mann von reinem und gütigem Herzen. Die Schüler gingen auch meist zu ihm, und während es vor dem Beichtstuhl des Schulpopen fast leer war, drängte sich alles um Baranowitsch und wartete auf die Reihe.

Jetzt war keine Wahl übrig, die älteren Pennäler mußten nolens volens zum Religionslehrer zur Beichte gehen. . . Da geschah es, daß gleich nach dem ersten Tag der Beichte die Schuldigen jenes erwähnten Streichs der Obrigkeit bekannt waren. Der Geistliche hatte ihnen seinerseits das Abendmahl verweigert und eine Kirchenbuße auferlegt. Ehe aber die drei Sünder noch Zeit hatten, die Buße anzutreten, wurden sie in den Karzer gesteckt und mit Ausschluß aus dem Gymnasium bedroht. . .

Der Vorfall machte in den Kreisen der Schüler großes Aufsehen. Der Verdacht tauchte auf, daß es der Beichtvater war, der das Schweigegebot gebrochen hatte.

Am nächsten Tage sollten die beiden obersten Klassen zur Beichte gehen. Unterwegs in die Kirche holte ich in der Gymnasiumstraße meinen rothaarigen Freund Gluschkoff ein.

„Hast du schon gehört?" frug er mich gleich. Er war erregt, und ich wußte sofort, was ihn so lebhaft beschäftigte.

„Ja," antwortete ich, „kann man aber mit Gewißheit sagen, daß es eben der Schulpope war?"

„Zugegeben. Kann man aber mit Gewißheit sagen, daß er es nicht war?"

Ich suchte mir das häßliche und kluge Gesicht des geistlichen Russifikators vorzustellen. . . „Der Streich war nichtswürdig. . . Der Pope ist mehr Beamter, mehr Pädagoge und Politiker als

Seelsorger, dem die Heiligkeit des Beichtgeheimnisses über allen anderen Rücksichten stehen würde... Ja, er war wohl fähig, es zu tun."

„Ich... bin nicht sicher," gab ich auf die Frage Gluschkoffs zurück.

„Ich auch nicht. Kann man aber sein Herz öffnen, wenn man nicht einmal diese Gewißheit hat? Ich vermag es nicht."

„Ich auch nicht... Was aber dann?"

Eine schwierige Frage tauchte vor uns auf. Der Geistliche war für uns kein Heiligtum mehr; daß wir die erzwungene Beichte zur einfachen Formalität machen sollten, wie man eine Schulaufgabe hersagt, mochte nicht hingehen. Wie aber mit dem Abendmahl? Diesem Ritus gegenüber standen wir zwar nicht ohne Zweifel, doch mit Achtung gegenüber, und es tat uns weh, ihn durch eine Lüge zu entweihen. Traten wir aber nicht mit den anderen zum Empfang des Abendmahls vor, dann dürfte dies der Aufmerksamkeit des Inspektors und der Pedelle sicher nicht entgehen. Wir entschlossen uns jedoch, auf die Gefahr hin, bemerkt zu werden, uns vom Abendmahl zu drücken. Dies war eine eigenartige letzte Reverenz vor dem überwundenen Heiligtum...

Nie im Leben bin ich wohl so aufgeregt zur Beichte gegangen wie damals. Es war kurz vor der Abendmesse. In der Kirche kämpften die gelben Kerzenflammen mit der Dämmerung, die in dem dünnen Nebel des Weihrauchs zerfloß. Rechts vom Beichtstuhl saß Pope Krjukowski. Er war leberkrank, und sein Gallenleiden war in den kleinen Augen, mit denen er die Herantretenden musterte, deutlich zu erkennen. Etwas weiter abseits saß der große bleiche Baranowitsch mit seinem gütigen Antlitz, auf dem innige Ergriffenheit leuchtete und empfing die Kleinen, denen er das Schultertuch über den Kopf breitete, um sich sofort mit feierlicher und gütiger Aufmerksamkeit über sie zu beugen.

Wie beneidete ich in jenem Augenblick die Knirpse, und wie zog es mich zu diesem guten Riesen hin, um vor ihm meinen ganzen Seelenzustand, mitsamt der Absicht, mich bei der Beichte einer Lüge schuldig zu machen, auszubreiten! Doch der Schulpope wartete schon auf mich. Er hatte eben einen Beichtenden entlassen und blickte auf die Schar älterer Schüler, die sich unter seinem Blick zu ducken schienen. Keiner rührte sich. Die Augen des Geistlichen blieben auf mir ruhen, und ich trat vor. . .

Mein Gesicht glühte, die Stimme zitterte, und Tränen traten mir in die Augen. Der Pope, durch diesen Zustand frappiert, mochte sich auf ungewöhnliche Geständnisse gefaßt machen. . . Als er meinen vorgeneigten Kopf bedeckte, packte mich für einen Augenblick die gewohnte Ergriffenheit der Beichte. „Soll ich sagen, soll ich's bekennen?" Doch das war nur ein Moment. Ich begegnete seinem Blick. Nichts lag darin außer der spähenden Wachsamkeit des geistlichen „Vorgesetzten". Ich beantwortete seine Fragen förmlich, um so mehr verblüffte ihn meine Erregung bei diesen kurzen Antworten. Er nahm sorgfältig das ganze Register der Sünden durch, ich antwortete zumeist mit einem Nein: an „Sünden" erwies sich mein Konto ganz gering, und er beschloß wohl, daß meine Aufregung von der seelischen Ergriffenheit durch den geheimnisvollen Ritus herrühre. . .

Den „Ablaß" sprach er mit weicher Stimme. „Ich lege dir keine Buße auf. Bete eifrig . . . auch für mich, Sünder", fügte er plötzlich hinzu. Dieser Schlußsatz trieb mir wieder das Blut in die Wangen und Tränen in die Augen vor bitterem Bewußtsein meiner Heuchelei wider Willen.

Als am nächsten Tage alle unter wachsam musternden Blicken des Inspektors und der Pedelle zum Empfang des Abendmahls herantraten, mischten wir uns beide, Gluschkoff und ich, in die Menge, bogen um die vor dem Altar stehenden Kollegen und verließen, nicht ohne Gefahr, bemerkt zu werden, die Kirche...

Das war wie ein Abschiednehmen . . . Seitdem ließen mich religiöse Ekstasen im Innern unberührt, und Glaubensprobleme machten in meinem Denken nach und nach anderen Platz. Nicht als ob ich die Grundfragen von Gottes Dasein und der Unsterblichkeit für mich gelöst hätte. Die endgiltige Formel hatte ich doch nicht gefunden, allein das Problem an sich verlor für mich seine Schärfe, und ich gab es auf zu suchen. Mein geistiger Horizont wurde von neuen Erscheinungen, neuen Begriffen, von Fragen des realen Lebens eingenommen. Und dies Neue erschien mir so farbig und mannigfaltig, so verlockend und unerschöpflich, es lag in alldem soviel Leben und Tiefe, soviel Unbekanntes und Geheimnisvolles, daß für Religionsprobleme kein Raum mehr übrig blieb. Diese wurden von Tatsachen des Lebens verstellt, wie die Himmelsbläue von rasch dahinziehenden, leuchtenden, sich übereinander türmenden Wolken, die sich zu immer neuen Gebilden und Formen gestalten . . . Und wie die Wolken schienen mir auch meine neuen Visionen in unermeßlicher Höhe zu schweben. . .

Gegen den Schluß des Gymnasialkursus stand ich abermals in eine Betrachtung über mich selbst und die Welt um mich versunken. Wieder war es mir, als messe ich meine ganze derzeitige Welt mit dem geistigen Auge, und als sei darin für die

„Frömmigkeit" kein Raum mehr da. Ich gelobte mir stolz, daß mich von nun an weder Heuchelei noch Kleinmut je dazu bringen sollten, der „nüchternen Wahrheit" untreu zu werden, zu eitlem Trost Zuflucht zu nehmen und im Nebel gespenstischer unlösbarer Probleme herum zu irren.

Dabei blieb es viele Jahre ... bis die Dekoration der Weltbühne wieder einmal völlig wechselte, die leuchtenden Wolken entschwanden und hinter ihnen wieder die unendliche Bläue hervorblitzte, verschlossen, glatt, verlockend und mit alten Sphynxrätseln im neuen Gewande neckend ... Dann wurde ich inne, daß die ewigen Fragen nicht gelöst, nur hinweggeschoben waren ...

— — — — — — — — — — — — — — — — —

— — — — — — — — — — — — — — — — —

Was soll ich werden? 33

Ich war in der letzten Klasse, als im Pensionat meiner Mutter zwei Brüder Konachewitsch, Ludwig und Ignaz, wohnten. Sie waren, ungeachtet des polnischen Vornamens des älteren, beide griechisch-orthodox. Trotz der Sticheleien des Schulgeistlichen Krjukowski, wollte Konachewitsch seinem Vornamen nicht entsagen und antwortete in der Klasse auf alle Fragen hartnäckig: „Ich heiße Ludwig. So bin ich getauft worden."

Das war ein Jüngling von reiferem Alter, der sich auf dem Gymnasium etwas über Gebühr verweilt hatte. Untersetzt, breitschultrig, mit steiler Stirn und krummen Beinen, erinnerte er an einen Hunnen und wurde manchmal in der Schule auch so genannt. Mich interessierte an ihm die eigentümlich überlegene Haltung, die er sich seinen kleinen Klassenkollegen gegenüber zu geben wußte. Außerdem pflegte er sich oft in dunklen Andeutungen zu ergehen, als berge er irgend ein tiefes Geheimnis in der Brust.

Einmal, als alle im Pensionat bereits zu Bett waren, und die Dunkelheit des Zimmers von leisen Atemzügen der Schlafenden erfüllt war, wälzte ich mich noch lange auf meinem Bett herum, ohne einschlafen zu können. Ich sann darüber nach, wohin ich mich nach Beendigung des Gymnasiums wenden sollte. Die Universität war mir verschlossen, meine Mutter hatte aber keine Mittel, um mich noch ein Jahr zu erhalten, damit ich mich für das Abiturium vorbereitete.

„Sie schlafen nicht?" rief mich leise Konachewitsch an.

„Nein."

„Sie machen sich Gedanken? Worüber denn?"

„Ich habe schon manches, worüber ich nachdenken muß."

„Ach ja, Sie beendigen ja das Pennal . . . Sie sind wohl dabei, eine Karriere zu wählen?"

„Ja, das stimmt," gab ich zur Antwort.

Er schwieg eine Weile, gleichsam den Atemzügen der schlafenden Kameraden lauschend, dann sagte er mit gedämpfter Stimme:

„Sie sind doch ein glücklicher Sterblicher . . ."

„Wieso denn?"

„Wieso?" — Er seufzte tief. — „Sie haben kleine Wünsche und kleine Aufgaben vor sich. Deshalb werden Sie auch alles im Leben erreichen: Sie werden den Kursus absolvieren, eine

Anstellung bekommen, heiraten . . . Und Ihr Leben wird auf glatter Bahn dahinlaufen . . ."

„Und das Ihrige?" frug ich unwillkürlich in der Dunkelheit lächelnd.

„Das meinige?" Er ließ wieder einen tiefen stürmischen und schwermütigen Seufzer hören. „Mir ist ein anderes Los beschieden. Mich lockt das Unerreichbare. Mein Leben wird einen stürmischen Verlauf nehmen, es wird auf seinem Wege alles vernichten, allen, die das grausame Geschick an mich ketten wird, Leid bereiten. Vor allem denen, die mich lieben . . ."

„Begreife nicht," versetzte ich naiv, „weshalb Sie eine Karriere wählen, die mit solchen Unannehmlichkeiten verbunden ist . . ."

Konachewitsch lächelte bitter und setzte sich auf seinem Bett aufrecht.

„Ihre Frage beweist, daß Sie in Ihrer glücklichen Ahnungslosigkeit nicht einmal eine Natur von meiner Art zu begreifen imstande sind. Karriere? Nur für Glückspilze wie Sie gibt es eine Karriere, so etwa eine schnurgerade Landstraße, hübsch rechts und links von Meilensteinen eingefaßt. Mein Lebensweg — das sind einsame Felsen, Schluchten, Abstürze, Irrlichter... Eine schwarze Wolke, in der man nichts unterscheiden kann, die aber gewitterschwanger ist . . . Glauben Sie an Gott?"

Irgendetwas hinderte mich, mich in Offenherzigkeiten einzulassen, und ich gab kurz zurück:

„Ja."

„Nun und ich," erwiederte Konachewitsch finster, „ich habe den Glauben der Kinderjahre längst verloren . . ."

Ich war begierig zu erfahren, was hinter diesem Nebel düsteren Unglaubens und gewitterschwangerer Wolken stecken mochte, doch da ließ sich auf dem benachbarten Bett Bewegung vernehmen, und der jüngere Konachewitsch mischte sich ins Gespräch. Das war ein nicht sonderlich begabter, aber ernster und fleißiger Junge. Der Ältere war früher sein Abgott gewesen. Jetzt hatte er ihn eingeholt, und beide waren in einer Klasse.

„Ach Ludwig, Ludwig," sagte er vorwurfsvoll, „wieder redest du allerlei Unsinn, und Algebra für morgen hast du sicher nicht präpariert. Wolken, Gewitter . . . und morgen gibt es sicher eine schlechte Note."

„Geschwätz," erwiederte ärgerlich der Ältere. „Ich kann's besser als du".

„Du kannst?" bezweifelte Ignaz. „Wann hast du denn präpariert? Paß auf, im Quartalszeugnis gibt es wieder schlechte Noten. Es ist mir direkt fatal, mit dir nach Hause zu fahren. Was soll man bloß wieder den Alten vorreden?"

Ludwig ließ darauf ein demonstratives Schnarchen vernehmen, Ignaz jedoch fuhr fort, sich auf seinem Bett herumzuwälzen und zu brummen.

„Auch das mit dem Herrgott ist Schwindel. Erst gestern hast du ja auf Knieen gebetet. Glaubst du, ich hab's nicht gesehen? Ach Gott, hättest du bloß nicht diesen Slowazki gelesen . . . Newtons Binom vornehmen wäre gescheiter gewesen."

Endlich schwieg auch er. Dann steckte Ludwig wieder den Kopf unter der Decke hervor und sagte zu mir leise:

„Sie lachen wohl über mich?"

„Nur ein klein wenig," erwiderte ich.

„Sie sind gescheiter, als ich dachte. Ich wollte Sie zum besten haben."

„Ich danke Ihnen."

Am andern Morgen schämte er sich ein wenig und wendete die Blicke ab, verfiel jedoch bald wieder in seinen großartig-rätselhaften Ton à la Byron. Er fühlte sich gleichwohl zu mir hingezogen, und wir gingen oft zu dritt spazieren. Der Dritte war ein gewisser Kordezki.

Das war ein sehr hübscher Jüngling mit aschblondem Haar, mattem Teint und ausdrucksvollen Augen. Er war erst vor kurzem aus Bielaja Zerkoff auf unser Gymnasium zugezogen und hatte in seiner Klasse noch keine Freunde. In den Pausen pflegte er mit sinnendem Gesicht allein einherzuwandeln. Die Augenbrauen zog er dabei gewöhnlich ein wenig in die Höhe, wodurch sich seine Stirn in kummervolle Falten legte und seinem hübschen Gesicht einen besonderen melancholischen Nimbus verlieh.

Ich weiß nicht mehr, wie unsere Bekanntschaft zustande kam, genug, er interessierte mich, ebenso wie Konachewitsch, und oft wandelten wir in den Pausen selbdritt, obwohl die beiden einander eigentlich nicht recht leiden mochten.

Es währte nicht lange, da bekam ich auch von Kordezki allerlei dunkle Andeutungen zu hören. Bedrückte meinen Konachewitsch seine düstere Zukunft, so litt Kordezki hinwiederum unter einer schaudererregenden Vergangenheit . . . Wüßte ich um ihn alles, meinte er, dann würde ich mich sicher mit Abscheu und Grauen von ihm abwenden. Übrigens sei es auch jetzt noch nicht zu spät. Ich sollte ihn nur seinem Schicksal überlassen obwohl ich der einzige Mensch sei, den er lieb habe . . .

„Sie sollen es wissen," erklärte er einmal, als wir allein waren: „ich bin ein entsetzlicher Schuft, ein namloser Lump . . . ein Verbrecher . . ."

Seine Brauen hoben sich dabei in die Höhe, und die Kummerfalte auf der Stirn vertiefte sich. Zugleich kam es mir aber vor, als spreche er die Worte „Schuft" und „Verbrecher" gleichsam schmelzend aus, als genieße er seine Ruchlosigkeit und sei stolz auf sie.

Einmal erschien er nach den Ferien in besonders düsterer Verfassung und lüftete zum Teil den Vorhang seiner abgrundtiefen Verworfenheit: in finster-reumütigen Bekenntnissen machte er Andeutungen auf ein junges Wesen . . . ein Naturkind . . . ein Mädchen aus einer armen Familie. Sie vergötterte ihn. Er aber habe sie umgebracht . . . Diesen Sommer, nachts . . . in einem tiefen Teich . . .

Ich hörte ganz ruhig zu, zumal ich nicht ein Wort von alledem glaubte, vielmehr die aufrichtige Melancholie, die aus seiner Stimme hervorklang, auf die ihm bevorstehende Nachprüfung in der französischen Sprache zurückführen zu müssen glaubte.

„Wenn ich obendrein morgen durchfalle," fügte er finster hinzu, wobei er mir ein versiegeltes Kuvert hinhielt, „dann schicken Sie diesen Brief ab . . ."

„An sie?" frug ich unschuldig. Er warf mir einen raschen mißtrauischen Blick zu und versetzte ärgerlich:

„Sie liegt im Grabe."

„Warum wollen Sie denn den Brief nicht selber aufgeben?"

„Morgen werden Sie den Grund erfahren."

Am anderen Morgen begab ich mich in die Schule, um mich über das Schicksal Kordezkis zu erkundigen. Auch Konachewitsch hatte leider Gottes eine Nachprüfung. Kordezki fiel als erster durch. Er trat aus der Klasse und drückte mir traurig die Hand. Sein Gesichtsausdruck war schlicht und sprach von aufrichtigem Kummer. Als wir den Korridor verließen und auf den Hof traten, hielt ich doch nicht an mich und zog das Kuvert aus der Tasche.

„Soll ich's aufgeben?"

Er nahm mir das Kuvert aus der Hand, schleuderte es fort und sagte mit leichtem Erröten.

„Ich bin Ihnen wohl gestern sehr albern vorgekommen? Sie haben über mich gelacht?"

„Ein wenig schon," antwortete ich, „aber albern sind Sie mir nicht vorgekommen."

„Ich bin nicht dumm, ich weiß. Aber hol's der Teufel, ich bin ein unverbesserlicher Schwadronneur."

Mir kam es vor, daß er das Wort „Schwadronneur" wieder so schmatzend und selbstgefällig aussprach, wie am Tage vorher den „Schuft".

In diesem Augenblick schlug die Blocktür der Schule zu und auf der Brücke wurden eilige Schritte hörbar. Es war Konachewitsch, der uns einholte und dabei so energisch mit seinen Hacken auftrat, als wollte er mit jedem Schritt irdeneinen Feind klaftertief in den Erdboden hineinstampfen. Kordezkis Augen blitzten schelmisch auf,

„Was, Väterchen, auch durchgefallen?"

„Durchgefallen ... O diese Schufte!" rief jener mit Nachdruck. „Aber, ich werde mich rächen, ich werde mich furchtbar rächen!

Kordezki warf mir einen spöttischen Blick zu.

„Na, Konachewitsch," sagte er, „ich bin ein Schwadronneur, Sie aber ein zehnmal ärgerer."

„Schwadronneur? Was ist ein Schwadronneur?" frug Konachewitsch rasch. Kordezki zuckte lächelnd die Achseln. Er war sichtlich stolz auf den Ausdruck, den er nicht einmal kannte.

„Ich habe vor Ihnen den Vorzug," sagte er mit seinem schwermütigen Nimbus um die Stirn, „daß ich mir dessen bewußt bin, was ich bin."

Die Jugend hat einen besonderen, fast instinktmäßigen Widerwillen gegen ausgetretene Pfade und starre Lebensformen. An der Schwelle des Lebens stemmt sie sich gleichsam in den Boden und sträubt sich dagegen, die ausgetretenen Pfade zu betreten, von den unrealisierten Möglichkeiten Abschied zu nehmen. Die Literatur entfacht häufig diese Stimmung, wie der Wind den glimmenden Scheiterhaufen zur Flamme entfacht, und ganze Generationen werden vom Fieber der Negation gegenüber der realen Wirklichkeit geschüttelt, die ihre Individualität zu verwischen und sie in das graue Einerlei der Alltäglichkeit einzuspannen droht.

Mein Konachewitsch war begeisterter Leser des polnischen Dichters Slowazki. Kordezki wußte den Lermontoffschen „Held unserer Tage" auswendig und kannte zum Teil den Byronschen „Don Juan". Beide waren Romantiker. Lieber ein Verbrecher sein als ein Durchschnittsphilister! Der Byronsche Lara war auch ein Verbrecher. Lieber sogar ein Schwadronneur sein! Der Turgenjewsche Rubin war auch ein Schwadronneur. Dabei fühlt man sich wenigstens über den großen Haufen erhaben, der nicht eimal weiß, wer Lara und was ein Schwadronneur sei.

Der Romantizismus und die Petschorin-Mode à la Byron waren aber eigentlich für die damalige Jugend bereits überwundene Standpunkte. Neue Vorbilder schwebten ihr vor, Vorbilder, welche die junge russische Literatur in dem Bestreben, an ihrem Teil die brennenden Fragen des sozialen Lebens zu beantworten, in den Vordergrund geschoben hatte.

Die Gesellschaft im ganzen erlebt, ganz wie der Einzelmensch, ihre Stimmungen und Ahnungen. Eine solche Stimmung, die, so ungreifbar sie ist, sich jedoch allen auf einmal mitteilt, macht dasjenige aus, was man gewöhnlich den „Zeitgeist" nennt. Zu Anfang der 60er Jahre hatte die Abschaffung der Leibeigenschaft in Rußland das ganze soziale Leben von Grund aus umgewälzt, allein die Welle der Gesellschaftlichen Erneuerung begann alsbald eine rückläufige Bewegung. Was stürzen sollte, war nicht endgültig gestürzt, was aufkommen sollte, kam nicht ganz zum Durchbruch. Die gesellschaftliche Entwicklung blieb auf einem toten Punkt stehen, und diese Unbestimmtheit der Situation warf ihre Schatten auf die allgemeine Stimmung. Der Weg, den die russische Gesellschaft zu Beginn des Jahrzehnts so freudig betreten hatte, verlor sich in eine Sackgasse. Die bevorstehende Krise und die Unvermeidlichkeit von Erschütterungen und heroischen Anstrengungen war für jeden mit den Händen zu greifen.

Einstweilen gab es keine Mittel, die Krise zu überwinden. Es blieb nur übrig, auf die Zukunft zu hoffen und vor allem auf das neue Menschenmaterial, das aus dem Schoße der jungen Generation hervorgehen sollte.

Die Jugend wurde somit ein Gegenstand besonderer Aufmerksamkeit und besonderer Erwartungen, und dies war es, was den gestrigen Junkern, Gymnasiasten und Studenten einen so frischen Glanz und Schimmer verlieh. Ein blutjunger Leutnant in nagelneuer Uniform schien viel interessanter zu sein als ein Hauptmann oder General, ein Stud. jur. interessanter als ein fertiger Staatsanwalt. Diese waren lauter Leute, die bereits in die Räder des alten Mechanismus geflochten waren, aus jenen konnte noch ein zweiter Marschall Hoche und ein Danton hervorgehen. Im Nebel einer, wie es schien, nahe bevorstehenden Zukunft tauchten die Umrisse des „neuen Typus“, des „Bannerträgers des Fortschritts“, des „Helden“ auf.

Im wirklichen Leben gab es einstweilen diese Heldenmenschen noch nicht; sie konnten deshalb auch noch nicht erschaut, nicht künstlerisch festgehalten werden. Statt solche Typen bloß literarisch nachzubilden, mußte man sie vielmehr erfinden und die Lebenswahrheit der Gestalten durch erwartungsvollen Glauben und Begeisterung ersetzen. Daher traten auch erstklassische Künstler an solche Aufgaben nicht heran. Auf dem ersten Plan des künstlerischen Schaffens tummelten sich immer noch die Turgenjewschen Lawrezkis und Rudens mit ihrer melancholischen Negation der Wirklichkeit und ihren nebelhaften Vorahnungen. Turgenjew hat in seinem „Am Vorabend“ diese erwartungsvoll gespannte Stimmung der russischen Gesellschaft in genialer Weise geschildert, seinen „Helden“ verpflanzte er aber doch nach dem Auslande. Der russischen Wichtigkeit entnahm man aber nach wie vor nur die negativen Typen, und selbst Dobroljubow wußte nur bitter zu fragen: „Wann kommt denn der ersehnte Tag?...“

Dafür nahm den zweiten Plan der schönen Literatur seit Mitte der 60er Jahre ein erhaben nebelhaftes Heldengeschlecht von Riesendimensionen ein. Und zwar war dies auf beiden Seiten der Fall: gegen die Heroen der fortschrittlichen Romanliteratur, die der alten Welt Zerstörung ankündigte, führte die konservative Literatur ebenso heroische Verfechter des Bestehenden ins Feld ... Das Kommende warf seine Schatten voraus, und die Nebelgestalten lieferten einander in der Luft heiße Schlachten, lange bevor der Kampf im Leben selbst entbrannt war.

In jener Literatur ragten besonders zwei Romane hervor: „Die Zeichen der Zeit“ von Mordowzew und „Schritt für Schritt“

von Omulewski. (Den Roman „Was tun?" von Tschernyschewski habe ich erst viel später gelesen.)

Mordowzew war ein nicht ganz aufrichtiger, sehr raffinierter Herr. Die Jugend berauschte sich an seinen „Geschichtlichen Bewegungen des russischen Volkes", ohne zu merken, daß jenes Werk beinahe mit einer Apotheose der Staatsgewalt schloß, an deren Füßen der Verfasser die Volkswellen wie an einem Felsen ohnmächtig zerschellen läßt.

Auf Mordowzew schworen allerlei „Grenzmarkenpatrioten" und „Ukrainophilen", derselbe Mann konnte aber plötzlich einen blendenden Artikel loslassen, in dem er nachwies, daß die Zentralisation das Lebensgesetz, die „Grenzmarkenbestrebungen" hingegen dem Scheitern geweiht seien. Seinen berühmten Roman begann er mit dem effektvollen Fiebertraum eines Kranken. In den Gesichten dieses Traumes wollte man Anspielungen auf die Hinrichtung Karakosoffs erkennen. Das verlieh dem ganzen Roman einen für die Zensur ungreifbaren, aber dem Leser sichtbaren „revolutionären" Anstrich. Man konnte sich einbilden, daß dem Verfasser wie seinen Helden der Ausweg aus der derzeitigen politischen Situation ganz klar wäre, und daß sie ihr Geheimnis nur unter dem Zwange der Zensur nicht preisgaben. Dieser Roman hatte damals einen enormen Erfolg. Man riß sich um ihn, kommentierte ihn, suchte die Anspielungen, die höchstwahrscheinlich für den Verfasser selber ein Rätsel waren, zu enträtseln. Als der revolutionäre Schlüssel zu einer besseren Zukunft schwebte der damaligen Jugend übrigens, wenn ich nicht irre, so etwas wie der Artel vor.*)

*) Artel ist eine alte russische Form der Arbeiterverbindung zur gemeinsamen Übernahme von Arbeiten für eine Pauschalsumme bei gleicher Verteilung der Mühe und des Lohnes.

Viel einfacher und aufrichtiger war Omulewski. Aus seinem Roman wehte uns ein jugendlicher Glaube und eine eigenartige zukunftsfreudige Stimmung an. Selber ein schwachmütiger durch den Trunk verkommener Mann, wußte er sich gleichsam in seinem Werk zu vervielfältigen, sich selber hat er in der Gestalt des Arztes verkörpert, eines düsteren Hypochondrikers, den die Trunksucht und die Hoffnungslosigkeit des sozialen Milieus bereits rettungslos zugrunde gerichtet hat, der aber seinen jungen Freund Swjetloff für ein neues Leben und für den Kampf den Segen gibt. Swjetloff, der „Lichtvolle", personifiziert in sich, wie schon sein Name andentet, den Glauben an die Zukunft. Er ist munter, stark, heiter. Unter seinen Händen gedeiht alles, vor seinem Wissen, Charakter, seiner Tüchtigkeit verneigen sich alle. Er lebt in einem weltabgelegenen sibirischen Nest (offenbar in Verbannung), ist Mitarbeiter verschiedener Petersburger Revuen und dringt gleichzeitig in die unerforschten Tiefen des Volkslebens ein. Seine Freunde sind die „Raskolniks", d. h. Sektierer und Dissidenten, kluge Bauern, Arbeiter. Diese haben für ihn Verständnis, wie auch er für sie Verständnis hat, und aus diesem Bunde wächst irgendetwas Großes und Geheimnisvolles hervor. Alles, was man von Swjetloffs Tätigkeit äußerlich wahrnimmt, ist ihm nur Mittel. Und was ist sein Zweck?

Darüber befragt ihn die junge Frau, die er „zum bewußten Leben erweckt hat". Allein er will ihr das Geheimnis erst entschleiern, wenn die Zeit gekommen sein wird... Endlich einmal, als er von ihr Abschied nimmt, um sich nach Petersburg zu begeben, wo irgendeine wichtige Mission seiner harrt, beugt er sich zu ihr hin und flüstert ein Wort... Sie erblaßt.

Sie vermag der Last des Geheimnisses nicht standzuhalten. Sie erkrankt und ruft im Fieber oft seinen Namen, den Namen des Helden und künftigen Märtyrers.

Das Wort, das die Helden Mordowzews in allerlei Euphemismem und Rätsel einhüllten und das Swjetloff der geliebten Frau ins Ohr flüsterte, war natürlich „die Revolution". Sie war es, die wie eine Gewitterwolke am Horizonte Rußlands stand und durch fernes Wetterleuchten das Land mit Flammenschein übergoß, das die wirtschaftliche Leibeigenschaft abgestreift hatte, und nun auf dem Wege zur Abstreifung der politischen Leibeigenschaft aufgehalten worden war ... Wie wird das vor sich gehen? Wann wird das erfolgen? All das war unklar. Irgendwie ... bald ... Die „Neuen" aus der jungen Generation werden es schon vollbringen. Ihnen wird aus fernen Dörfern, aus Wäldern, aus den Kreisen der Sektierer uud Dissidenten, aus dem Schoße der alten ländlichen „Obtschina" die rätselhafte unbekannte „Volksmasse" folgen ...

Es war viel Naives dabei, und selbst die Revolutionspläne ernster Leute aus jener Zeit muten uns heute ganz kindisch an. Und doch schritt der „Zeitgeist" unerschütterlich seinen Weg vorwärts. Beide Parteien wiesen in der Literatur auf jene drohende Gewitterwolke hin: die Konservativen mit Angst, die Fortschrittler mit Hoffnung. Der Instinkt der Jugend sträubte sich immer heftiger gegen ausgetretene Pfade, der Widerstand gegen das Versinken in der Alltäglichkeit wuchs. Eine Generation nach der anderen verließ die Mittelschule des Ministeriums Tolstoj und stürzte sich in das Universitätsleben wie in einen reißenden Strudel. Diejenigen, denen es gelang, den Strudel bis zu Ende glücklich durchzuschwimmen, pflegten später ganz brave Bürger abzugeben. Die gestrigen „Aufwiegler“ wandelten sich in tüchtige Staatsanwälte, Ingenieure, Verwalter und liebten als solche, ihre Erinnerungen an die „Jugendeseleien“ in der Gesellschaft lächelnd zum besten zu geben. An ihrer Statt flammten schon andere Jünglinge lichterloh und entrichteten so ihrerseits den eigentlichen Tribut an den Geist der Zeiten ...

Die „Zeichen der Zeit“ und „Schritt für Schritt“ habe ich während der Sommerferien in Harnyj Lug kennen gelernt. Beide Romane wurden laut vorgelesen, und selbst die alten Herrschaften — der Hauptmann und seine Frau — lauschten mit einer gewissen Ehrfurcht der Kunde von der „neuen Jugend“. Da diese Lektüre zum Teil mit den religiösen Disputationen zusammenfiel, so verhielt ich mich anfänglich der neuen Literatur gegenüber ablehnend. Awdjew hatte mir auf meine Frage über Pissarew gesagt, dieser sei nur ein junger Frechdachs. Für mich blieben also Bjolinski und Dobroluboff die höchsten Autoritäten, Turgenjew gar liebte ich abgöttisch. Seine Helden waren wirkliche Menschen, im Vergleich mit denen die Gestalten eines Mordowzew sich wie Holzpuppen ausnahmen. Einer von diesen Helden z. B., ein Jüngling, der von seinen Freunden den Beinamen „gedrechselter Kopf“ erhalten hat, bietet einem Fräulein den Stuhl an. Das Fräulein ist über diese altmodische Galanterie entrüstet: wie, hält sie denn der Herr nicht für einen „gleichen Menschen“? Der Jüngling sucht sich zu rechtfertigen: er habe ja nur im eigenen wohlverstandenen Interesse gehandelt; wie, wenn das vom Stehen ermüdete Fräulein etwa plötzlich in Ohnmacht fiele? Dann hätte er ja nur Scherereien ... Oder ein anderes Beispiel: ein junges Mädchen macht mit jemandem Bekanntschaft und gibt sich dabei selbst das Attest, sie sei bereits geistig über die Wjera Pawlowna (die berühmte Heldin des Tschernyschewskischen Romans „Was tun?“) hinausgewachsen... All dies kam mir gekünstelt und abgeschmackt vor. Der Omulewskische Swjetloff mit seiner abstrakten Tüchtigkeit mutete mich auch manchmal wie ein blankgeputztes Becken an, und das ewige Entzücktun des Verfassers über seinen eigenen Helden wirkte auf mich stark unkünstlerisch.

Überhaupt waren das alles nicht Personen, wie bei Turgenjew, Pissewski oder Gontscharoff, sondern „Persönlichkeiten“, mit dem unvermeidlichen Zusatz: „vielverheißende“. Sie vermochten deshalb auf meine Einbildung keine Macht auszuüben, wiewohl ein gewisser besonderer Hauch, den jene Literatur atmete, auf mich dennoch nicht ohne Wirkung blieb. War auch das Positive darin gemacht und nebelhaft, so das Negative desto lebendiger und wahrer.

Als wir nach jenen Romanen „In Reih und Glied“ lasen, das in der Übersetzung Blagoswjetloffs in der Revue „Djelo“ erschien, war der Eindruck enorm. Überhaupt eroberte sich Spielhagen auf den ersten Hieb die damalige russische Jugend. Seine Helden waren schon nicht mehr „Persönlichkeiten“, sondern lebendige „Personen“ und das Milieu ihres Kampfes unzweifelhaft der Wirklichkeit entnommen. Und so wie früher die entlegensten Provinznester Rußlands von Child Harolds, Amalat Beks und Petschorins wimmelten, so tauchten jetzt zu Dutzenden Spielhagens Leos und Tschernyschewskische Rachmetoffs auf. Es gab sogar „Leos auf rachmetoffschem Untergrund“ ...

Gegen Schluß des Gymnasialkursus begann in meiner Seele aus all jener Gärung eine gewisse, freilich noch reichlich nebelhafte Vorstellung darüber sich zu bilden, was ich denn jenseits der Schule und unseres Städtchens werden wollte. Die realistische Literatur tat dabei ihre Wirkung: aus Reaktion gegen die Romantik lehnte ich von vornherein in bezug auf mich selbst jede übertriebene heldenhafte Illusion ab. Das Vorbild Leos erkannte ich gleich als über mein Maß hinausgehend. Ich war von ihm entzückt, meine Phantasie beherrschte aber eine andere Spielhagensche Gestalt: Der Held des Romans „Die von Hohenstein". Dieser ließ sich eher in Rußland denken ...

Irgendwo gehen im Lande große Dinge vor. An ihnen nimmt tätigen Anteil ein junger Mann von etwa 25 Jahren, von kleinem Wuchs, intelligentem Gesicht und festem Blick. Er erinnert zum Teil an meine Wenigkeit, aber nur eben zum Teil. (Ich war nämlich mit meinem Äußeren höchst unzufrieden und nahm an ihm in meiner Phantasie einige Korrekturen vor.) Nach der unglücklichen ersten Liebe hat er auf „persönliches Glück" verzichtet (freilich nicht ohne eine entfernte Möglichkeit einer unverhofften glücklichen Wendung des Schicksals). Er ist kein Held, erfreut sich keines weitschallenden Ruhmes. Tritt er aber in eine Gesellschaft von Leuten ein, die sich jener bewußten wichtigen und gefahrvollen Sache ergeben haben, so antworten diejenigen, die ihn kennen, auf etwaige Fragen solcher, die ihn nicht kennen: „Das ist N. N ... ein aufgeweckter Kopf. Auf den kann man sich verlassen ..." Zuweilen begibt sich der Betreffende in große Gefahren oder er ist nahe daran, unter der Last der Arbeit zusammenzubrechen. Dann taucht er für einige Zeit irgendwo in der Provinz unter. Er besitzt, ganz wie der Spielhagensche Held, irgendeine Werkstatt, die er seinen „Freunden aus dem Volke" übergeben hat. Nun stellt er sich neben sie an die einfache Arbeit; abends pflegen sie miteinander Bücher zu lesen, oder er enthüllt ihnen, was drüben in Petersburg und Moskau am Werke sei. Sie zollen dem Gehörten Beifall und weihen ihn ihrerseits in dasjenige ein, was in der Tiefe der Volksweisheit heranreift. Alle diese Leute haben intelligente Physiognomien, obzwar ... von unbestimmter Nationalität und ähneln trotz der größten Anstrengungen meiner Phantasie am ehesten den deutschen Arbeitern der Märzrevolution ...

Jene alten Heldenphantome vom Typus Amalat Beks, Child Harolds, Petschorins oder der Dämonen waren im Grunde genommen recht harmlos: von ihren geheimnisvoll finsteren Höhen traten sie gewöhnlich direkt in den Staatsdienst. Konachewitsch wurde nachmals Eisenbahnbeamter, Kordezki hat bei der Akzise Karriere gemacht und ist aus einem Vertilger unschuldiger Wesen ein vorbildlicher, sogar etwas sentimentaler Familienvater geworden. Ein ganz anderes Los war häufig den russischen Leos und Rachmetows beschieden ... Doch damit greife ich vor. Über dieses Kapitel wird in den weiteren Aufzeichnungen meines Zeitgenossen noch manches zu sagen sein.

Das letzte Jahr auf dem Gymnasium. 34

Dieses Jahr verbrachte ich in einer besonderen Stimmung.

Die Sommerferien waren am Ausgang, als die „Fertigen" einer nach dem andern die Stadt verließen, um sich teils nach Kiew, teils nach Petersburg zu begeben. Darunter war auch mein Freund Gluschkoff. In Shitomir hatten wir in einer Klasse gesessen, dann überholte er mich um ein Jahr und der Gedanke, daß auch ich bereits frei sein könnte, trat vor mich mit irritierender Deutlichkeit.

Ich begleitete ihn vor die Stadt. Im Zivilanzug, mit einem Koffer zu Füßen und einer nagelneuen Reisetasche um die Schulter, saß er in der Postkutsche, die ihn in die unbekannte Ferne trug. Auf der Chaussee hinter dem Gefängnis nahmen wir voneinander Abschied, und ich verfolgte noch lange den Staubwirbel, der sich auf der Landstraße dahinwälzte. Mich ergriff eine leidenschaftliche Sehnsucht nach der Freiheit ... Ebenso drauslos fahren können, immer weiter und weiter, der Freiheit, dem neuen Leben entgegen, etwas unbestimmt Großartiges vor sich als Ziel! ... Und merkwürdig genug: aus dieser in der Ferne winkenden Großartigkeit trat für mich zunächst ein kleines irgendwo ganz oben gelegenes Stübchen heraus ... Aus dem Fenster ein freier Blick auf Dächer und Himmel. Auf dem Boden steht mein Koffer, an der Wand hängt meine nagelneue Reisetasche, ganz wie Gluschkoff eine hatte. Das bedeutet, daß ich eben erst angekommen bin und mich gleich irgendwohin begeben will. Wohin? Dem neuen Leben entgegen.

Der Staubwirbel verschwand. Ich wandte mich der Stadt zu. Sie lag in ihrem grünen Tal, still, schläfrig und ... verhaßt. Über ihr schwebte wie immer eine Dunstwolke aus Staub, Rauch und Nebel, hier und da funkelte in der Sonne der bewachsene Teich, und der alte Invalide schlummerte, als ich den Schlagbaum passierte, in seiner üblichen Stellung. Zum Überfluß pflanzte sich plötzlich vor mir auf dem schmalen Holzbrücklein am Teich die Monumentalgestalt Stepan Jakowlewitschs auf, der bereits

Direktor geworden war. Er maß mich von seiner Höhe mit den Blicken und sagte streng:

„Haben Sie Lust, den Karzer wieder einmal zu besuchen?"

Ich blickte ihn verwundert an. Was wollte der Mensch von mir? Angst flößte er mir seit langem nicht mehr ein. Ich hatte einsehen gelernt, daß er weder schrecklich noch bösartig, in seiner Art vielleicht sogar gutmütig war. Was fiel ihm bloß wieder ein?

Ein dicker Finger stach in meine Brust. Die zwei mittleren Knöpfe meiner Uniform standen offen.

„Ist das alles?" dachte ich bei mir und zuckte unwillkürlich beim Zuknöpfen die Achseln. Er blickte mir aufmerksam und streng ins Gesicht.

„Woher kommen Sie?"

„Ich habe Gluschkow begleitet."

„Nun ... und was ist dabei?" frug er wieder etwas sinnlos, offenbar durch meinen Gesichtsausdruck aus dem Konzept gebracht.

„Nichts, Stepan Jakowlewitsch," gab ich tonlos zur Antwort.

Der Direktor musterte mich wieder, als suchte er einen Vorwand zum Loswettern, um meine mangelnde Empfindlichkeit für die Autorität aufzurütteln. Es fiel ihm jedoch nichts ein, und er ging schließlich seiner Wege.

Ich blickte mich verzagt um. Gluschkoff ist schon weit fort... Er langt an einer Poststation an, trägt sich ins Buch ein als „Student des Polytechnikums", gibt dem Kutscher ein Trinkgeld, setzt sich wieder hinein, und die Schellen beginnen von neuem ihr rätselhaftes Geklapper ... Und ich stehe immer noch an dem mit Wasserlinsen überzogenen Teich ... Die freien Stellen spiegeln schwül und unbeweglich den Himmel wieder und funkeln in der

Sonne ... Hier und da regt sich die Wasserlinse: Kaulquappen und Frösche rudern unter ihrer Decke dahin ... Aus dem Schilf taucht in tödlicher Langeweile ein Schwan hervor ... Ein altes Weib schlägt mit dem Waschbläuel auf nasse Wäsche ... Stepan Jakowlewitsch hat mir soeben mit dem Karzer gedroht ... Und das soll noch ein ganzes Jahr so hingehen? Scheußlich, scheußlich! ...

Das Jahr schleppte sich für mich endlos und qualvoll hin, und ich begriff vollkommen meinen Bruder, der, nachdem er einmal aus diesem Geleise gesprungen war, weder vermochte noch sich die Mühe gab, wieder hineinzugelangen. Mir winkte schon das Ende, und ich mußte natürlich um jeden Preis sehen, daß ich bis zum Schluß durchhalte ...

Der Direktor beobachtete mich nach wie vor mit prüfenden verständnislosen Blicken. Einmal hielt er mich beim Verlassen der Kirche an.

„Warum beten Sie nicht? frug er. „Früher beteten Sie, jetzt stehen Sie da wie ein Ölgötze."

Ich erhob meine Augen zu ihm, und darin lag wahrscheinlich wieder jener Ausdruck, der ihn verblüffte. Was sollte ich nun antworten? Sollte ich auf Befehl, unter obrigkeitlichen Späherblicken beten?

„Ich weiß nicht," gab ich kurz zur Antwort.

In dem Schülerquartier, das meine Mutter nach Vaters Tode hielt, war ich „Ältester". In jenem Jahr wohnte bei uns ein gewisser Podgurski, eines reichen Gutsbesitzers Sohn, der sich zum Eintritt in eine höhere Klasse vorbereitete. Einmal trat der Direktor, als er unser Pensionat inspizierte, in Podgurskis Zimmer und fing an mit der Nase zu schnüffeln.

„Er ... raucht?" frug er mich.

„Ich weiß nicht," sagte ich.

„Sie sind Ältester?"

„Ja, aber er ist noch nicht Gymnasialschüler."

„Das ist egal. Sie müssen Bescheid wissen, verstanden?"

„Schön, Stepan Jakowlewitsch, ich will ihn fragen," erwiderte ich mit unschuldigem Gesicht.

Auf der monumentalen Physiognomie des Direktors flammte der Zorn auf. Er hatte gemeint, daß ich als Quartierältester verpflichtet sei, insgeheim bei der Beaufsichtigung des angehenden Schülers mitzuwirken: ich sollte das Delikt ausspähen. den Tabak ausfindig machen, sodann Anzeige erstatten. In meiner Antwort witterte er Hohn. Ich aber war wohl nicht einmal zum Hohn aufgelegt. Ich hatte einfach gar nicht überlegt, wie er meine Worte auffassen würde, brachte es also bereits fertig, im Angesicht der gestrengen Obrigkeit zerstreut zu sein! Das war eine Art instinktive Mißachtung für die Autoritäten, was man wohl heutzutage als „staatsgefährliche Gesinnung" qualifizieren würde. Dazumal war jedoch das „Prüfen der Herzen und Nieren" noch nicht einmal auf der Mittelschule Mode, der pädagogische Rat wollte, wenn er einschreiten sollte, einen Tatbestand sehen, und meine Stimmung ließ sich eben nicht „fassen".

Ich denke, daß viele der Gymnasialschüler auch jetzt noch jene besondere Stimmung des „letzten Jahres" in höherem oder geringerem Grade durchmachen. Die Schulbildung bedarf eben eines eigenen Kultes, der die einzelnen Wissenszweige in einer höheren organischen Einheit zusammenfaßt. Unser Schulsystem hingegen hämmert eifrig auf einzelnen Tasten, und Einzeltöne gibt es bis zum Überdruß, eine Gesamtmelodie kommt aber bei alledem nicht zustande. Die dem Zögling durch die strenge Zucht eingeflößte Furcht verflüchtigt sich mit den Jahren und mit der Gewohnheit. Innere Zucht und Achtung für das Schulregime ist den Schülern fremd, zugleich sehen sie schon das Leben hinter der nahen Schranke winken und locken.

Eine ziemlich gefährliche Stimmung dies. In einem Fall ging sie mir ganz unerwartet und wild durch . . .

Es gab irgendeinen Unterricht, bei dem zwei Klassen zusammengelegt zu werden pflegten. Im Klassenzimmer herrschte die beklemmende Stille jener angestrengten halben Aufmerksamkeit, die verzweifelt gegen den unwiderstehlichen Hang zum Einschlafen ankämpft, mit einem Wort: das Ideal der Klassendisziplin. Ich saß stramm aufwärts und dachte wie immer an irgend etwas, was mit dem Unterricht nichts zu tun hatte, als mich mein Nachbar mit dem Ellbogen anstieß und auf die Tür deutete. Durch die Glasscheibe der Tür war das steife Haarschöpfchen Ditjatkiewitschs sichtbar. Man konnte danach leicht die Figur des wißbegierigen Pedells vermuten, wie er am Schlüsselloch auf dem Boden kauerte. In mir regte sich plötzlich irgend ein boshaftes Teufelchen. Ich erhob mich von meinem Platz, der für den Didonus hinter der Ecke der Klassentafel unsichtbar war, und bat, austreten zu dürfen. Nachdem ich die Erlaubnis erhalten, schritt ich an der Wand entlang und riß dann die Tür so heftig auf, daß plötzlich beide Flügel aufsprangen. Den entzückten Blicken der Klasse präsentierte sich die Gestalt Ditjatkiewitschs in „Kniebeugestellung" mit steif aufgerichtetem Haarzipfel und erschreckten Glotzaugen. Gelächter erhob sich. Der Lehrer blickte sich erstaunt um und lachte gleichfalls auf. Ich aber schritt, wie wenn nichts passiert wäre, in den Korridor.

Das war die fünfte Unterrichtsstunde, so daß andere Klassen und Lehrer bereits fort waren, und die Korridore fast leer standen, als auch unsere Klasse sich lärmend zum Ausgang drängte. Uns entgegen humpelte eilig auf seinen krummen Beinchen Ditjatkiewitsch. Der arme Kerl hatte dazumal sehr unter Spöttereien zu leiden: sein steifer Haarbüschel, seine stutzerhaften Schlipse und seine stets fehlgehenden Kurmachereien gaben Stoff genug zu Anekdoten, und die Jugend pflegt in solchen Fällen mitleidslos zu sein. Jetzt fühlte sich der Ärmste in einer besonders lächerlichen Lage. Er war rot, seine Äuglein zuckten unruhig und funkelten. Er schob die Schüler auseinander, trat auf mich zu und faßte mich am Mantel.

„Sie bleiben heute ohne Mittagessen."

„Auf wessen Verfügung hin?" fragte ich ziemlich ruhig.

Ditjatkiewitsch richtete sich stolz in die Höhe:

„Ich lasse Sie aus eigener Machtvollkommenheit nachsitzen," verkündete er.

„Nach dem Reglement sind Sie dazu nicht befugt," entgegnete ich. „Sie können sich nur beim Inspektor beschweren, doch ... worüber wollen Sie sich denn eigentlich beschweren?"

„Das ist meine Sache, worüber ich mich beschweren will. Inzwischen bleiben Sie hier."

Ich zuckte die Achseln.

„Ich trat mit Erlaubnis des Lehrers aus und — konnte nicht wissen, daß Ihnen das ungelegen kommen würde."

Die Schüler lachten. Das brachte den armen Kerl endgültig aus dem Häuschen. Er verlor jede Selbstbeherrschung, beschimpfte mich wie ein Droschkenkutscher und riß an meinem Mantel, um mich mit Gewalt aus der Menge der Kameraden herauszuführen.

In mir kochte es plötzlich auf. Ich stieß schroff seine Hand zurück und nannte ihn einen Spion und einen Idioten. Die Kameraden trennten uns noch rechtzeitig, sonst konnte der Auftritt noch abscheulicher enden. Zum ersten Mal im Leben fühlte ich in mir eine Woge des väterlichen Jähzorns aufsteigen, dessen ich mir bis dahin nicht bewußt war. Die kleine Mißgestalt mit den grünen Augen erschien mir plötzlich wie die Personifizierung alles dessen, was mich und meine Kameraden seit Jahren hudelte und büttelte, und das Bewußtsein, dieser Macht einmal Auge in Auge in offener Feindschaft gegenüberzustehen, verschaffte mir einen eigenartigen prickelnden Genuß . . .

Der Vorfall wurde in der Schule gleich zu einem Ereignis. Meiner Mutter sagte ich davon nichts, um ihr keinen Kummer zu bereiten. Ich fühlte aber gleichwohl, daß die Sache ernst werden konnte. Am Abend besuchte mich ein älterer Kollege, mit dem ich sehr intim war. Das war ein prächtiger Bursche, nicht besonders tüchtig in den Schulfächern, aber mit viel gesundem praktischem Sinn begabt. Er setzte sich auf mein Bett und schüttelte traurig den Kopf.

„Ach Karla, Karla (das war mein Spitzname in der Schule), solche Streiche kann einem der Scharfsinn spielen! Ich habe bei einigen Lehrern vorgesprochen, um sie zu verständigen. Sie sagen, deine Sache stehe schlimm."

„Meinetwegen," erwiderte ich trotzig, obwohl sich mein Herz beim Gedanken an die Mutter schmerzlich preßte. Und doch fülte ich zugleich: wenn mich Ditjatkiewitsch noch einmal am Mantel fassen würde, so würde ich ihm wieder genau in derselben Weise Bescheid geben.

Die Sache verlief glimpflich. Die Aussagen der Schüler waren mir günstig, besonders aber entlastete mich der Pförtner Ssaweli, der mit der Glocke unter dem Arm den ganzen Auftritt mit philosophischer Ruhe beobachtete. Übrigens sagte er nur wahrheitsgemäß aus: Ditjatkiewitsch hatte mich als erster beschimpft und an meinem Mantel gezerrt. Ich mußte in den Karzer, Ditjatkiewitsch bekam einen Verweis.

Dazumal durfte noch ein Schüler auch mal gegenüber der „Obrigkeit" das bessere Recht auf seiner Seite haben . . .

Die letzte Prüfung. Freiheit. 35

An einem himmlischen Sommermorgen gegen Ende Juni des Jahres 1870 ging ich, den Katechismus des Pater Philaretus und die Kirchengeschichte unter dem Arm, um fünf Uhr früh vor die Stadt hinaus in den Weißbuchenhain, An jenem Tage stand mir die Prüfung in der Religion bevor, und das sollte endlich die letzte sein.

Ich war mißmutig und gedrückt. Die Prüfungen hatte ich schon herzlich satt. Am Tage zuvor war ich erst spät zu Bett gegangen und morgens in aller Frühe noch vor Sonnenaufgang aufgestanden. Die Augen fielen mir zu, das Hirn war noch wie eingerostet, und ich ging in den Hain in der Hoffnung, daß der frische Morgenwind, der hier über den Hügel strich, meine Schlaftrunkenheit verscheuchen würde. Auf der Anhöhe angelangt, gab ich mich dem Entzücken über die offene Aussicht hin. Die

Stadt lag unten wie auf flacher Hand. In der Frühe brauten über ihr häufig Nebel, die aus den Teichen aufstiegen. Jetzt zerriß gerade der Nebelschleier an mehreren Stellen und gab hier ein Dach, dort ein wenig Grau, anderswo eine weiße Wand dem Blick frei. Die Statue der Jungfrau schien frei in der Luft zu schweben. Weit hinaus hinter der Stadt schimmerten undeutlich Felder, Dörfer, Waldstreifen . . . Mehrere Minuten stand ich wie gebannt da, ohne mich von dieser Szenerie, der die hin und herwogenden Nebelschwaden besondere Lebendigkeit verliehen, losreißen zu können. Mir war, als sähe ich zum ersten Mal so recht die Natur, als fange ich zum ersten Mal an, ihren inneren Ausdruck zu erfassen, allein . . . es blieb mir keine Zeit zu Naturbetrachtungen übrig. Ich mußte die trockene Aufzählung von Kirchendogmen, Konzilen und Ketzereien auswendig lernen, die auch nicht im entferntesten Zusammenhang mit der Schönheit dieser erstaunlichen Welt standen . . . Das machte mich tief unglücklich. In jenem Augenblick schwebte mir das Glück nicht anders denn als die Möglichkeit vor, eben hier, auf demselben Hügel, einfach stehen und sorglos die himmlische Schönheit der Erde mit den Blicken trinken zu dürfen, jenen merkwürdigen Ausdruck zu erhaschen suchen, der mich wie ein neckisches Naturrätsel in dem lautlosen Spiel von Licht und Schatten zu narren schien.

Ich gab mir das Wort, sobald die Prüfung überstanden sei, unverzüglich wieder hierherzukommen, mich genau auf denselben Platz hinzustellen und mich in diese Landschaft zu vertiefen, um endlich ihren Gesamtausdruck zu packen. Und dann . . . wollte ich mich unter den Baum hinlegen, der daneben mit seinem dunkelen Laub rauschte, und schlafen, schlafen . . .

Ich memorierte noch die „Religion“, als der schrillende Klang der Schulglocke mein Ohr erreichte, um mich ein letztes Mal in das Gymnasialgebäude zu rufen. Nun, komme was da wolle! Ich klappte das Buch zusammen und trat eine Viertelstunde später in den Schulhof.

Eine Stunde später lief ich wieder hinaus, von einem neuen Gefühl der Erlösung, der Freiheit, der Glückseligkeit berauscht. Wie es geschah, daß ich die Prüfung bestanden, ja „ausgezeichnet“ bestanden habe, und das in einem Gegenstand, von dem ich im Grunde genommen keine Ahnung hatte, weiß ich heute nicht mehr zu sagen. Ich weiß nur, daß ich nach dem glücklichen Schluß der Prüfung wie ein Verrückter ins Haus stürmte, die Mutter freudig umarmte, die Bücher hinschleuderte und vor die Stadt hinauslief.

Die erste Morgenfrühe lag eben in den letzten Zügen, ihre köstliche Frische war verschwunden, die Nebel zerronnen, nur über den Teichen zogen sich noch kaum sichtbare bläuliche Schwaden hin. Turgenjew sagt, daß er erst im Auslande, irgendwo bei Berlin, zum ersten Mal bewußt die Natur und den Lerchengesang genossen habe. Damit ist natürlich nicht gesagt, daß er nicht früher die Naturschönheit empfunden hätte. Es kommt aber im Leben eines jeden Menschen ein Augenblick, in dem er sich dieser Naturempfindung erst als eines besonderen inneren Erlebnisses selber bewußt wird. Manche Leute erleben dies freilich erst spät, manche wohl überhaupt nie. Es mag sein, daß auch ich in jenem Augenblick zum ersten Mal in dieser Weise die Natur betrachtete und mir so volle Rechenschaft über diese Empfindung gab. Zum ersten Mal erschien mir jedenfalls dieses Finale der Morgensymphonie so geschlossen, vergeistigt und voller Harmonie. Es war, als nähme irgend etwas leise Abschied, um sich sanft zu entfernen, ganz so wie die Abendmesse beim Chorlied „Stilles Licht" Abschied nimmt ... Es war eben Hochamt, voller Harmonie und Weihe, was ich in jener Morgenstunde in der Natur empfand.

Zum Schlafen unter dem Baum war mir die Lust völlig vergangen. Ich rannte wieder wie ein Verrückter vom Hügel herunter und nochmals aufs Gymnasium, wo die Kameraden einer nach dem andern von der Prüfung kamen. Es war nicht Sitte, bei der „Religion", zumal bei der Schlußprüfung, „durchfallen" zu lassen. Alle hatten wir bestanden, und das ganze Städtchen schien bald von unserem Freudenrausch erfüllt Freiheit, Freiheit!

Dieses Gefühl war dermaßen stark und ungewohnt, daß wir einfach nicht wußten, was wir mit ihm anfangen, noch wo wir es anbringen sollten. Wir beschlossen es alle miteinander zu den „Böhmen", in das neue Bierlokal, hinzutragen ... Das starke Pilsener Bier schmeckte abscheulich bitter, aber ... noch gestern war es uns untersagt, in das Lokal einzutreten, und deshalb begaben wir uns heute hin. Wir saßen an den Tischen, schlürften mit tiefsinnigen Mienen aus den Bierseideln und bemühten uns, die unwillkürlichen Grimassen zu unterdrücken.

Einige Tage darauf, nachdem wir die Abgangszeugnisse in der Tasche hatten, beschlossen wir unsere frischgewonnene Freiheit gemeinsam zu feiern. Die Feier geriet wieder dem bitteren Bier sehr ähnlich. Wir versammelten uns im großen Saal der Weinstuben von Weintraub, wo der Eintritt den Schülern bei Strafe des Ausschlusses vom Gymnasium untersagt war und luden auch unsere Professoren ein. Die Professoren tranken mit uns „kameradschaftlich", brauten Punsch, beschwipsten sich, umarmten sich mit uns. Der Punsch schmeckte abscheulich stark, aber ... wir tranken ihn zusammen mit den Professoren, klopften ihnen dabei freundschaftlich auf die Schulter, und das war neu und ungewohnt, erschien uns deshalb auch notwendig und angenehm. Spät in der Nacht verlangte es irgend jemanden nach Musik. Das betriebsame jüdische Faktotum holte irgendwo Musikanten aus den Betten heraus, und vor Sonnenaufgang marschierten wir durch das noch in der Dämmerung schlummernde Städtchen, in Begleitung einer Klarinette, einer Flöte, zweier oder dreier Violinen und einer türkischen Pauke. Die Musik lärmte barbarisch in den Frieden der schlafenden Straßen. Wir riefen Hurra!, hoben die Professoren auf unseren Armen hoch, schaukelten sie in der Luft und ... fühlten, daß all das nicht das Richtige, daß es geschmacklos und falsch sei.

Und doch, was sollten wir mit jener neuen Empfindung der Freiheit anfangen, die uns keine Ruhe ließ?

Am andern Morgen begab ich mich mit schwerem Kopf und nicht minder schwerem Katzenjammer im Herzen, zum Baden, wollte aber unterwegs einen Kollegen abholen, der im Beamtenhaus, neben dem Schulgebäude, wohnte. Als ich die Treppe hinaufstieg, wurde eine der Türen geöffnet, und ein noch junger Mann mit klugem Gesicht und kleinem glattgekämmten Bart stieg mir entgegen hinab. Mir fiel seine gewölbte Stirn und der ernste durchdringende Blick der Augen auf. Die Erscheinung war mir unbekannt, offenbar „nicht von hier". Als er hinunterstieg, ging oben die Tür wieder auf, und auf dem Flur erschien unser Geschichtsprofessor Petrussow. Er beugte sich über das Geländer und rief:

„Dragomanow! Warten Sie mal, noch ein Wort!"

Der unbekannte Herr stieg wieder hinauf, und als ich an ihm vorbeiging, begleitete er mich mit einem aufmerksamen Blick seiner schönen Augen.

Meinen Kollegen traf ich nicht zu Hause, als ich aber wieder hinabstieg, war der Fremde schon fort.

Dragomanow, Dragomanow! Ich erinnerte mich dieses Namens aus den Aufsätzen Dobroljubows. Ein Dragomanow war es, der sich damals in die Polemik aus Anlaß des Falles Pirogoff eingemischt hatte, wobei er in seinen gegen Dobroljubow gerichteten Artikeln ziemlich ungeniert das Pseudonym dieses letzteren enthüllte. Sollte der Herr mit der gewölbten Stirn und dem klugen Blick am Ende mit jenem „Studenten Dragomanow" identisch sein?

Auf dem Feldwege, der zum Fluß hinunterführte, holte mich Petrussow ein. Von diesem Professor habe ich schon gesprochen: sein Unterricht war ziemlich trocken und langweilig, er selbst aber erfreute sich einer allgemeinen Achtung als ein kluger, charakterfester und gerechter Mann. Am vergangenen Abend ließ er sich nur zu Beginn unserer Feier blicken, trank gar nicht und verschwand alsbald. Jetzt kam er mit einem Handtuch über der Schulter daher, in frischem Anzug und selber frisch und munter.

Ich trat zur Seite und zog nach Schülerart vor dem Professor die Mütze, er aber trat auf mich zu und gab mir die Hand. Mir kam wieder eine neue Note meiner neuen Lage zum Bewußtsein.

„Sie gehen baden?" fragte er.

„Jawohl."

„Gehen wir zusammen."

Wir gingen an dieselbe Stelle, wo der Ditjatkiewitsch aus dem Hinterhalt seine Jagden auf die Schüler zu veranstalten pflegte. Auch in diesem Umstand lag ein besonderer Reiz.

„Mit wem sprachen Sie auf der Treppe?" entschloß ich mich zu fragen.

„Mit Dragomanow."

„Ist das ... derselbe?"

„Ja, das ist der Schriftsteller und Universitätsprofessor. Wir sind Kollegen von der Universität her."

Er wußte nicht, daß für mich „derselbe" soviel hieß wie Dobroljubows Gegner. Diesen hatte ich mir allerdings anders vorgestellt. Der Fremde machte einen klugen und gewinnenden Eindruck. Die Tatsache aber, daß jemand, dessen Dobroljubow selber, wenn auch in wenig schmeichelhafter Weise, Erwähnung getan, auf unserem Horizont auftauchte, erschien mir wie ein kleines Wunder aus jener neuen Welt, in die ich mich einzutreten anschickte.

Nach dem Baden hielt Petrussow, an seiner Tür angelangt, meine Hand fest und sagte:

„Bei mir steht der Samowar bereit, und ich habe eine Zeitung mit einem Bericht über einen interessanten Prozeß. Wollen Sie eintreten?"

Ich trat gern in die Junggesellenwohnung ein. Auf dem Tisch stand der Samowar. Petrussow brühte Tee auf, bedeckte die Teekanne mit einer sauberen Serviette und hielt mir eine Nummer des „Golos" hin.

„Vielleicht lesen Sie's laut vor. Hier ..."

Das war der Bericht über den Prozeß gegen Netschajew.

Ich hatte damals noch gar nichts von dem Prozeß gehört und

begann ziemlich indifferent zu lesen. Nach und nach ergriff mich jedoch eine unerklärliche Begeisterung. In dem Zeitungsbericht war von der Geheimdruckerei Tkatschews und der Dementjewa die Rede und ein Flugblatt Netschajews an die Studentenschaft war im Wortlaut angeführt. . . . „Wir saßen alsdann in den Winkeln, mit traurig gesenkten Köpfen, mit bösem Ausdruck auf den haßerfüllten Gesichtern . . ." „Wir, die wir unser Hirn auf Kosten des Volkes entwickelt haben, die wir mit dem Brot großgepäppelt worden sind, das von seinem Felde genommen wurde, wollen wir uns denn auf die Seite der Bedrücker dieses selben Volkes schlagen? . . ." Das Flugblatt legte dar, daß die Interessen der studierenden Jugend und des arbeitenden Volkes identisch seien. „Wir haben unter uns Kollegen, die rechtlos sind, deren Lage die traurigste in ganz Europa, deren Erbitterung um so tiefer, als sie ausweglos ist . . ."

Als ich die Lektüre beendet hatte, blickten mich Petrussows kluge Augen über den Tisch an. Als er die beinahe berauschende Wirkung sah, die das Gelesene auf mich geübt hatte, setzte er mir einfach und sehr objektiv den Kernpunkt der Sache, Netschajews Ideen, das Attentat auf den Iwanow im Petrowschen Park auseinander. Dann sagte er, ich würde in dem Studentenmilieu, in das ich mich bald stürzen wolle, dieselbe Gärung vorfinden, und es sei deshalb notwendig, daß ich mich in allem gut orientiere.

All dies wirkte wieder auf mein in der Politik noch ganz jungfräuliches Gemüt, wie wenn kalte Schneeflocken auf den nackten Körper fallen . . . Die Ermordung Iwanows erschien mir als ein schriller Mißton. „Wie, wenn das alles verkehrt ist?" Über alles beherrschte mich jedoch der Gedanke: also auch wir haben es schon ... Was nämlich? Eine aufgeweckte und ernste Studentenschaft, die sich mit „haßerfüllten Gesichtern" schweren Gedanken über die Rechtlosigkeit des ganzen Volkes hingibt ... Bei der Erwähnung aber der Generale Timaschew und Trepow tauchte vor mir das Bild Bösacks auf ...

— — — — — — — — — — — — — — — — — —

An einem der letzten Abende, als ich auf der Chaussee spazieren ging, die ganze Zeit immer noch von der neuen Empfindung der Freiheit erfüllt, tauchten vor mir aus dem dämmrigen staubigen Nebel, worin die promenierenden Schildbürger sich ergingen, zwei Gestalten auf: mein Kollege Leontowitsch Arm in Arm mit einem hochgewachsenen jungen Mann mit blauer Brille und einem weichen breitkrämpigen Hut auf langem Haar. Der Fremde war augenscheinlich eine nicht Rownoer Erscheinung.

„Student der Kijewer Universität Piotrowski," stellte ihn mein Kollege vor. „Und das ist auch ein angehender Student soundso."

Piotrowski drückte mir kräftig die Hand und lud uns beide zu sich ins Hotelzimmer ein. Hier standen in der Ecke zwei Pakete mit Drucksachen, die in Zeitungspapier gewickelt und mit Bindfaden verschnürt waren. Leontowitsch blickte die Bündel respektvoll an und frug halblaut:

„Sind's ... die"?

„Ja," nickte der Student wichtig.

„Weißt, das in der Ecke waren verbotene Bücher," sagte mir Leontowitsch, als wir auf der Straße waren. „Piotrowski ist gesandt worden ... verstehst du ... eine sehr gefährliche Mission."

Das war der erste „Agitator", dem ich in meinem Leben begegnet bin. Er hielt sich in unserer Stadt einige Tage auf, ging abends auf der Chaussee spazieren, wo er durch sein studentisches Äußere, seine Brille, den Panamahut, das lange Haar und das Plaid auffiel. Ich ging mehrmals mit ihm in der Erwartung von Offenbarungen, er aber hüllte sich in Schweigen oder gab tiefsinnige Belanglosigkeiten von sich.

Sein Aufenthalt ließ in der Stadt einige geheimnisvoll verbreitete, übrigens harmlose ukrainische Broschüren und in meiner Seele eine zwiespältige Empfindung zurück. Mir war ein wenig, als sei Piotrowski im Grunde genommen ein Windbeutel und Wichtigtuer. Doch das steckte bei mir irgendwo im Unterbewußtsein, während mich zugleich dennoch für den wichtigen Mann mit der Brille und mit einer so gefährlichen Mission naive Ehrfurcht erfüllte ...

Endlich kam der glückliche Augenblick, wo ich das stille Städtchen verließ. Es lag bald hinter mir in seiner Talmulde, vor mir aber schlängelte sich das breite Band der Landstraße, und am Horizont schimmerten in undeutlichen Umrissen Wälder, neue Landstraßen, ferne Städte, ein neues unbekanntes Leben ...

Zeitfracht Medien GmbH
Ferdinand-Jühlke-Straße 7
99095 Erfurt, Deutschland
produktsicherheit@kolibri360.de

Druck:
CPI Druckdienstleistungen GmbH
im Auftrag der
Zeitfracht Medien GmbH
Ein Unternehmen der Zeitfracht - Gruppe
Ferdinand-Jühlke-Str. 7
99095 Erfurt